伊藤塾 合格セレクション

司法試験・予備試験 2024

短答式過去問題集

行政法

伊藤 真 監修・伊藤塾 編

日本評論社

2024年版はしがき

introduction

　この「合格セレクションシリーズ」は、2021年4月に刊行した憲法、民法、刑法を皮切りに、2021年内に行政法、商法、民事訴訟法、刑事訴訟法も刊行し、7科目すべてを受験生に届けることができ、それから毎年版を改めてきました。

　この間、多くの受験生にこの「合格セレクションシリーズ」を利用していただき、幸い好評を得ることができました。そこで、前年の短答式試験問題を加えると共に、更に受験生の便宜を図るため、2024年版を刊行することとしました。

　行政法の特徴のひとつに、「行政法」という通則的な法典がなく、判例の重要性が他の科目と比べて高い点が挙げられます。実際に、短答式試験においても、判例に関する出題が多く、判例知識の習得が学習上重要であるといえます。また、短答式試験では、論文式試験では出題されづらい、情報公開・個人情報保護に関する分野からも出題があります。これらの分野では、近時法改正もなされており、注意して学習する必要があるといえます。

　そこで、受験生が限られた学習時間を使って、効率よく必要な知識を習得できるよう、改めて構成の見直しを行いました。

　2024年版における主な変更点は、以下のとおりです。

1　2023（令和5）年の司法試験及び予備試験の問題を収録

　これまでの版と同様の選定基準に従い、2023年に出版した第2版後に実施された、2023（令和5）年の司法試験及び予備試験の短答式問題を新たに収録しました。

　さらに、これらの問題に対応した **CORE PLUS** を新たに追加し、最新の試験傾向に沿った知識を習得できるようにしました。

2　法改正等の新しい情報を追加

　前版の刊行後に出た判例や法改正などの新しい情報を盛り込みました。これによって、最新の知識が得られます。法改正に関する詳細は、凡例（xviii頁）に記載します。

　なお、令和6年司法試験及び予備試験からは、出題法令の基準日が、原則として当該年の1月1日現在で施行されている法令となりました。

　次に、2022年に出版した初版以降の主な変更点は、以下のとおりです。

3 登載問題の見直し

　前版より、受験生にとって本当に必要な問題だけを収録し、全体のボリュームを抑えることによって、限られた学習時間を効率よく使ってもらうため、直近12年分の司法試験及び予備試験問題の中から、司法試験受験者の正答率が80パーセント以上、予備試験受験者の正答率が65パーセント以上という基準に従って、登載すべきフル問題を改めて厳選しました。同様に、**CORE TRAINING** も基準に従い見直しました。また、これに伴い、巻末のフル問題一覧表の記載も見直しました。

　ただし、法改正や最新判例の登場等によって特定分野における登載問題が極端に少なくなる場合や、最新の試験傾向を分析し、学習上重要であることが認められる場合には、13年以上前の問題であっても掲載しています。

　今回の改訂にあたっては、2022年に予備試験に合格され、翌2023年の司法試験に優秀な成績で合格された鈴木勇人さん、法科大学院卒業後の司法試験に1回で合格された岡田周也さん、法科大学院修了前に司法試験合格された山内秀介さんを始めとする伊藤塾の誇るスタッフに、その実力とノウハウを惜しみなく注いでいただきました。また、伊藤塾の書籍出版において従前から貢献していただいている永野達也氏（新65期）にご助力いただきました。そして、伊藤塾の誇るスタッフと日本評論社のご協力を得て、初めて刊行することができました。ここに改めて感謝いたします。

　2024年5月

伊藤　　真

はしがき

introduction

　この「合格セレクションシリーズ」の刊行を開始した2020年は、Covid-19が世界中で猛威を振るい、地球が有限である以上に、私たちの命も有限であることを強く認識させられ、当たり前と思っていたことが当たり前でなくなる現実を目の当たりにして、精一杯生きる一日一日の大切さを痛感しました。

　こうしたなかで、新型コロナ禍で可処分時間が増えたことをむしろチャンスと捉え、伊藤塾で勉強を開始して将来に備えようとする受験生が増えたことは、とても頼もしく思えました。今後も何が起こるか予測もつかない未来に向かって、外部環境の変化に振り回されないだけの自己資源を蓄える準備を着々と進めていくことは、自分のなかの不安に打ち勝つ克己心がないとできないことです。

　短答式試験は、予備試験において最初に通過しなければいけない関門です。伊藤塾は、これまで合格するためのノウハウを出し惜しみしないという方針で進化し続け、圧倒的な合格実績を出し続けてきました。本シリーズにおいては、短答式試験に特化して、そのノウハウを公開します。

　短答式試験の学習において受験生が直面する問題に向き合って制作したものですから、短答式試験の学習に苦しさを感じている受験生は、是非一度手に取って学習してほしいと思います。

1　はじめに

　司法試験・予備試験受験者にとって、短答式試験は論文式試験と同じ、あるいはそれ以上の重要性を持っています。

　短答式試験の勉強をするに当たって、短答式試験の過去問や一問一答形式の問題をただひたすらに解き続けても、なかなか新規の問題の正答率があがらないとか、他の勉強や仕事との兼ね合いで短答式試験の過去問すべてに触れる時間が取れなくなっているという悩みを持っている人も多いことでしょう。2011（平成23）年から始まった予備試験は既に12回目となるため、過去問は毎年蓄積され、年を追うほどに、過去問をすべて解いて短答式試験の対策を行うという方法は採りづらくなってきています。

　本書は、短答式試験で高得点を取りたいとか、短答式試験の勉強を開始したばかりという受験生の勉強のツールとしてはもちろんのこと、ひたすらに短答式試験の過去問を解き続けていたが成績があがらず、勉強法に悩みを抱えていたり、短答式試験の過去問をすべて解くには時間的余裕がないという悩みを抱えている受験生に向けて、構成に工夫を施して、効率よく、最速で短答式試験に合格するための道しるべとなる

ものです。

2 本書の特長

【1】 厳選した過去問と工夫を施した解説

　短答式試験の過去問は年々増加する一方なので、すべての問題で問われた知識を遮二無二理解して記憶しようとすれば、膨大な時間がかかってしまいます。しかし、実は毎年のように問われている問題も多く、合格のために最低限必要な知識は限られているのです。それらの知識は限られた数の過去問を解き、理解することで身に付けることができます。そこで、本書は効率よく合格に必要な知識を身に付けられるよう、創意工夫を施しています。

　まず、短答式試験の実践的な学習をしたい受験生のために、直近12年分の司法試験及び予備試験問題のなかから、司法試験受験者の正答率が約80パーセント以上の問題、また、予備試験受験者の正答率が65パーセント以上の問題を、法改正のない限りそのまま掲載しました。以下では、そのまま収録した問題を「フル問題」と記述します。なお、受験者の正答率に関しては、伊藤塾が毎年本試験後に行っている解答調査を基準としています。

　フル問題は、受験生の多くが解答できている問題であり、問われている知識も基礎的な知識であることが多いです。また、こうした基礎知識は短答式試験において頻繁に出題される傾向があります。受験生は、フル問題で問われている知識については正確に理解し記憶しておくことが望ましいといえます。

　フル問題の登載を直近12年に絞ったのは、限られた学習時間を効率よく使うために、受験生にとって本当に必要な問題だけを収録し、全体のボリュームを抑えるための工夫です。ただし、法改正や最新判例の導入等によって掲載問題が極端に少なくなった分野の問題や、学習上重要な問題については、13年以上前であっても掲載しています。これによって、短答式試験対策だけに必要以上の時間を取られる心配はありません。

　次に、短答式試験の学習が無機質に感じられて、なかなかはかどらないと悩みを抱えている受験者のために、**CORE TRAINING** 及び **CORE PLUS** というものを各章又は節ごとに設けています。

　CORE TRAINING とは、司法試験と予備試験の問題を各記述（以下「選択肢」と記述します）ごとに分けたうえで、その選択肢の正誤を判断するために必要な知識は何かを分析し、習得すべき知識のみを抽出したものです。具体的には、これまで実施された司法試験と予備試験の問題のうち、合格に必要十分な点数を確保できるように、フル問題の基準に満たない問題を正答率の高いほうから順に採用し、各選択肢の正解を○×形式で、端的な根拠を付し、効率よく問題を解けるようにしました。

　なお、予備試験においては合格率が約24パーセントと低く、より高い得点率が要求されるため、受験者の正答率が低い問題であっても、フル問題と合わせて当該年度の

得点率が７割に届くように、正答率が高いものから順番に採用しました。

　これらによって、各年度共通して問われる知識が何であるのかが明確となり、短答式試験の合格に必要な知識を効率よく習得することができるようになっています。

　また、短答式試験の科目や分野によっては改正や最新判例の導入等で、既存の知識以上のものが要求されることもあります。そのため、**CORE TRAINING** では、そのような点を解消すべく、過去問のほかに、必要に応じて「オリジナル問題」というものを掲載しています。

　受験生においては、**CORE TRAINING** に記載されている問題の知識も自分のものとすることで、確実な合格を目指すことができるでしょう。

　加えて、知識の習得を促進させるため、**CORE PLUS** というものを設けています。ここでは、短答式試験において必要不可欠だと考えられる知識を、**CORE TRAINING** を解くに当たって必要な知識と一部対応させるかたちで図表化し、掲載しています。**CORE PLUS** では、短答式試験に直結する知識だけではなく、その周辺知識まで網羅し、汎用性の高い知識を習得できるように工夫しています。

【２】　詳細かつ明快な判例掲載

　行政法は、判例の正確な理解が求められる問題が多く出題され、他の科目と比較しても得点率の低い科目です。たしかに判例学習には際限がなく、多くの受験生が苦手とするところですが、実は、出題される判例はある程度限定されており、繰り返し問われているものをしっかりと理解し、記憶することで、容易に得点率をあげることが可能なのです。そこで本書は、頻出の判例について、結論のみならず理由づけを詳細かつ明快に掲載することで、判例の理解と記憶作業の一助となることを目指しています。本書を活用し、判例に関する問題を確実に正解できるようにして、他の受験生と差をつけましょう。

【３】　登載フル問題一覧による年度別演習

　巻末に、本書の登載基準を満たす問題の一覧表を掲載しました。この一覧表には、直近12年以前の登載していない過去問であっても司法試験受験者の正答率が80パーセントを超えるもの、また、予備試験受験者の正答率が65パーセント以上のもの、及び登載基準は満たしているが、問題内容の重複によって、登載を見合わせたものも加えました。そのため、すべての年における正答率が高い問題が一目で分かります。

　法務省ホームページに挙がっている年ごとの問題を利用するなどして、年度別に学習する際には、正解しなければならない問題が明確なので、より戦略的な時間配分が可能になります。

　また、この登載フル問題一覧の表を目次と併せて利用することで、複数回出題された問題を更に可視化できます。複数回出題されるということは、それだけ重要度が高く、今後も出題可能性が高いといえ、確実におさえておく必要があることが分かります。

このように、一覧表を復習時に役立ててください。

3 本書の構成と利用法

本書は、前述の基準で選定した問題を伊藤塾のカリキュラムに従った体系順に並べて掲載しています。これは、『伊藤真試験対策講座』（弘文堂）の登載順でもあるため、書籍を中心に学習する独学者にも使いやすいことでしょう。そして、各章の終わりに、**CORE TRAINING**、**CORE PLUS** を置いてあります。章中の分野が多岐にわたり、当該章のフル問題、**CORE TRAINING** が多い場合には、学習の便宜を考慮し、各節ごとに、**CORE TRAINING**、**CORE PLUS** を置きました。

【1】 フル問題 ⇨ A　（後掲レイアウト見本参照。以下同じ）
（1）問題 ⇨ a

フル問題は、司法試験と予備試験の問題のうち直近12年分について、2014（平成26）年以前は、受験者の正答率が約80パーセント以上の問題、また、予備試験のみとなった2015（平成27）年以降は、受験者の正答率が65パーセント以上の問題を掲載しています。フル問題で問われている知識については、正確に理解し、当該知識が問われている問題に出会ったら反射的に解答を導き出せるようにしておくことが望ましいです。そうすることで、より難易度が高い問題や、読解力が要求される問題などに時間を割くことができるからです。

具体的な正答率は、解説右上に記載しています。この正答率を見ながら、他の受験者に差を付けられないよう、危機意識を持ってフル問題に取り組んでください。⇨ h

短答式試験においては、必ずしもすべての選択肢についての正誤が分かる必要はなく、一部の選択肢の正誤が正確に分かっていれば最終的な解答を導き出すことができる問題も多く出題されています。もちろんすべての選択肢の正誤が正確に分かるのが望ましいですが、試験時間の制約上、一部の選択肢のみを見て解答を導き出す場面も多いことでしょう。このような一部の選択肢の正誤を見て解答を導き出すという解答方法は、本試験と同様の形式でしか身に付けられないため、本書のフル問題を通して感覚をつかんでください。

そのほかにも、受験生の学習の効率化を考え、次のような工夫をしています。

ア 出題分野、出題年 ⇨ b

各問題の冒頭におおまかな出題分野を示すタイトルを付したことにより、各自の学習状況に合わせて、必要な分野を重点的に学習することができます。

司法試験、予備試験の単体問題には出題年番号を記載し、司法試験と予備試験で同一の問題については、それぞれの出題年番号を併記しています。

なお、本書では出題内容の重複するフル問題は掲載していませんが、出題頻度の高さから重要性を認識してもらうため、内容の共通する選択肢の解説部分に類題マーク

（類）と出題年番号を記載しています。⇨ n

イ　論点マーク 　■論■　⇨ c

論点マークは、当該問題の選択肢の過半数が論文式試験において出題可能性のある論点である場合に付しています。短答式試験と論文式試験は、形式こそ違いますが解答するために必要となる知識が重複していることが多いです。■論■のある問題を復習する際には、論文式試験で出題がされた場面を想定しながら学習し、短答式試験で要求される知識と論文式試験で要求される知識を有機的に紐付け、理解していくことをお勧めします。

ウ　チェック欄

出題テーマと出題年番号の記載があるすぐ横に、当該問題を解いたかどうかと、月日を記入するチェック欄を設けました。短答式試験は、その重要性が高い一方で、対策に割くことができる時間は限られています。チェック欄を利用して短答式試験対策を計画的に進め、ある程度余裕をもって短答式試験対策をすることができるようにしましょう。⇨ d

また、各選択肢の横にもチェック欄を設けました。短答式試験の問題自体を解答するためには、必ずしもすべての選択肢を完全に理解している必要はありませんが、特にフル問題のような正答率が高い問題については、問題の解答を導き出すのに必ずしも必要とはいえない選択肢についても、次年度以降で再び出題される可能性が高いといえます。そこで、問題そのものの正誤にかかわらず、理解の正確性が不安な選択肢には、チェックを付けておき、後々復習することで、より深い知識を身に付けることが必要です。また、復習の際には、チェックが付いている選択肢のみを復習することで、手早く苦手分野を復習することができるので、時間がない場合にはそのように利用することも想定しています。⇨ e

（2）解説 ⇨ f

解説は、当該問題を解答するために必要かつ十分な知識をコンパクトに示すことに重点を置き、作成しています。太い文字で示した部分は、伊藤塾の講師が講義で強調したところです。これらによって、知識を確実に効率よく身に付けられるでしょう。なお、解説中のカギ括弧内は、条文や判例を原文のまま引用した箇所です。

また、正解欄の横にワンポイントアドバイスを付しました。当該問題を正解するためにはどのような学習を行えばよいのか、どのような点に注意して学習を進めればよいのか、といった点について簡潔にアドバイスしています。当該問題の出題分野の学習に困った場合には参考にしてください。⇨ g

そのほか、末尾にある文献に、拙著ではありますが『伊藤真試験対策講座』、『伊藤真の判例シリーズ』（弘文堂）を挙げました。短答式試験の学習をする際に、教科書などに立ち戻って理解することも有効です。更に理解を深めて、確実な知識としたいときにこれらの教材を参照してください。⇨ i

■ レイアウト見本

A

c　　　　　　　　b　　　　　　　　　　　d

No. 011	論	裁量処分の司法審査	□ 月 日 □ 月 日 □ 月 日
		予R5-15	

a　　公立学校施設の管理者がした目的外使用の許否に係る裁量処分の司法審査に関する最高裁判所平成18年2月7日第三小法廷判決（民集60巻2号401頁。以下「本判決」という。）の次の判示を読み、本判決に関する後記アからウまでの各記述について、正しいものに○、誤っているものに×を付した場合の組合せを、後記1から8までの中から選びなさい。

e　　ア．本判決による審査方法は、裁判所が裁量処分について、全面的にその当否を審査し直し、裁判所が出した結論と行政庁の処分内容とが異なる場合に、当該裁量処分が違法となると判断するもので、これにより密度の高い審査を行うことができるという特徴がある。
　　イ．本判決による審査方法については、いかなる判断要素を選択し、その評価をどのように行うのかという点に関し、基準が明確ではないという問題点が指摘できる。
　　ウ．本判決による審査方法によれば、従来の裁量処分の審査において用いら

　　　　　　　　　　　　　　　　　　　　　　　　　　　g　　　　h

No. 017	正解 ア1、イ1、ウ2、エ2	国や公共団体が私人に対して義務履行を求める場合の手段について整理しよう。	正答率 67.1%

ア　正しい。　　　　　　　　　　　　　　　　　　n ◁類 予R5-17-ア

f　　判例は、旧農業災害補償法（現農業保険法）に基づき農業共済組合が組合員に対して有する債権については、農業災害に関する共済事業の公共性に鑑み、その事業遂行上必要な財源を確保するという趣旨から、租税に準ずる簡易迅速な行政上の強制徴収の手段が認められている以上（旧農業災害補償法87条の2〔現削除〕）、この手段によることなく、一般私法上の債権と同様、訴えを提起し、民事執行法上の強制執行の手段によってこれらの債権の実現を図ることは法の趣旨に反するとしている（最大判昭41.2.23百選Ⅰ105事件）。

イ　正しい。
　　判例は、市の条例に基づく建築工事中止命令に従わない者に対して、市がその履行を求めて工事続行禁止請求訴訟を提起した事案において、「国又は地方公共団体が**専ら行政権の主体として国民に対して行政上の義務の履行を求める訴え**は、法規の適用の適正ないし一般公益の保護を目的とするものであって、**自己の権利利益の保護救済を目的と**するもの**ということはできない**から、**法律上の争訟**として**当然に裁判所の審判の対象と**

文献 試験対策講座52〜55、155、156、165、166、168、169頁。判例シリーズ'31、36事件 ▷ i

（3）総合問題

出題分野が複数の分野にまたがっていたり行政法全体の理解を問うていたりして、特定の章節に掲載することが難しい問題については、総合問題として最終章にまとめて掲載しました。

予備試験の短答式試験合格のためには、個別の知識のみならず、制度横断的な知識も不可欠となります。巻末の「総合問題」を活用して、予備試験の短答式試験合格に必要な体系的理解の徹底に努めてください。

【2】 **CORE TRAINING** ⇨ B

CORE TRAINING には、司法試験と予備試験の問題のうち直近12年分について、受験者の正答率が60パーセント以上80パーセント未満の問題を、これに加えて、予備試験のみとなった2015（平成27）年以降は、受験者の正答率が65パーセント未満の問題であっても、フル問題と合わせて当該年度の得点率が7割に届くように正答率が高いものから順に一問一答形式で掲載しました。なお、過去問の出典の表記については、凡例（xvii頁）に記載します。⇨ j

短答式試験においてより高得点を取るためには、受験生の大多数が理解している知

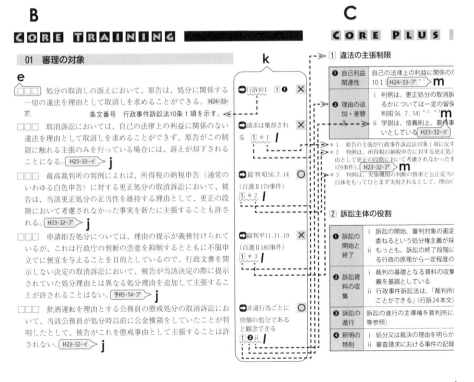

識だけを身に付けるのではなく、他の受験生と差を付けることができる範囲の知識についてもある程度身に付ける必要があります。このような知識をストックするために利用してほしいのが、この **CORE TRAINING** です。

　なお、法改正等に対応させるために実際の出題から問題の内容を改変した場合には、出題年番号の後に「改題」と付しています。一方で、問題の内容に変更はないが、一問一答形式に対応させるため形式的な改変を加えた場合については、「改題」とは付していません。

　CORE TRAINING の解説では、【3】に後述する **CORE PLUS** と併用してより確実に知識を身に付けられるように工夫を施しました。⇨ k

　具体的には、一問ごとの解説では、可読性を重視し、問題の正誤及び必要最低限のごく簡単な解説を付すのみとしました。そして、その直後に、当該 **CORE TRAINING** で問われている知識について、**CORE PLUS** 内に詳細な解説を記載しています。

　また、**CORE TRAINING** の解説の末尾に記載した番号等は、当該問題と **CORE PLUS** の図表との対応を示すものです。これにより、一目で問題の詳しい解説を探すことができます。⇨ l

　CORE TRAINING と **CORE PLUS** を対応させて学習することで、単純に知識を1つひとつ覚えるのではなく、体系的な位置づけや周辺知識を意識しつつ学習することができるようになっています。

　CORE TRAINING を効率よく活用し、短答式試験の過去問学習をコンパクトかつ質の高いものにしてください。

【3】　**CORE PLUS**　⇨ C

　CORE PLUS は、短答式試験において必要不可欠と考えられる知識を図表化したものです。**CORE TRAINING** と対応させて、1つひとつの知識を体系立てて、有機的に関連させて学習できるよう、多数の図表を掲載しています。また、短答式試験の過去問だけでなく、その周辺知識までを網羅し、汎用性の高い知識を習得できるように工夫しています。短答式試験で通用するような質の高い知識を身に付けるために重要なのは、がむしゃらに過去問を解き続けて出てきた知識をその都度1つひとつ単純に覚えていくことではなく、知識を体系立てて、あるいは論文式試験で要求される知識とも関連づけ、あらゆる切り口からの問題に対応できるような汎用性の高い知識を身に付けることです。そのためにも、**CORE PLUS** に掲載されている知識を確実に記憶していくことが望ましいのです。

　また、**CORE PLUS** にも過去問の出題年番号を同様に付してあります。⇨ m これによって、必要な知識がより明確で、かつ、短答式試験の合格に必要な知識が網羅されていますから、短答式試験の直前に見返すことによって、得点アップにつながります。短答式試験の直前には、是非、本書を活用してください。

4 おわりに

　司法試験においては、いくら自分で勉強したと思っていても合格できないことがあります。基礎・基本が不十分であったり、勉強の方向性を誤ったりすると、なかなか結果が出ません。大切なことは勉強の量よりも勉強の質なのです。

　本書は、一般の短答式試験対策問題集と比べてコンパクトですから、知識量が足りるのか不安になる受験生もいるかもしれませんが、合格するためにセレクトされた問題から、おさえるべき知識はすべて掲載しています。

　短答式試験合格に必要なのは大量の曖昧な知識ではなく、洗練された正確な知識と体系立った理解です。本書に掲載されている知識については繰り返し復習して、新たな問題を解く際や本番の短答式試験の際にも使えるような実践的な質の高い知識としてください。

　本書を通して、最短で司法試験・予備試験の短答式試験の対策を完成させ、1人でも多くの受験生が、司法試験・予備試験の短答式試験に合格されることを願っています。

　なお、制作に当たり、2020年司法試験に合格された伊藤塾出版編集課の皆さんから引継ぎ、2021年司法試験に優秀な成績で合格された井手俊輔さん、久郷浩幸さん、佐藤諒一さん、高橋粒さん、中野瀬里奈さんを始めとする合格者に、その実力とノウハウを惜しみなく本書に注いでいただきました。また、伊藤塾の書籍出版において従前から貢献していただいている永野達也氏（新65期）には、実務家としての視点をもって内容をチェックいただきました。そして、伊藤塾の誇るスタッフと日本評論社のご協力を得て、初めて刊行することができました。ここに改めて感謝いたします。

2021年11月

伊藤　真

もくじ

contents

2024年版はしがき　　i
はしがき　　iii
凡例　　xvi

第**1**編　行政法総論

第1章　行政のしくみ
　第1節　行政組織の基本概念
　第2節　国の行政のしくみ
　第3節　地方公共団体の行政のしくみ
　CORE TRAINING　**CORE PLUS** ……………………………………… 2

第2章　行政法の基本原理
　第1節　法律による行政の原理 ……………………………………… 7
　第2節　行政法の一般原則 ……………………………………… 9
　CORE TRAINING　**CORE PLUS** ……………………………………… 12

第3章　行政活動
　第1節　行政による規範定立 ……………………………………… 15
　CORE TRAINING　**CORE PLUS** ……………………………………… 20
　第2節　行政行為 ……………………………………… 23
　CORE TRAINING　**CORE PLUS** ……………………………………… 25
　第3節　行政裁量 ……………………………………… 33
　CORE TRAINING　**CORE PLUS** ……………………………………… 49
　第4節　非権力的な行為形式 ……………………………………… 53
　CORE TRAINING　**CORE PLUS** ……………………………………… 57
　第5節　行政上の強制措置 ……………………………………… 64
　CORE TRAINING　**CORE PLUS** ……………………………………… 75
　第6節　行政調査 ……………………………………… 80

CORE TRAINING **CORE PLUS** ·· 89

第4章 行政活動の手続的統制・情報公開・個人情報保護
  第1節 行政手続の基本概念・種別・機能
  第2節 行政手続法 ··· 91
  第3節 情報公開法 ··· 97
  第4節 個人情報保護法 ··· 99
  CORE TRAINING **CORE PLUS** ································· 101

第2編 行政救済法

第5章 行政争訟法
  序 節 行政争訟法の全体像 ··· 113
  第1節 行政不服申立て
  CORE TRAINING **CORE PLUS** ································· 115
  第2節 行政事件訴訟法
    第1款 行政事件訴訟の類型 ··· 121
    CORE TRAINING **CORE PLUS** ··························· 126
    第2款 取消訴訟概説
    CORE TRAINING **CORE PLUS** ··························· 127
    第3款 訴訟要件（取消訴訟の訴訟要件） ··················· 129
    CORE TRAINING **CORE PLUS** ··························· 137
    第4款 取消訴訟の審理 ··· 156
    CORE TRAINING **CORE PLUS** ··························· 170
    第5款 訴訟の終了 ··· 179
    CORE TRAINING **CORE PLUS** ··························· 181
    第6款 無効等確認の訴え
    CORE TRAINING **CORE PLUS** ··························· 183
    第7款 不作為の違法確認の訴え
    CORE TRAINING **CORE PLUS** ··························· 184
    第8款 義務付け訴訟

CORE TRAINING **CORE PLUS** ·················· 185

第 9 款　差止訴訟 ································· 189

CORE TRAINING **CORE PLUS** ·················· 191

第10款　当事者訴訟 ······························ 195

CORE TRAINING **CORE PLUS** ·················· 197

第11款　客観訴訟──民衆訴訟・機関訴訟

CORE TRAINING **CORE PLUS** ·················· 199

第 6 章　国家補償法

第 1 節　国家補償の概念

第 2 節　国家賠償 ································· 202

第 3 節　損失補償 ································· 220

CORE TRAINING **CORE PLUS** ·················· 223

第**3**編　　総合問題

第 7 章　総合問題 ································ 235

登載フル問題一覧　　248

凡例

1 法令名の表記

問題文中を除き、括弧内及び長文な法令名については、以下のとおり略記しました。

行政事件訴訟法……行訴

行政手続法……行手

行政不服審査法……行審

国家賠償法……国賠

日本国憲法……憲

民法……民

民事訴訟法……民訴

感染症の予防及び感染症の患者に対する医療に関する法律……感染症法（感染症）

行政機関の保有する情報の公開に関する法律……行政情報公開

行政代執行法……代執

個人情報の保護に関する法律……個人情報保護

裁判所法……裁

地方自治法……地自

建築基準法……建基

警察官職務執行法……警職

公職選挙法……公選

国税通則法……税通

国家行政組織法……行組

私的独占の禁止及び公正取引の確保に関する法律……独占禁止法（独禁）

銃砲刀剣類所持等取締法……銃刀法（銃刀所持）

住民基本台帳法……住民台帳

出入国管理及び難民認定法……入管

消防法……消防

森林法……森林

地方公務員法……地公

都市計画法……都計

土地収用法……収用

内閣法……内

内閣府設置法……内閣府

風俗営業等の規制及び業務の適正化等に関する法律……風営法（風俗）

労働者災害補償保険法……労災

2 条文の表記

条文（項・号）番号の表記については、番号を併記するときは〈、〉で、準用条文を表すときは〈・〉で区切っています。

CORE TRAINING の右欄及び **CORE PLUS** の図表内において、アラビア数字は条文番号、ローマ数字（Ⅰ、Ⅱ、Ⅲ……）は項、丸数字（①、②、③……）は号を表しています。

3 判例の表記

① 最高裁については、大法廷を「最大」、その他を「最」
② 大審院については、連合部を「大連」、その他を「大」
③ 判決を「判」、決定を「決」
④ 元号の明治・大正・昭和・平成・令和をそれぞれ「明・大・昭・平・令」、年月日を「○．○．○」、と略記します。

例えば、「最高裁判決平成30年11月30日」は「最判平30．11．30」といった表記になります。

4 過去問の表記

過去の司法試験及び予備試験問題は、以下のように略記しています。

司法試験の出題年度 - 問題番号 - 記述番号

例えば、「H29-19-1、H23-18-4、予R5-7-5」は、平成29年司法試験の第19問の1、平成23年司法試験の第18問の4、令和5年予備試験の第7問の5となります。

また、このように複数併記してある場合は、司法試験、予備試験の順で、各々出題年の新しいほうから並べています。

司法試験と予備試験が同一の問題である場合には、司法試験問題番号のみ表記してあります。ただし、フル問題については、司法試験問題番号と予備試験問題番号を併記してあります。

5 参考文献 （→以下は、本文表記名）

伊藤真・伊藤真試験対策講座13行政法 ［第4版］（弘文堂）→試験対策講座
伊藤真の判例シリーズ4行政法 ［第2版］（弘文堂）→判例シリーズ
中原茂樹・基本行政法 ［第3版］（日本評論社）
塩野宏・行政法Ⅰ　行政法総論 ［第6版］（有斐閣）→塩野Ⅰ
塩野宏・行政法Ⅱ　行政救済法 ［第6版］（有斐閣）→塩野Ⅱ

塩野宏・行政法III　行政組織法［第5版］（有斐閣）→塩野III
宇賀克也・行政法概説I　行政法総論［第7版］（有斐閣）→宇賀I
宇賀克也・行政法概説II　行政救済法［第7版］（有斐閣）→宇賀II
宇賀克也・行政法概説III　行政組織法／公務員法／公物法［第5版］（有斐閣）
　　→宇賀III
行政判例百選I［第7版］（有斐閣）→百選I
行政判例百選II［第7版］（有斐閣）→百選II
憲法判例百選I［第7版］（有斐閣）→憲法百選I
憲法判例百選II［第7版］（有斐閣）→憲法百選II
環境法判例百選［第3版］（有斐閣）→環境法百選
民事訴訟法判例百選［第6版］（有斐閣）→民事訴訟法百選

6　法改正について

　令和4年法律第48号により、民事訴訟制度のIT化が進められたことに伴い、取消訴訟において被告を誤った場合の裁判所による被告変更決定が、電子決定書によってなされることとなりました（行訴15条2項）。この法律は、一部を除き公布日から4年以内に施行されます。

　また、令和4年法律第67号により「懲役又は禁錮」が「拘禁刑」に改められたことに伴い、行政不服審査法87条など、一部の罰則規定も改正されました。この法律は、2025（令和7）年6月1日に施行されます。

　そして、令和5年法律第56号により、出入国管理及び難民認定法が改正され、本邦からの退去を強制された者等の上陸拒否事由及び上陸拒否期間に関する規定が整備されました。この法律は、2024（令和6）年6月10日に施行されます。また、地域の自主性及び自立性を高めるための改革の推進を図るための関係法律の整備に関する法律（令和5年法律第58号）が公布され、建築基準法等の行政法に関わる複数の法律が改正されました。この整備法（令和5年法律第58号）により改正された法律は、いずれも2024（令和6）年4月1日までに施行されます。

　さらに、令和5年法律第63号により、デジタル社会の形成のために行政の手続のデジタル化が進められたことに伴い、公示の方法による聴聞の通知が、公示事項を行政庁の事務所に設置した電子計算機の映像面に表示したものの閲覧をすることができる状態に置く方法によっても、行えるようにしました（行手15条3項、4項）。この法律は、公布日から3年以内に施行されます。

　その他にも、行政事件訴訟法の一部改正法を始めとし、行政法に関わる複数の法令が改正させていますが、試験に関わるものはありません。

　なお、司法試験及び予備試験問題の正誤の基準となる法令の基準日が、2024年から試験実施年の1月1日に変更になりました。これに伴い、本書での解説及び正誤は、

2024年の1月1日時点で施行済みの法令を基準としています。

　各種試験においては、施行日によって、出題範囲が異なる場合があります。ご注意のうえ、ご利用ください。

司法試験・予備試験 効果的学習法

　合格セレクションシリーズに掲載されている問題やここで記述したような学習方法は、伊藤真塾長や伊藤塾で開発した数多いテキストや講義のうちの一部を紹介したにすぎません。「伊藤真塾長ってどんな人かな」「伊藤塾の講義を体験してみたい」「直近合格者の勉強方法を知りたい」「伊藤塾テキストを見たい」……。そう思ったら、伊藤塾ホームページにアクセスしてください。無料でお得な情報があふれています。

スマホ・パソコン共通 URL　→　https://www.itojuku.co.jp/

伊藤塾ホームページにある情報の一例

　　塾長雑感（塾長エッセイ）
　　無料体験講座
　　合格者の声──合格体験記・合格者メッセージ──
　　合格後の活躍──実務家レポート──
　　講師メッセージ
　　伊藤塾の書籍紹介

　講座は、受験生のライフスタイルに合わせ、**在宅（通信）受講**と**通学（校舎）受講**、**インターネット受講**を用意しています。どの受講形態でも**学習フォローシステムが充実**しています。

第**1**編

行政法総論

【第1編第1章（行政のしくみ）には、登載基準を満たすフル問題がありません。】

CORE TRAINING

01　行政組織の基本概念

□□□　下級行政機関の事務処理に関し、上級行政機関の指揮監督権の一つとして承認等を行う権限が認められることがあるが、上級行政機関により不承認とされた場合、下級行政機関は、その不承認の取消しを求めて抗告訴訟を提起することができる。 予R4-24-エ　　➡ 最判昭53.12.8（成田新幹線訴訟）参照　1＊1　✕

□□□　上級行政庁の下級行政庁に対する指揮監督権には、一般に、下級行政庁の行った違法・不当な行為の取消し又は停止を当該下級行政庁に命ずる権限も含まれる。 H19-23-ウ　　➡ 1❹　◯

□□□　上級行政庁は、その一般的な指揮監督権に基づき、法律の特別の根拠がなくとも、下級行政庁の権限を当該下級行政庁に代わって自ら行使することができる。 H19-23-ア　　➡ 1＊2　✕

□□□　行政庁Aの有する処分の権限が行政機関Bに委任された場合、当該処分はBの名で行われ、Bが当該処分をした行政庁となる。 予H29-24-イ　　➡ 3❶　◯

□□□　処分に関する審査請求について、審査庁が指揮監督権を有する上級行政庁である場合、当該審査請求に理由があるときは、当該審査庁は当該審査請求に対する裁決において審査請求の対象となった処分を変更すること又は変更すべき旨を命ずることができるものの、審査庁である上級行政庁が処分庁に当該処分をする権限を委任していた場合、当該審査庁は当該処分を変更すること又は変更すべき旨を命じることはできない。 予R4-24-ア　　➡ 3＊　✕

□□□　行政庁が他の行政機関に法律に基づく処分の権限を委任することは、法律の根拠がなければ行うことができないが、行政庁がその権限に属する行為を他の行政機関に専決させることは、法律の根拠がなくても行うことができる。 予H29-24-ア　　➡ 3❶ii、❸ii　◯

□□□　行政庁Aの権限とされている処分を行政機関Bが専決により行う場合、当該処分はAの名で行われ、Aが当該処分をした行政庁となる。 予H29-24-ウ　　➡ 3❸iii　◯

C O R E   P L U S

① 行政庁の指揮監督権限

　行政庁の構造は階層性　∵行政意思の統一を維持

　階層性とは、行政の首長を頂点とし、上級の行政庁が、その系統下にある下級の行政庁に対し指揮監督権限を行使するピラミッド型の構造を指す。

上級行政庁の指揮監督権限	❶ 監視権	❹ 取消停止権 H19-23-ウ
	❷ 許認可権*1	❺ 代執行権*2
	❸ 訓令権	❻ 権限争いを裁定する権限 (内7)

＊1　上級行政庁による同意（承認）は、行政機関内部での行為であり行政行為には当たらないため、法定されていない限り、抗告訴訟の対象とならない（最判昭53.12.8百選Ⅰ2事件、成田新幹線訴訟）。予R4-24-エ

＊2　代執行権（下級庁がなすべき行為をしない場合に、上級庁が代わって行為をする権限）は、下級庁が権限を持つ事項を直接上級庁が行うことになり、実質的な権限配分の変更になるので、特別な法律の根拠がある場合にのみ認められる。H19-23-ア

② 行政庁の権限行使

原則	行政庁は、法律によって定められた権限の分配に従って権限を行使しなければならず、他の機関に決定権を委ねることはできない ∵法律による行政の原理の要請
例外	法律によって定められた行政庁が権限を行使できない場合や、行使することが不適切な場合には、権限の代行が認められる →権限の委任、権限の代理、代決（専決）の3種類

③ 権限の委任・代理・専決

	❶ 権限の委任 予H29-24-イ	❷ 権限の代理		❸ 専決
		授権代理	法定代理	
i 権限の移転	あり	なし		なし
ii 法律の根拠	必要 予H29-24-ア	不要	必要	不要 予H29-24-ア
iii 権限行使の方法	受任機関（自己）の名で行う	代理機関による顕名必要		行政庁の名で行う 予H29-24-ウ
iv 効果帰属	受任機関	被代理機関（行政庁）		行政庁
v 行為の責任を負う機関	受任機関	被代理機関 （行政庁）	代理機関	行政庁
vi 委任機関・被代理機関による監督	できない （受任機関が委任機関の下級行政機関である場合は一般的な指揮監督権が及ぶ）*	できる	できない	

＊　権限を委任しても上級行政庁の一般的な指揮監督権は失われない。したがって、審査請求に対する裁決において審査庁である上級行政庁が処分庁に当該処分をする権限を委任していた場合でも、当該審査庁は当該処分を変更すること又は変更すべき旨を命じることができる（行審46Ⅰただし書参照）予R4-24-ア

CORE TRAINING

02 国の行政のしくみ

□□□ 最高裁判所の判例によれば、内閣総理大臣は、閣議にかけて決定した方針が存在しない場合においても、内閣の明示の意思に反しない限り、行政各部に対し、随時、その所掌事務について一定の方向で処理するよう指導、助言等の指示を与える権限を有すると解されている。予H28-24-イ

➡ 最大判平7.2. 22（ロッキード〔丸紅ルート〕事件）4❷ii ○

□□□ 内閣総理大臣は、自ら各省大臣の職に就くこともできる。予H28-24-エ

➡ 内閣府6、行組5Ⅲただし書 4❷iii ○

□□□ 内閣総理大臣は、主任の大臣として行政事務を分担管理する国務大臣を任命することとされており、行政事務を分担管理しない大臣を置くことはできない。予H28-24-ア

➡ 憲68Ⅰ本文、内3Ⅰ、Ⅱ 4❸ii ✕

□□□ 内閣を補助する組織として内閣に置かれる内閣補助部局は、内閣官房及び内閣府に限られている。予H28-24-ウ

➡ 内12Ⅳ 4※ ✕

□□□ 国家行政組織法第3条の規定により省の外局として設置されている行政委員会は、その具体的な職権行使に当たっては、当該省の大臣の下級行政機関として、その指揮監督を全面的に受ける。予R4-24-ウ

➡ 5 ✕

C O R E P L U S

4 内閣の組織と権能

❶ 内閣	首長たる内閣総理大臣及びその他の国務大臣からなる合議体
❷ 内閣総理大臣	i　国務大臣の任免権（憲68Ⅰ、Ⅱ） ii　行政各部の指揮監督権（憲72後段、内6） 　→判例は、閣議にかけて決定した方針が存在しない場合であっても、「内閣総理大臣は、少なくとも、内閣の明示の意思に反しない限り、行政各部に対し、随時、その所掌事務について一定の方向で処理するよう指導、助言等の指示を与える権限を有する」としている（最大判平7. 2.22百選Ⅰ15事件、ロッキード〔丸紅ルート〕事件）予H28-24-イ iii　「内閣府の長」（内閣府6Ⅰ）として「主任の大臣」（内閣府6Ⅱ）としての役割も果たすが、自ら各省大臣の職に就くこともできる（行組5Ⅲただし書）予H28-24-エ
❸ 国務大臣	i　合議体としての内閣の構成員 ii　通常は、主任の大臣として、行政事務を分担管理するが（内3Ⅰ）、行政事務を分担管理しない大臣（無任所の大臣）の存することを妨げるものではない（内3Ⅱ）予H28-24-ア iii　国務大臣の数は、現行法上、原則として14人以内であるが、特別に必要がある場合においては、3人を限度にその数を増加し、17人以内とすることができる（内2Ⅱ）

※　内閣の事務を補助するため、内閣官房のほか、別に法律の定めるところにより必要な機関を置くことができる（内閣補助部局、内12Ⅳ）。内閣補助部局としては、内閣官房（内12Ⅰ）のほか、内閣府（内閣府2）、内閣法制局、国家安全保障会議などがある。予H28-24-ウ

5 国の行政組織

内閣	内閣府		○内閣に置かれ（内閣府2）、内閣の重要政策に関する内閣の事務を助ける行政機関相互の連絡調整に当たる（内閣府3Ⅰ参照） ○内閣総理大臣を主任の大臣とし、自らが所轄する事務を行う行政機関
	省		国務大臣を主任の大臣とし、その所轄する事務を行う行政機関
	外局	庁	○仕事の量が膨大であったり、特殊で専門的な扱いを必要としたりするため、本省の内部部局で扱うのが適当でない事務を、ある程度職務上独立した立場から分担管理するために設けられる ○各庁の長である長官は、本省の大臣の統括下に置かれるが、自己の名と責任の下に所轄事務を遂行する ○内閣府に置かれる庁には、省に準じる重要性があり、その長官には国務大臣が充てられる
	内閣府や各省に直属するが、その内部部局の外に設置されて、特殊な事務を所轄する行政機関	委員会	○委員長と委員で構成される合議制の行政機関 ○政治的中立性が要請される分野や、専門科学的な検討が必要な分野において、各界の権威者を集めて設置される ○主任の大臣の所管に属するものの、職務上の独立がある程度認められ、その権限行使につき大臣の指揮には服しない 予R4-24-ウ
	地方支分部局		○国の行政機構の肥大化及び地方分権の妨げになることを防止すべく、地方支分部局の設置は、法律の定めるところによる（行組9） ○国の地方出先機関の設置を最小限にとどめて地方自治を尊重すべく、地方支分部局を含む地方行政機関の設置につき、国会の承認が必要であり、かつその設置及び運営の経費は国が負担する（地自156Ⅳ）

CORE TRAINING

03　地方公共団体の行政のしくみ

□□□　地方自治法第2条第9項第1号に規定する第一号法定　**⇒** 7　　　　○
受託事務は、本来国が果たすべき役割に係る事務であって、国
がその事務の適正な処理を特に確保する必要があるものでは
あるが、当該事務を処理する都道府県等は、当該事務を所掌す
る国の大臣から、国の下級行政機関として指揮監督を受けるも
のではない。 予R4-24-イ

CORE PLUS

6　法定受託事務と自治事務の意義

法定受託事務	○法律又はこれに基づく政令により都道府県、市町村又は特別区が処理することとされる事務のうち、国が本来果たすべき役割に係るものであって、国においてその適正な処理を特に確保する必要があるものとして法律又はこれに基づく政令に特に定めるもの（第1号法定受託事務、地自2 Ⅸ①） ○法律又はこれに基づく政令により市町村又は特別区が処理することとされる事務のうち、都道府県が本来果たすべき役割に係るものであって、都道府県においてその適正な処理を特に確保する必要があるものとして法律又はこれに基づく政令に特に定めるもの（第2号法定受託事務、地自2 Ⅸ②）
自治事務	地方公共団体が処理する事務のうち、法定受託事務以外のもの（地自2 Ⅷ）

7　事務の機関

法定受託事務	地方自治体の事務（国の事務ではないため大臣の包括的な指揮監督は認められない） 予R4-24-イ ＊
自治事務	地方自治体の事務

＊　国が関与するためには、法律の規定が必要とされている（地自245の2）。

※　国による関与について是正の要求や許可の拒否に不服がある等の場合には、国地方係争
処理委員会（地自250の7）による審査請求が可能となっている。

No. 001	法律による行政の原理	□ 月 日
	H20-23	□ 月 日
		□ 月 日

　次のアからエまでの各記述について、それぞれ正しい場合には1を、誤っている場合には2を選びなさい。

ア．行政は、国民の代表によって作られた法律に従って行われなければならないのが原則であるが、行政上の法律関係においても、慣習法の適用が排除されるわけではない。

イ．最高裁判所の判例によれば、民事上の法律関係を規律する原理として生まれた信義誠実の原則は、租税法律主義が妥当する租税法律関係については適用されないと解されている。

ウ．国家における行政組織のうち、少なくともその基本構造については、国会が定めるべきものと解されている。

エ．最高裁判所の判例によれば、職員が通達を違法と考えた場合、その通達に沿った上司の命令に服従すべき義務はなく、服従拒否を理由とする懲戒処分は違法になると解されている。

No. 001	正解 ア1、イ2、ウ1、エ2	法律による行政の原理の具体的な内容について しっかり復習しておこう。	正答率 87.7%

ア　正しい。

　行政は、国民の代表によりつくられた**法律に従って行われなければならない**のが原則である（**法律による行政の原理**）。この原理からすると、行政上の法律関係においては慣習法が排除されるようにも思えるが、行政権限の根拠に関する法ではなく、公物利用権など、行政権限行使の対象となる私人の権利の根拠に関しては、既存の法律に反しない限り、慣習法の成立を認めるのが一般的である。

イ　誤り。

　判例は、「租税法規に適合する課税処分について、法の一般原理である**信義則の法理**の適用により、右課税処分を違法なものとして取り消すことができる場合があるとしても、法律による行政の原理なかんずく**租税法律主義の原則が貫かれる**べき**租税法律関係**においては、右法理の適用については慎重でなければならず、租税法規の適用における**納税者間の平等、公平という要請を犠牲**にしてもなお当該課税処分に係る課税を免れしめて**納税者の信頼を保護しなければ正義に反する**といえるような**特別の事情が存する場合**に、初めて右法理の**適用の是非を考えるべきものである**」としており（最判昭62.10.30百選Ⅰ20事件）、一定の要件の下に信義則が租税法律関係に適用される余地を認めている。

ウ　正しい。

　法律による**行政の原理**は、**国の行政組織の編成に対しても議会による統制を要求**する。もっとも、国の行政組織のすべてを法律で定める必要があるとは考えられていない。問題は、国の行政組織のどの範囲まで法律で定める必要があるかであるが、行政組織の基本構造を定めることにより、行政の守備範囲について基本決定がなされるし、また、行政組織の法定により、行政責任の明確化が図られることなどの理由から、少なくとも、国の行政組織の基本的編成権は国会に帰属すると解されている。

エ　誤り。

　法律優位の原則によれば、行政組織の内部であっても、法律の趣旨に反する通達や職務命令を発することは許されない。もっとも、判例は、地方公務員法の規定によれば、地方公共団体の職員は、上司の職務上の命令に忠実に従わなければならないものとされており（地公32条）、上司の職務命令に重大かつ明白な瑕疵がない限り、これに従う義務を負うとしている（最判平15.1.17）。したがって、職員が通達を違法であると考えたとしても、その通達に沿った上司の命令に重大明白な瑕疵がない限り、これに服従する義務を免れるわけではない。

文献　試験対策講座60、61、66、67頁。判例シリーズ4事件

No.
002

行政上の法律関係

予R1-13

　　行政上の法律関係に関する次のアからウまでの各記述について、最高裁判所
の判例に照らし、正しいものに○、誤っているものに×を付した場合の組合せ
を、後記1から8までの中から選びなさい。

□□□　ア．国家公務員の災害補償について国家公務員法や国家公務員災害補償法等
　　　　　に詳細な定めが置かれていることからすると、国が国家公務員に対して、
　　　　　安全配慮義務違反に基づく損害賠償責任を負うとはいえない。

□□□　イ．公営住宅の使用関係については、事業主体と入居者との間の法律関係が、
　　　　　基本的には私人間の家屋賃貸借関係と異なるところはないとしても、民法
　　　　　及び借地借家法は適用されない。

□□□　ウ．国税滞納処分における国の地位は、民事上の強制執行における差押債権
　　　　　者の地位に類するものであるから、国税滞納処分による差押えの関係にお
　　　　　いても民法第177条の適用がある。

1．ア○　イ○　ウ○　　　　2．ア○　イ○　ウ×　　　　3．ア○　イ×　ウ○
4．ア○　イ×　ウ×　　　　5．ア×　イ○　ウ○　　　　6．ア×　イ○　ウ×
7．ア×　イ×　ウ○　　　　8．ア×　イ×　ウ×

| No.
002 | 正解　7 | 公法と私法の関係性について判例をチェックしておこう。 | 正答率
77.1% |

ア　誤り。

　判例は、自衛隊員が自衛隊駐屯地において、同僚の自衛隊員の運転する大型自動車にひかれて死亡した事案について、「**国は**……**公務員の生命及び健康等を危険から保護するよう配慮すべき義務**（以下「**安全配慮義務**」という）**を負っている**ものと解すべきである」としている。その理由として、「右のような**安全配慮義務**は、ある法律関係に基づいて**特別な社会的接触の関係に入った当事者間**において、当該法律関係の**付随義務として**当事者の一方又は双方が相手方に対して**信義則上負う義務として**一般的に認められるべきものであって、国と公務員との間においても別異に解すべき論拠はなく……国家公務員法93条ないし95条及びこれに基づく国家公務員災害補償法並びに防衛庁職員給与法27条等の災害補償制度も国が公務員に対し安全配慮義務を負うことを当然の前提とし、この義務が尽くされたとしてもなお発生すべき公務災害に対処するために設けられたものと解される」ということを挙げている（最判昭50.2.25百選Ⅰ22事件）。

イ　誤り。

　判例は、公営住宅の使用関係は、基本的に私人間の家屋貸借関係と異なるところはないとし、公営住宅法や同法に基づく条例による特別の定めがない限り、原則として民法及び借家法（現借地借家法）の適用があるとしている（最判昭59.12.13百選Ⅰ7事件）。

ウ　正しい。

　判例は、「**滞納者の財産を差し押えた国の地位**は、……**民事訴訟法上の強制執行における差押債権者の地位に類する**ものであり、租税債権がたまたま公法上のものであることは、この関係において、国が一般私法上の債権者より不利益の取扱を受ける理由となるものではない」として、**滞納処分による差押えの関係においても、民法177条の適用がある**としている（最判昭31.4.24）。

文献　試験対策講座66頁

MEMO

CORE TRAINING

01　法律による行政の原理

□□□　市街化区域と市街化調整区域の区分のように、都市計画の内容が私人の土地利用に対して建築制限をもたらす場合には、法律による行政の原理によれば、当該都市計画には法律の根拠を要する。 H22-26-イ

➡ 法律の留保の原則、侵害留保説（通説・実務） 1 ❸、2 ❶　〇

□□□　国は、国の補助金を交付するための根拠として、補助金等に係る予算の執行の適正化に関する法律を定めているのであり、地方公共団体は、同法に相当する条例を制定しない限り、補助金を交付することができない。 予H27-13-イ

➡ 補助金等に係る予算の執行の適正化に関する法律は、規制規範であり、補助金交付の根拠規範ではない。また、侵害留保説（通説・実務）からは、補助金交付のような給付行政については、法律の根拠は不要となる 2 ❶　✕

□□□　行政活動により国民の権利を侵害し、又は自由を制限するには、その根拠として法律が必要となるが、そのための法律としては、行政機関の任務又は所掌事務を定める行政の組織規範があれば足りる。 予R4-13-イ

➡ 3 *　✕

02　行政法の一般原則

□□□　法律に定められた租税を行政機関が減免する措置をとるためには、法律の根拠が必要である。 予H27-13-ア

➡ 租税法律主義の下、法律に定められた租税を賦課・徴収するかどうかについて行政庁に裁量はないから、法律の優位の原理により、租税の減免（租税の全部又は一部を賦課・徴収しないこと）には法律の根拠が必要　〇

CORE PLUS

1 法律による行政の原理の内容

❶ 法律の優位の原則	行政活動は存在する法律の定めに違反して行われてはならないとする原則
❷ 法律の法規創造力の原則	法律によってのみ人の権利義務を左右する法規を創造し得るとする原則
❸ 法律の留保の原則	行政活動を行う場合に、事前に法律でその根拠が規定されていなければならないとする原則 H22-26-イ

2 法律の留保の原則の適用範囲

❶ 侵害留保説	国民の権利自由を権力的に侵害する行政活動についてのみ法律の授権を要する H22-26-イ 、予H27-13-イ
❷ 全部留保説	国民の権利自由を制限するものであると、国民に権利を与え義務を免ずるものであるとを問わず、国家の権利義務にかかわる行政活動については法律の授権を要する
❸ 権力留保説	行政活動のうち、権力的作用については法律の授権を要する
❹ 社会留保説	侵害行政のみならず、社会権の確保を目的として行われる給付行政にも法律の授権を要する

3 法律の分類

❶ 組織規範	行政組織の中で行政の事務を分配する規範
❷ 根拠規範	具体的な行政活動の根拠となる規範*
❸ 規制規範	行政活動の適正を図る目的で規律を設ける規範

*　法律の留保の原則における「法律」とは根拠規範のことを指す。したがって、国民の権利自由を権力的に侵害する行政活動については、根拠規範が必要であり、組織規範、規制規範のみでは足りない。 予R4-13-イ

2章 行政法の基本原理

13

CORE TRAINING

□□□　慣習法は、行政法の法源として認められる場合があるが、公水使用権のように私人の権利の根拠として用いられる場合、行政法の法源としては認められない。　予R4-13-ア

 ➡ 最判昭37.4.10　✕
参照　⑤

CORE PLUS

④ 法律による行政の原理の修正と信義則についての判例

❶ 租税法律関係と信義則（最判昭62.10.30百選Ⅰ20事件）	納税者が税務官庁の公的判断を信頼して行動した結果として経済的不利益を受けたか、及び、税務官庁の判断を信頼したことについて納税者に帰責性がないか等を考慮し、「納税者間の平等、公平という要請を犠牲にしてもなお当該課税処分に係る課税を免れしめて納税者の信頼を保護しなければ正義に反するといえるような特別の事情が存する場合」に限り、信義則の法理の適用により、当該課税処分を取り消すことができる*
❷ 工場誘致施策の変更（最判昭56.1.27百選Ⅰ21事件）	地方公共団体が、私人が社会通念上看過できない程度の積極的損害を被るにもかかわらず、損害の補償などの代償的措置をとらずに施策を変更することは、信頼関係を不当に破壊するものであって、違法性を帯びる
❸ 外国人の在留期間更新不許可処分の取消し（最判平8.7.2）	本人の意思に反して在留資格が変更された場合、その経緯を考慮すれば、信義則上、日本人の配偶者等としての在留期間更新について公権的判断を受ける機会を与えるべきであり、その経緯を考慮せず、判断を受ける機会を与えず在留期間の更新を不許可とすることは違法
❹ 国による消滅時効の援用と信義則（最判平19.2.6百選Ⅰ23事件）	「普通地方公共団体に対する債権に関する消滅時効の主張が信義則に反し許されないとされる場合は、極めて限定される」としつつ、法令順守義務のある地方公共団体が既に具体的な権利として発生している国民の重要な権利に関し、法令に違反してその行使を積極的に妨げるような一方的かつ統一的な取扱いをし、その行使を著しく困難にさせた結果、地方自治法236条2項の消滅時効にかからせたというような例外的な場合には、国による消滅時効の主張は、信義則に反し許されない

*　租税法律主義（憲84）の原則が貫かれるべき租税法律関係に関しては、法律による行政の原理が特に厳しく徹底されており、信義則の法理の適用については慎重でなければならない。

⑤ 行政法の法源

最判昭37.4.10	原告が県知事に対し、公水使用権を有すると主張した事案において、「公水使用権は、それが慣習によるものであると行政庁の許可によるものであるとを問わず、公共用物たる公水の上に存する権利であることにかんがみ、河川の全水量を独占排他的に利用しうる絶対不可侵の権利ではなく、使用目的を充たすに必要な限度の流水を使用しうるに過ぎない」として、慣習法も行政法の法源となり得ることを認めている　予R4-13-ア

No. 003	通　達	□ 月　日
	H18-26	□ 月　日
		□ 月　日

　通達の法的性質等に関する次のアからエまでの各記述について、それぞれ正しい場合には1を、誤っている場合には2を選びなさい。

ア．通達は上級機関が関係下級機関・職員に対してその職務権限の行使を指揮する等のために発するものであるから、当該職務権限の行使を規律する法令の中に通達を発することができる旨の規定がない場合には、上級機関はこれを発することはできない。

イ．裁判所は、法令の解釈適用に際しては、通達に示された法令の解釈に拘束されない。

ウ．事務処理の全国的な統一のために発せられた通達に反する措置を税務署長が行った場合、その措置は、他の税務署長が通達に準拠して行った措置との関係において、平等原則違反を理由に違法と判断される余地がある。

エ．複数の行政機関が同一の行政目的を実現するため一定の条件に該当する複数の者に対し行政指導を行う場合に、これらの行政指導に共通してその内容となるべき事項を上級機関の通達により定めることは許される。

| No. 003 | 正解 ア2、イ1、ウ1、エ1 | 下記の各記述にあるような通達の法的性格をおさえよう。 | 正答率 80%以上 |

ア　誤り。

　通達は、**原則として、法規の性質を持つものではなく**、上級行政機関が関係下級行政機関及び職員に対してその職務権限の行使を指揮し、職務に関して発する**行政組織内部における命令**にすぎない（最判昭43.12.24百選Ⅰ52事件）。このように、通達は、法規としての性格を有しないため、その発令に法律の授権を要しない。

イ　正しい。

　アの解説で述べたように、通達は、**下級行政機関を拘束するが、国民や裁判所を拘束する外部的効果を持たない**。そのため、ある**通達に示された解釈に従って行政処分**がなされ、**その適法性が裁判所で問題になったときには、裁判所は、独自の立場で法令を解釈・適用**して、処分の適法・違法を判断することができる（前掲最判昭43年百選Ⅰ52事件参照）。

ウ　正しい。

　事務処理の全国的な統一のために発せられた通達が存する場合において、ある税務署長がこの通達に反する措置を行った場合には、その税務署管内の国民は、全国的取扱いとは異なる措置を受けることになる。この場合には、納税者の公平の観点から、他の税務署管内で行われた措置との関係において、平等原則に反した違法な措置と判断される余地がある（大阪高判昭44.9.30参照）。

エ　正しい。

　行政手続法36条によれば、同一の行政目的を実現するため一定の条件に該当する複数の者に対し行政指導を行う場合には、あらかじめ、これらの行政指導に共通してその内容となるべき事項（行手2条8号ニ）を行政指導指針として定めることが要請される。そして、行政指導指針は、一般には指導要綱又は要領の形式で定められるものであるから、その内容を上級機関の通達によって定めることも可能であると解されている。

文献 試験対策講座81〜84、152頁。判例シリーズ12事件

No. 004	通　達	☐　月　日 ☐　月　日 ☐　月　日
	H20-26	

3章

行政活動

通達に関する次のアからウまでの各記述について、法令又は最高裁判所の判例に照らし、正しいものに〇、誤っているものに×を付した場合の組合せを、後記1から8までの中から選びなさい。

☐☐☐　ア．国家行政組織法第14条第2項は、「各省大臣、各委員会及び各庁の長官は、その機関の所掌事務について、命令又は示達するため、所管の諸機関及び職員に対し、訓令又は通達を発することができる。」と定めているが、これは通達発令権限を有する行政機関を限定する趣旨ではないから、局長や部長といった内部部局の長も通達を発することが許される。

☐☐☐　イ．パチンコ球遊器について約10年間にわたり非課税の取扱いが続いた後に、法定の課税対象物品に該当する旨の通達が発せられた場合、通達の内容が法律の正しい解釈に合致するとしても、通達が発せられた後にされる課税処分は、非課税の継続に寄せられた納税者の信頼を損なうものであり、違法である。

☐☐☐　ウ．墓地、埋葬等に関する法律第13条に関して、他の宗教団体信者であることだけを理由とする埋葬拒否は「正当の理由」によるものとは認められないと解釈した通達について、この解釈を誤りと考える寺院は、通達に従わず、同条違反を理由に起訴された後に、刑事訴訟で通達の適法性を争うことができるが、それでは公訴を提起され、有罪判決を受ける危険を負わざるを得ないため、取消訴訟で当該通達の適法性を争うことができる。

　　　　（参照条文）墓地、埋葬等に関する法律
　　　　第13条　墓地、納骨堂又は火葬場の管理者は、埋葬、埋蔵、収蔵又は火葬の求めを受けたときは、正当の理由がなければこれを拒んではならない。
　　　　第21条　左の各号の一に該当する者は、これを千円以下の罰金又は拘留若しくは科料に処する。
　　　　　一　第3条、第4条、第5条第1項又は第12条から第17条までの規定に違反した者
　　　　　二　（略）

1．ア〇　イ〇　ウ〇　　　2．ア〇　イ〇　ウ×　　　3．ア〇　イ×　ウ〇
4．ア〇　イ×　ウ×　　　5．ア×　イ〇　ウ〇　　　6．ア×　イ〇　ウ×
7．ア×　イ×　ウ〇　　　8．ア×　イ×　ウ×

No. 004	正解 4	下記の各記述にあるような通達に関連する基本的な判例知識をおさえよう。	正答率 89.4%

ア　正しい。

　訓令又は通達を発令する権限は、上級行政機関の有する、下級行政機関に対する指揮監督権に当然に含まれている。訓令又は通達に関しては、国家行政組織法14条2項のほか、内閣府設置法7条6項、58条7項、宮内庁法8条6項に規定があるが、これらの規定は確認規定であり、通達発令権限を有する行政機関を限定する趣旨のものではない。したがって、局長や部長といった内部部局の長も通達を発することが許される。

イ　誤り。

　判例は、パチンコ球遊器が法定の課税対象物品に該当する旨の通達に基づいてなされた課税処分について、従前約10年間にわたり非課税の取扱いが続いていたとしても、「**通達の内容が法の正しい解釈に合致するものである以上**、本件課税処分は**法の根拠に基く処分**と解する」としている（最判昭33.3.28百選I51事件、パチンコ球遊器事件）。したがって、本記述の課税処分は、違法とはいえない。

ウ　誤り。

　前掲最判昭43年（百選I52事件）は、墓地、埋葬等に関する法律13条に関し、他の宗教団体信者であることだけを理由とする埋葬拒否は「正当の理由」によるものとは認められないと解釈した通達の処分性が争われた事案において、「**通達は**、原則として、**法規の性質をもつものではなく**、上級行政機関が関係下級行政機関および職員に対してその職務権限の行使を指揮し、職務に関して命令するために発するものであり、このような通達は右機関および職員に対する**行政組織内部における命令にすぎないから**、……一般の**国民は直接これに拘束されるもの**」ではないとして、**通達の処分性を否定**し、同通達に対する取消訴訟を不適法却下している。したがって、本記述の通達の適法性を取消訴訟で争うことはできない。

> **文献**　試験対策講座82、83頁。判例シリーズ12事件

MEMO

CORE TRAINING

01　法規命令

□□□　国家公務員に禁止される「政治的行為」の具体的内容を定めた人事院規則の規定と、国家公務員法との関係が問題とされた最高裁判所平成24年12月7日第二小法廷判決（刑集66巻12号1722頁）は、憲法の規定及び国家公務員法の委任の趣旨を踏まえて、上記規則の規定を限定的に解釈したものである。
予H29-13-ウ

⮕ 最判平24.12.7（憲法百選Ⅰ13事件）② ❷　○

□□□　被勾留者の接見について、原則として幼年者との接見を許さないとした上で例外として限られた場合に監獄の長の裁量によりこれを許すこととしていた旧監獄法施行規則の規定と、旧監獄法との関係が問題とされた最高裁判所平成3年7月9日第三小法廷判決（民集45巻6号1049頁）は、憲法及び旧監獄法による委任の趣旨を踏まえて限定的に解釈すれば、上記施行規則の規定は旧監獄法による委任の範囲を超えていないとしたものである。予H29-13-ア

⮕ 最判平3.7.9（監獄法事件）③ ❶　×

CORE PLUS

1 行政立法の分類

2 委任命令の限界その1（委任の方法の適法性）

判　例	適法性	理　由
❶ 教科用図書検定規則の検定基準 家永教科書裁判第一次上告審 （最判平 5．3．16百選 I 76①事件）	○	教科書は、内容が正確かつ中立・公正で、教育目標などに適合し、児童・生徒の使用の便宜にかなうべきものであることは、学校教育法など関係法令から明らかであり、検定基準はそれらの要件を具現化したもの
❷ 人事院規則の罰則規定 （最判平24.12.7 憲法百選 I 13事件）	○	表現の自由と公務員の性質に照らし、罰則要件の委任内容が公務員の政治的中立性を損なうおそれが実質的に認められる行為に特定されている　予H29-13-ウ

3 委任命令の限界その2（委任命令の内容の適法性）

判　例	適法性	理　由
❶ 旧監獄法と同規則の幼年者の接見制限規定 監獄法事件 （最判平 3．7．9 百選 I 45事件）	×	接見は原則自由であり、幼年者保護目的の制限規定は、刑事収容施設内の規律・秩序の維持上障害が発生することを防止するという法の趣旨を逸脱している　予H29-13-ア
❷ 児童扶養手当法と同施行令の給付除外規定 （最判平14.1.31憲法百選 II 206事件）	×	認知により父から現実に扶養が期待できるとはいえ、被認知子に対する給付の除外規定は、生計維持という法の趣旨に反する
❸ 地方自治法と同施行令の解職請求者資格制限準用規定 （最判平21.11.18）	×	○平成23年改正前地方自治法85条1項は公職選挙法中の普通地方公共団体の選挙に関する規定を解職の投票手続に準用する旨を定めている ○解職の投票手続は選挙手続との同質性がある一方で、請求手続には選挙手続との類似性・同質性がない →解職の請求手続に公職選挙法は準用できない
❹ 薬事法と同施行規則の非対面販売制限規定 （最判平25.1.11百選 I 46事件）	×	職業活動は原則自由であり、また、薬事法の文理及び立法経緯から医薬品の非対面販売を禁じる趣旨は見出せないから、これを禁じる規則の規定は法の趣旨に反する
❺ 銃刀法と同登録規則の禁止除外規定 サーベル事件（最判平 2.2.1）	○	文化的価値を有する刀剣種の判断は専門性を要し、所持禁止の除外基準創設権限も行政庁に授権されている

3章

行政活動

CORE TRAINING

02　行政規則

□□□　行政庁が、申請に対しどのような処分をするかについて法令の規定に従って判断するための基準を定めるには、法律の委任が必要であり、行政手続法に委任規定が置かれている。
予H27-13-ウ

➡ 審査基準（行手2⑧ロ）は、行政規則にすぎず、国民の権利義務に関係する法規の性質を有するものではないため、その制定には法律による委任を必要としない。行政手続法上も委任規定は定められていない　❌
4 ❸ⅲ

CORE PLUS

4 行政規則

❶ 意義	行政機関の定立する定めであって、国民の権利義務に直接関係しない（外部効果を有しない）もの→法律の授権を必要としない e.g. 告示、内規、要綱、通達、訓令等
❷ 通達 ＝上級機関が下級機関の権限行使について発する命令であり、書面の形式を採るもの	ⅰ　通達は、国民の権利義務、法律上の地位に重大な関わりを持つことはあっても、直接具体的に法律上の影響を及ぼすものではないから、通達の取消しを求める訴えは許されない。このように通達は法規の性質を持つものではないから、裁判所は、法令の解釈適用に当たっては、通達に示された法令の解釈と異なる独自の解釈をすることができる（最判昭43.12.24百選Ⅰ52事件） ⅱ　従来非課税とされていたところ、通達を契機として課税処分がなされた場合であっても、その通達の内容が法の正しい解釈に合致するものであれば、"通達による課税"ではなく"法律に基づく課税"であり、違憲ではない（最判昭33.3.28百選Ⅰ51事件、パチンコ球遊器事件）
❸ その他の行政規則	ⅰ　組織に関する定め（各省の事務組織、事務配分の規定など） ⅱ　特別の関係を持つ者に関する定め（公務員や国公立学校の学生・生徒に関する定め） ⅲ　各行政機関の行動の基準に関する定め（審査基準等）予H27-13-ウ ⅳ　補助金を交付する際に制定される交付規則や交付要綱 ⅴ　行政の相手方に対する行政指導の基準を文言的に定めたもの（建築指導要綱）

No. 005	論	土地収用に関する諸問題	□ 月 日
		予H27-14	□ 月 日 □ 月 日

　土地収用法による土地収用は、国土交通大臣又は都道府県知事が起業者（土地収用を必要とする事業を行う者）からの申請に対して行う事業認定と、それに続く都道府県の収用委員会による収用裁決とを経て行われる。以上の土地収用に関する次のアからエまでの各記述について、それぞれ正しい場合には1を、誤っている場合には2を選びなさい。なお、以下でいう「事業認定の違法性」は、事業認定の無効事由には当たらない違法事由を指すものとする。

　ア．起業者は、事業認定を申請し収用することが可能な土地についても、土地所有者と売買契約を締結して取得することができる。

　イ．事業認定が都道府県知事により行われた場合に、収用裁決の取消訴訟において原告は事業認定の違法性を主張できるという考え方を採るとしても、事業認定が国土交通大臣により行われた場合には、そのような違法性の主張を認めることはできない。

　ウ．収用裁決の取消訴訟において原告は都道府県知事による事業認定の違法性を主張できるという考え方を採る場合には、都道府県知事による事業認定の処分性を認めることはできない。

　エ．最高裁判所の判例によれば、収用委員会が収用裁決において行う損失補償の範囲及び額の決定について、収用委員会に裁量権は認められない。

No. 005	正解 ア1、イ2、ウ2、エ1	土地収用の問題である。違法性の承継など関連する知識を整理しよう。	正答率 68.8%

ア　正しい。

　土地収用法上の土地収用は、公共用地の所有者が用地買収に応じない場合に強制的に土地の所有権を取得するものである。そのため、起業者は、土地収用法に基づき収用することが可能な土地についても、土地所有者が任意で売買に応じる場合には売買契約により土地の所有権を取得することができる。土地収用の実務上も、土地収用法に基づく権限を背景に、起業者が土地所有者等から任意買収により土地を取得するのが一般的となっている。

イ　誤り。

　本記述の考え方は、事業認定に処分性が認められることを前提に、いわゆる違法性の承継を認めるものである。判例は、**違法性の承継の可否**について、①**先行処分と後行処分とが連続した一連の手続を構成し、一定の法律効果の発生を目指しているかどうか**、②**先行処分の段階で、当該処分を争い得るほどに十分な手続保障がなされていたかどうか**という観点から判断している（最判平21.12.17百選Ⅰ81事件参照）。そのため、先行処分の行為主体と後行処分の行為主体が同一であるか否かは違法性の承継の可否を分ける要素ではない。したがって、事業認定と収用裁決の行為主体が異なっていたとしても違法性の承継は認められることに変わりはない。

ウ　誤り。

　先行行為に処分性が認められない場合、先行行為の違法は当然に後行処分の取消訴訟において主張できる。一方、**先行行為に処分性が認められる場合、後行処分の取消訴訟で先行処分の違法性を主張することは原則**として**許されない**が、イの解説で述べたように、例外的に違法性の承継が認められる余地がある。そのため、原告が収用裁決の取消訴訟において、先行行為たる事業認定の違法性を主張できると考えても、事業認定の処分性が否定されるとは限らない。

エ　正しい。

　判例は、土地を収用された者が、土地収用裁決に対して損失補償額の変更及び差額の支払を求めた事案において、土地収用法による補償金の額は、「相当な価格」（収用71条）等の不確定概念をもって定められているものではあるが、通常人の経験則及び社会通念に従って、客観的に認定され得るものであり、かつ、認定すべきものであって、補償の範囲及びその額の決定につき収用委員会に裁量権が認められないとしている（最判平9.1.28百選Ⅱ203事件）。

文献　試験対策講座107〜110、402〜404頁。判例シリーズ18事件

CORE TRAINING

01　行政行為の効力

□□□　行政行為の効力が生ずるのは、特段の定めのない限り、相手方が現実に当該行政行為を了知したか、当該行政行為が相手方の了知し得べき状態に置かれたときである。予R1-14-ア　➡最判平11.10.22　○　①※

CORE PLUS

① 行政行為の分類

<table>
<tr><th colspan="2">分類</th><th>定義</th><th>具体例</th></tr>
<tr><td rowspan="8">法律行為的行政行為</td><td>下命</td><td>相手方に対する一定の作為・給付又は受忍の義務の発生を法効果とする行為</td><td>○違法建築物の改善・除去の命令
○租税</td></tr>
<tr><td>禁止</td><td>相手方に対する一定の不作為の義務の発生を法効果とする行為</td><td>○営業活動の停止命令
○道路通行の禁止処分</td></tr>
<tr><td>許可</td><td>法令による相対的禁止を特定の場合に解除することを法効果とする行為</td><td>○自動車運転の免許
○風俗営業の許可</td></tr>
<tr><td>免除</td><td>法令による作為・給付又は受忍の義務を特定の場合に解除することを法効果とする行為</td><td>○就学義務の免除
○納税義務の免除</td></tr>
<tr><td>認可</td><td>他の法主体の法行為の効力を捕充してその効力を完成させる行為</td><td>○公共料金の認可
○建築協定の認可</td></tr>
<tr><td>特許</td><td>国民に対し、国民が本来有しない権利や権利能力等を設定する行為</td><td>○公有水面埋立の免許
○河川の流水・河川区域内の土地の占有の許可
○公企業の免許</td></tr>
<tr><td>設権行為</td><td>国民に権利を設定する行為</td><td>○社会保障の受給権
○土地収用の権利取得裁決</td></tr>
<tr><td>代理</td><td>本来相手方が行うべき行為を行政機関が代わって行う行為</td><td>○日本銀行総裁の内閣による任命
○土地収用の裁決</td></tr>
<tr><td rowspan="4">準法律行為的行政行為</td><td>確認</td><td>特定の事実や法関係の存否を認定し、これを対外的に表示する行為</td><td>○土地収用の事業の認定
○健康保険法上の被保険者の資格取得の認定</td></tr>
<tr><td>公証</td><td>特定の事実や法関係の存在を公に証明する行為</td><td>○選挙人名簿への登録
○不動産登記薄への登記</td></tr>
<tr><td>通知</td><td>特定の事実又は行政庁の意思を了知させる、法律上一定の法効果に結びつけられた行為</td><td>○代執行の戒告</td></tr>
<tr><td>受理</td><td>届出・申請などの申出を適法なものとして受領したことを表示する行為</td><td>○婚姻届の受理</td></tr>
</table>

※　判例は、旧薬事法に基づく許可の前提となる承認の効力発生時期について、「特別の定めがない限り、当該承認が申請者に到達した時、すなわち申請者が現実にこれを了知又は了知し得べき状態におかれた時に発生する」としている（最判平11.10.22）。予R1-14-ア

CORE TRAINING

□□□ 土地改良事業の施行認可処分の取消訴訟において、当該事業計画に係る工事及び換地処分がすべて完了したため、社会的、経済的損失の観点からみて、社会通念上、原状回復が不可能である場合であっても、訴えの利益を消滅させるものではないとした最高裁判所平成 4 年 1 月24日第二小法廷判決は、社会通念上、原状回復が法的に不可能となった場合において、原告が採り得る手段は損害賠償請求のみであり、同請求の前提として、土地改良事業の施行認可処分の取消訴訟を提起しておかなければならないことを、訴えの利益を根拠付ける理由としている。 H18-36-ウ

➡ 最判昭36.4.21 ✕
② ❹ i

□□□ 農地買収計画が行政処分であることを前提として、計画の違法が重大かつ明白で当然無効ならしめるものと認められる場合には、権限ある機関による取消しを待たずに、その効力を有しない。 予H30-14-イ

➡ 行政行為が無効 ◯
の場合、公定力は
及ばない ② ❹iii

CORE PLUS

② 公定力

❶ 意義	行政行為は、たとえ違法であっても、無効と認められる場合でない限り、権限ある行政庁又は裁判所が取り消すまでは、一応効力のあるものとして、相手方はもちろん他の行政庁、裁判所、相手方以外の第三者もその効力を承認しなければならないという効力（最判昭30.12.26百選 I 65事件）
❷ 根拠	取消訴訟の排他的管轄 →訴訟の段階で、行政行為の効力を争うことができるのは取消訴訟制度のみ
❸ 機能	i 紛争処理の合理化・単純化機能 　→原告である国民は、原因行為たる行政行為の違法を主張して、その取消しを請求すればよい ii 紛争解決結果の合理性担保機能 　→取消権を有する者、すなわち紛争の原因となった行為をした行政庁が所属する行政主体が当事者となる（行訴11） iii 取消訴訟と公定力以外の行政行為の効力（不可争力、執行力など）とを結合
❹ 限界	i 損害賠償請求（国家賠償請求）との関係 　→判例は、「行政処分が違法であることを理由として国家賠償の請求をするについては、あらかじめ右行政処分につき取消又は無効確認の判決を得なければならないものではない」としている（最判昭36.4.21）∵国家賠償請求は処分の効力を争うものではない H18-36-ウ ii 刑事訴訟との関係 　→公定力又は取消訴訟の排他的管轄は刑事訴訟では認められず、刑事被告人は、取消訴訟によらなくても処分が処罰の対象とならないことを主張できる（最判昭53.6.16百選 I 66事件、余目町個室付浴場事件） iii 行政行為が無効の場合 　→取消訴訟によることなく、その無効を前提として自己の権利を主張することができる。この場合、公定力は及ばない 予H30-14-イ

CORE TRAINING

□□□　処分があったことを知った日から6か月を経過したとき又は処分の日から1年を経過したときは、正当な理由がない限り、処分の取消しの訴えを提起して当該処分の効力を争うことができなくなるとともに、国家賠償請求訴訟を提起して当該処分の違法性を主張することもできなくなる。予H29-20-ウ

➡ 処分の効力が争えなくなっても、当該処分が違法であるとして国家賠償請求訴訟を提起することは認められる　3 ＊　✕

□□□　処分庁は、自らした行政処分に当該処分成立時から取り消し得べき瑕疵があったことが取消訴訟の出訴期間経過後に判明し、当該処分が訴訟手続によって取り消される余地がなくなった場合でも、当該処分を自ら取り消すことができる。予R5-13-ア

➡ 3 ❶　◯

□□□　行政庁は、自らのした行政処分が当初から違法であったことを後日認識したときは、取消しを認める旨の明文規定の有無を問わず、また、争訟を裁断する行政処分であっても、当該行政処分を自ら取り消すことができる。H26-22-ウ、予R3-14-ウ、予H30-14-ウ

➡ 最判昭29.1.21（百選Ⅰ67事件）3 ❸　✕

CORE PLUS

3 行政行為のその他の効力

❶ 不可争力（形式的確定力）	一定期間が経過すると私人の側からは行政行為の効力を裁判上争うことができなくなること＊ →行政庁の側で、職権による取消しや撤回をすることを禁じるものではない　予R5-13-ア
❷ 執行力	相手方の意思に反して行政行為の内容を行政権が自力で実現し得ること →行政代執行法などの法律によって初めて認められるものであり、およそ行政行為一般に執行力があるということはできない
❸ 不可変更力	処分庁は、行政行為のうち準司法的な手続を経て行われる争訟裁断行為（不服申立手続に対する裁決・決定など）については、たとえそれが違法であっても取消し・変更できないこと →判例は、農地委員会の裁決について、確かに行政処分ではあるが実質的にみるとその本質は法律上の争訟を裁判するものであるとして、特別の規定のない限り、このような性質を有する裁決を裁決庁自らが取り消すことはできないとしている（最判昭29.1.21百選Ⅰ67事件）H26-22-ウ、予R3-14-ウ、予H30-14-ウ
❹ 実質的確定力	処分庁だけでなく、上級行政庁及び裁判所も、準司法的な手続を経て行われる争訟裁断行為については、取消し・変更できないこと

＊　取消訴訟は、処分があったことを知った日から6か月を経過したとき又は処分の日から1年を経過したときは、正当な理由がない限り、提起することができない（行訴14Ⅰ、Ⅱ）。もっとも、取消訴訟の出訴期間の経過後に確定するのは行政処分の有効性であって、行政処分の適法性・妥当性は確定していないことから、当該処分を違法であるとして国家賠償請求訴訟を提起することは認められる。予H29-20-ウ

3章　行政活動

27

CORE TRAINING

02　行政行為の瑕疵

□□□　建築基準法が同法所定の接道義務について条例による
制限の付加を認めていることを受け、東京都建築安全条例（以
下「条例」という。）は、接道義務を厳格化している。条例の
定める安全認定（以下「安全認定」という。）は、接道義務の
例外を認めるための制度であり、接道要件を満たしていない建
築物の計画であっても、適法に安全認定を受けていれば、建築
確認申請手続において、接道義務の違反がないものとして扱わ
れることとなる。安全認定が行われた上で建築確認がされてい
る場合に、建築確認の取消訴訟において安全認定の違法を主張
することの可否について判断を示した最高裁判所の判決（最高
裁判所平成21年12月17日第一小法廷判決、民集63巻10号2631
頁）は、安全認定に処分性が認められないことを前提として、
建築確認の取消訴訟において安全認定の違法を主張すること
ができるとしたものである。 H24-22-ア

➡ 判例は、東京都
建築安全条例の事
案で、同条例の安
全認定は建築主に
対し、建築確認申
請手続において接
道義務違反がない
ものとして扱われ
るという地位を与
えるものとしてお
り、安全認定の処
分性を肯定してい
るとみられる（最
判平21.12.17百選
Ⅰ81事件） ✕

□□□　マンションの新築の計画に関し建築基準法上の指定確
認検査機関Aがした建築確認（以下「本件確認」という。）に
つき、同マンションの敷地の周辺に居住する者がAを被告とし
てその取消しを求めて訴訟（以下「本件訴訟」という。）を提
起した。本件訴訟において、いわゆる違法性の承継を肯定した
最高裁判所平成21年12月17日第一小法廷判決（民集63巻10号
2631頁）の判示したところに従い、本件確認に先立って東京都
の特別区の区長Bが条例の規定に基づいてした接道義務につ
いての安全認定（以下「先行処分」という。）の違法を主張す
ることができるとされる場合、本件訴訟において、Aが本件確
認をするに当たり先行処分の適法性につき審査を尽くしたこ
とが認められる場合は、先行処分が違法であることは、本件確
認の取消事由とならない。 H25-32-ア

➡ 最判平21.12.17
（百選Ⅰ81事件）
⑤ ❷ ⅱ ✕

□□□　課税処分の違法性は、滞納処分に承継されないことから、
滞納処分の取消訴訟において、課税処分の違法を滞納処分の違
法事由として主張することは許されないが、課税処分に重大か
つ明白な違法があって無効であるとの主張をすることは許さ
れる。 予R3-14-イ

➡ ⑤※ 〇

CORE PLUS

4 無効な行為と取り消すことができる行為の比較

	❶ 無効な行政行為	❷ 取り消すことができる行政行為
i 瑕疵の程度	原則として、重大かつ明白	無効に至らない程度
ii 行政行為の効力	裁判によるまでもなく無効	公定力があるため、取り消されるまでは有効
iii 効力を消滅させる方法	制限なし	○職権取消し ○不服申立てによる取消し ○取消訴訟による取消し
iv 瑕疵を争える期間制限	なし	○不服申立期間による制限 ○出訴期間による制限
v 瑕疵認定の効果	初めから無効	遡及的に無効

5 違法性の承継

❶ 原則	先行処分の違法性は後行処分には承継されない ∵行政上の法律関係の早期確定
❷ 例外	i 要件 ①先行処分と後行処分とが連続した一連の手続を構成し、一定の法律効果の発生を目指しているか（実体的な観点）、②先行処分の段階で、当該処分を争い得るほどに十分な手続保障がなされていたか（手続的な観点） ii 判例（最判平21.12.17百選Ⅰ81事件） ①安全認定と建築確認は、もともとは一体的に行われていたものであり、同一目的を達成するために行われ、両者が結合して初めてその効果を発揮すること、②安全認定の適否を争う場合に、周辺住民等がその存在を速やかに知ることができず、周辺住民等に手続的保障が十分に与えられていないこと、③安全認定の段階で周辺住民等が直ちに不利益を受けることはなく、周辺住民等が建築確認の段階まで争訟の提起という手段は採らないという判断をすることは不合理でないこと、を理由に違法性の承継を肯定 H25-32-ア

※ 重大かつ明白な違法によって無効とされる処分については、いかなる訴訟でもその無効を主張できるから、違法性の承継は問題とならない。瑕疵の程度が行政上の法律関係の早期安定の要請を上回り、取消訴訟の排他的管轄が及ばないためである。 予R3-14-イ

CORE TRAINING

03 行政行為の効力の消滅

□□□ 処分庁から人工妊娠中絶を行うことができる医師に指定された開業医が当該指定処分後に虚偽の出生証明書を作成して罰金刑を受けたため、当該処分庁がこれを主な理由として当該指定処分を取り消す行為は、学問上の「職権取消し」に当たる。予R5-13-ウ

➡ 本事例の指定処分を取り消す行為は、後発的な事由に基づき有効に成立した行政行為の効力を失わせる行為であり、撤回に当たる。最判昭63.6.17、実子あっせん指定医師取消事件参照 ⑥❶a ✕

□□□ 処分庁が授益的処分の処分成立時からの瑕疵を理由に当該処分を取り消すためには、当該処分の名宛人に対する利益保護の観点から、その取消しを認める旨の法律上の明文の規定が必要である。H25-23-ア 、予R5-13-イ

➡ ⑥❷ ✕

□□□ 行政行為がその成立時から違法であった場合、当該行政行為を行った行政庁は、その取消しにより相手方に生ずる不利益の大きさにかかわらず、当該行政行為を取り消すことができる。予R1-14-イ

➡ ⑥❷ ✕

□□□ 旧自作農創設特別措置法に基づく農地買収計画を定めた行政庁は、当該農地買収計画に係る法定の不服申立て期間の徒過により争訟手続によってその効力を争い得なくなった後は、当然無効と認められる場合を除き、当該農地買収計画を自ら取り消すことができない。予H30-14-ア

➡ 判例は、行政庁自らが行政処分を取り消すことができる場合があるとしている（最判昭43.11.7）⑥❷ ✕

□□□ 行政庁が適法に行った行政行為をその後の事情の変化に伴い将来に向かって撤回することができるのは、当該行政行為を行う権限のある行政庁に限られるから、たとえ指揮監督権を有する上級行政庁であっても、当該行政行為の撤回をすることはできない。H25-23-イ

➡ ⑥❹a 〇

□□□ 行政行為がその成立時には違法でなかったものの、その後の事情の変化によりこれを存続させることが公益に適合しなくなった場合、当該行政行為を行った行政庁は、法令上、その撤回について直接明文の規定がある場合に限り、当該行政行為の効力を将来に向かって消滅させることができる。予R1-14-ウ

➡ 撤回は明文の規定がなくても許される（最判昭63.6.17、実子あっせん指定医師取消事件参照）⑥❷ ✕

□□□ 行政財産たる土地につき使用許可によって与えられた使用権は、それが期間の定めのない場合であれば、当該行政財産本来の用途又は目的上の必要を生じたときはその時点において原則として消滅すべきものであり、また、権利自体にこのような制約が内在しているものとして付与されているものとみるのが相当であるから、上記の必要が生じたことを理由として許可を撤回する場合、補償が必要となることはない。 H25-23-ウ 、H20-22-ウ

➡ 最判昭49.2.5 ✗
（百選 I 87事件）
6 *

□□□ 行政庁が適法に行った行政行為をその後の事情の変化に伴って将来に向かって撤回することは、法令上直接明文の規定がなくとも可能であるが、それによって不利益を被る者に生じる損失を補償しなければ当該撤回の効力は生じない。 予R3-14-ア

➡ 最判昭49.2.5 ✗
（百選 I 87事件）
6 ❷ 、*

3章
行政活動

CORE PLUS

6 撤回と職権取消しの比較

		a 撤回*	b 職権取消し
	❶ 定 義	有効に成立した行政行為につき、その後の事情（相手方の義務違反、公益上の必要、要件事実の事後消滅等）により、それを存続させることが妥当でなくなったときに、行政庁がその効力を失わせること 予R5-13-ウ	違法又は不当な瑕疵を有する行政行為につき、当該行政行為を行った後に、行政庁がその違法を認識して、職権で当該行政行為の効力を失わせること
	❷ 共通点	法律上の根拠は不要 H25-23-ア 、予R5-13-イ 、予R3-14-ア 、予R1-14-ウ 原則：取消し・撤回は自由 例外：授益的行政行為の取消し・撤回は制限され得る 予R1-14-イ 、予H30-14-ア	
相違点	❸ 撤回又は取消事由の発生時期	後発的	原始的（初めから）
	❹ 権利の行使者	行政行為を行った行政庁 （処分庁）のみ H25-23-イ	正当な権限を有する行政庁 （処分庁と監督行政庁）
	❺ 遡及効の有無	なし	あり

* 撤回が認められる場合においても、補償の必要があるか、必要があるとして何を補償すべきかという問題については、撤回される許認可などの事案に即して検討する必要がある。例えば、判例は、行政財産についての使用許可に係る使用権は、その本来の用途又は目的上の必要を生じたときは消滅するという内在的制約があるから、これらの必要が生じたことを理由に当該使用許可を撤回した場合、原則として当該使用権を保有する実質的理由が失われ、補償は不要であるものの、なお当該使用権を保有する実質的理由があると認めるに足りる特別の事情がある場合、例外的に補償が必要となるとしている（最判昭49.2.5百選 I 87事件）。 H25-23-ウ 、H20-22-ウ 、予R3-14-ア

MEMO

論　　　　　　　　　　　**行政裁量**

予R4-15

☐　月　　日
☐　月　　日
☐　月　　日

　　行政裁量に関する次のアからエまでの各記述について、最高裁判所の判例に照らし、それぞれ正しい場合には1を、誤っている場合には2を選びなさい。

☐☐☐　ア．公立学校施設の目的外使用を許可するか否かは、原則として、当該学校施設の管理者の裁量に委ねられており、学校教育上支障がないからといって当然に許可しなくてはならないものではなく、行政財産である学校施設の目的及び用途と目的外使用の目的、態様等との関係に配慮した合理的な裁量判断により使用許可をしないこともできる。

☐☐☐　イ．懲戒権者が国家公務員に対して行う懲戒処分は、それが社会観念上著しく妥当を欠いて裁量権を付与した目的を逸脱し、これを濫用したと認められる場合でない限り、その裁量権の範囲内にあるが、免職処分は、著しい不利益を伴うものであることから、裁判所が当該処分の適否を審査するに当たり、懲戒権者と同一の立場に立って、懲戒処分として免職処分を選択すべきと認められないと判断した場合は、その裁量権の範囲を逸脱し、又はこれを濫用したと認められ、違法となる。

☐☐☐　ウ．公害健康被害の補償等に関する法律に基づく水俣病認定は、水俣病のり患の有無という客観的事実を確認する行為であり、この点に関する処分行政庁の判断はその裁量に委ねられるべき性質のものではなく、上記水俣病認定の申請に対する処分行政庁の判断の適否に関する裁判所の審理及び判断は、裁判所において、経験則に照らして個々の事案における諸般の事情と関係証拠を総合的に検討し、個々の具体的な症候と原因物質との間の個別的な因果関係の有無等を審理の対象として、申請者につき水俣病のり患の有無を個別具体的に判断すべきである。

☐☐☐　エ．宗教的信条と相容れないことから剣道実技に参加しなかったことにより体育科目の成績が認定されなかった学生に対する市立高等専門学校の校長の原級留置処分及び退学処分は、代替措置を採ることが実際上可能であった場合であっても、当該学生が、剣道実技が必修でない学校を選択することができ、かつ、当該学校の入学手続時に剣道実技が必修であることを知っていた場合は、その裁量権の範囲を超える違法なものとはならない。

No.
006
正解
ア1、イ2、ウ1、エ2　　行政裁量に関する判例知識をおさえよう。　正答率 80.7%

ア　正しい。

判例は、原告が公立中学校に対し、集会目的で体育館等の学校施設の使用を申し出たところ、使用を不許可とされたため、損害賠償を求めた事案において「学校施設の目的外使用を許可するか否かは、**原則として、管理者の裁量**にゆだねられているものと解するのが相当である。すなわち、学校教育上支障があれば使用を許可することができないことは明らかであるが、そのような支障がないからといって当然に許可しなくてはならないものではなく、**行政財産である学校施設の目的及び用途と目的外使用の目的、態様等との関係に配慮した合理的な裁量判断により使用許可をしないこともできるものである**」としている（最判平18.2.7百選Ⅰ70事件）。

イ　誤り。

判例は、**懲戒免職処分**を受けた公務員が、当該処分の**無効確認等**を求めた事案において「**裁判所が右の処分の適否を審査するにあたっては、懲戒権者と同一の立場に立って**懲戒処分をすべきであったかどうか又はいかなる処分を選択すべきであったかについて判断し、その結果と懲戒処分とを比較して**その軽重を論ずべきものではなく**、懲戒権者の裁量権の行使に基づく**処分が社会観念上著しく妥当を欠き、裁量権を濫用したと認められる場合に限り違法である**」としている（最判昭52.12.20百選Ⅰ77事件、神戸税関事件）。よって、裁判所が当該処分の適否を審査するに当たり、懲戒権者と同一の立場に立つとしている点で誤っている。

ウ　正しい。

判例は、水俣病「の認定自体は……客観的事象としての**水俣病のり患の有無という現在又は過去の確定した客観的事実を確認する行為**であって、この点に関する**処分行政庁の判断はその裁量に委ねられるべき性質のものではない**というべきであり、……裁判所において、経験則に照らして個々の事案における諸般の事情と関係証拠を総合的に検討し、個々の具体的な症候と原因物質との間の個別的な因果関係の有無等を審理の対象として、申請者につき水俣病のり患の有無を個別具体的に判断すべきものと解するのが相当である」としている（最判平25.4.16百選Ⅰ75事件）。

エ　誤り。

判例は、同様の事案において、「被上告人が、自らの**自由意思により、必修である体育科目の種目として剣道の授業を採用している学校を選択したことを理由に**、先にみたような著しい不利益を被上告人に与えることが当然に許容されることになるものでもない」としている（最判平8.3.8百選Ⅰ78事件、「エホバの証人」剣道実技拒否事件）。よって、当該学生が、剣道実技が必修でない学校を選択することができ、かつ、当該学校の入学手続時に剣道実技が必修であることを知っていた場合は、その裁量権の範囲を超える違法なものとはならないとしている点で誤っている。

文献　試験対策講座120、123、125〜129頁。判例シリーズ24、25事件

No. 007	論	行政裁量	☐ 月 日 ☐ 月 日 ☐ 月 日
		H26-24	

　行政裁量に関する次のアからエまでの各記述について、それぞれ正しい場合には1を、誤っている場合には2を選びなさい。

　ア．処分を行う行政庁に裁量権が認められる場合でも、当該行政庁は、理由なく特定の個人を差別的に取り扱い不利益を及ぼす自由を有するものではなく、この意味において、行政庁の裁量権には一定の限界がある。

　イ．処分を行う行政庁に裁量権が認められる場合には、処分が社会通念上著しく妥当性を欠き、裁量権の濫用に当たるものでない限り、処分の理由の提示に不備があったとしても、そのことを理由として処分が違法とされることはない。

　ウ．規制を目的とする不利益処分について、処分の根拠法令が処分を行うか否かの点で行政庁に効果裁量を認めている場合には、処分を行わないという行政庁の不作為が違法となることはない。

　エ．処分の根拠法令が、処分要件該当性の判断について行政庁に要件裁量を認めている場合には、事実認定について行政庁に裁量が広く認められる。

3章

行政活動

| No. 007 | 正解 ア1、イ2、ウ2、エ2 | 裁量が認められる場合や裁量統制の手法について確認しておこう。 | 正答率 83.5% |

ア　正しい。

　処分を行う行政庁に裁量権が認められる場合でも、裁量権の逸脱・濫用があった場合には、裁判所は当該処分を取り消すことができるとされており（行訴30条）、行政庁の裁量権の行使には一定の限界がある。判例も、「行政庁は、何等いわれがなく特定の個人を差別的に取り扱いこれに不利益を及ぼす自由を有するものではなく、この意味においては、行政庁の裁量権には一定の限界がある」として、平等原則の観点から裁量権の行使に限界があることを認めている（最判昭30.6.24）。

イ　誤り。

　処分を行う行政庁に裁量権が認められる場合でも、手続規制違反が裁量処分の違法事由を構成することがある。もっとも、手続の瑕疵が当然に行政処分の効力に影響を及ぼすかは争いがあり、行政手続法が規定する手続に瑕疵がある処分の効力についても、同法に規定はなく、解釈に委ねられている。判例は、行政庁に裁量権が認められる場合であっても、**不利益処分に際しての理由提示が不十分**であったことを理由として、**当該処分を違法**として**取消しを認めている**（最判平23.6.7百選Ⅰ117事件）。したがって、処分の理由の提示に不備があった場合、処分が社会通念上著しく妥当性を欠くか否かにかかわらず、処分が違法とされることがあり得る。

ウ　誤り。

　行政庁に規制権限を与える法令（根拠法令）が効果裁量を認めている場合、処分を行わないという不作為は、被規制者の自由に対する侵害が生じない反面、規制がなされないことによって国民の利益が害され、違法となる場合があると解されている。判例も、宅建業者に対する業務停止処分・免許取消処分等の不利益処分権限不行使の違法性が問題となった事案において、知事等に監督処分**権限が付与された趣旨・目的**に照らし、その**不行使が著しく不合理**と認められる場合には**規制権限の不行使が国家賠償法1条1項との関係で違法**となることを認めている（最判平元.11.24百選Ⅱ216事件）。

エ　誤り。

　要件裁量とは、処分の根拠となる**要件の充足**についての**判断に行政裁量を認める場合**をいう。この要件該当性の判断に際して、事実認定は当然に裁判所の審理判断の対象となり、行政裁量は認められないのが原則であると解されている。

文献　試験対策講座105〜107、120〜125、382〜384頁。判例シリーズ85事件

MEMO

No. 008	論	行政裁量	□ 月 日
		H25-26	□ 月 日
			□ 月 日

行政裁量に関する次のアからウまでの各記述について、正しいものに○、誤っているものに×を付した場合の組合せを、後記1から8までの中から選びなさい。

ア．外国人の在留期間の更新の許可に関する法務大臣の「在留期間の更新を適当と認めるに足りる相当の理由」があるかどうかの判断に関し、「法務大臣の裁量権の性質にかんがみ、その判断が全く事実の基礎を欠き又は社会通念上著しく妥当性を欠くことが明らかである場合に限り、裁量権の範囲をこえ又はその濫用があったものとして違法となる」とした最高裁判所の判決は、効果裁量を承認する趣旨であると解されている。

（参照条文）出入国管理及び難民認定法
　第21条　本邦に在留する外国人は、現に有する在留資格を変更することなく、在留期間の更新を受けることができる。
　2　前項の規定により在留期間の更新を受けようとする外国人は、法務省令で定める手続により、法務大臣に対し在留期間の更新を申請しなければならない。
　3　前項の規定による申請があつた場合には、法務大臣は、当該外国人が提出した文書により在留期間の更新を適当と認めるに足りる相当の理由があるときに限り、これを許可することができる。
　4　（略）

イ．学校施設の目的外使用許可に関し、「本件中学校及びその周辺の学校や地域に混乱を招き、児童生徒に教育上悪影響を与え、学校教育に支障を来すことが予想されるとの理由で行われた本件不許可処分は、重視すべきでない考慮要素を重視するなど、考慮した事項に対する評価が明らかに合理性を欠いており、他方、当然考慮すべき事項を十分考慮しておらず、その結果、社会通念に照らし著しく妥当性を欠いたものということができる」とした最高裁判所の判決は、学校施設の目的外使用許可の判断が管理者の裁量に委ねられることを前提として、裁量処分をする際の考慮事項に着目した司法審査の在り方を示したものといえる。

ウ．公務員の懲戒処分に関し、裁判所が当該処分の適否を審査するに当たっては、「懲戒権者の裁量権の行使に基づく処分が社会観念上著しく妥当を欠き、裁量権を濫用したと認められる場合に限り違法であると判断すべきものである」とした最高裁判所の判決は、裁判所が行政庁と同一の立場に立ってした判断と行政庁がした判断との間に食い違いがあれば行政庁の判断を違法と判定する方法を採ったものといえる。

1．ア○ イ○ ウ○　　　2．ア○ イ○ ウ×　　　3．ア○ イ× ウ○
4．ア○ イ× ウ×　　　5．ア× イ○ ウ○　　　6．ア× イ○ ウ×
7．ア× イ× ウ○　　　8．ア× イ× ウ×

No. 008	正解　6	下記の各記述にあるような、行政裁量に関する判例知識をしっかりとおさえよう。	正答率 83.9%

ア　誤り。

　判例は、出入国管理及び難民認定法21条3項に基づく法務大臣の「在留期間の更新を適当と認めるに足りる相当の理由」があるかどうかという外国人の在留期間更新許可処分の要件該当性の判断について、「法務大臣の裁量権の性質にかんがみ、その**判断が全く事実の基礎を欠き又は社会通念上著しく妥当性を欠く**ことが明らかである**場合に限り、裁量権の範囲をこえ又はその濫用があったものとして違法となる**」としている（最大判昭53.10.4百選I73事件、マクリーン事件）。これは、**効果裁量**（行政行為の内容やこれを実施するかどうかにかかわる裁量）を**承認**する趣旨ではなく、**要件裁量**（要件該当性の判断にかかわる裁量）を**承認**する趣旨であると解されている。

イ　正しい。

　判例は、学校施設の使用許可を得られなかった団体が、活動に対する重大な制約を受けたとして、国家賠償請求を行った事案において、「地方自治法238条の4第4項〔現238条の4第7項〕、学校教育法85条〔現137条〕の……文言に加えて、学校施設は、……本来学校教育の目的に使用すべきものとして設置され、それ以外の目的に使用することを基本的に制限されている……ことからすれば、**学校施設の目的外使用を許可するか否かは、原則として、管理者の裁量にゆだねられている**」としたうえで、「管理者の裁量判断は、……諸般の事情を総合考慮してされるものであり、その裁量権の行使が逸脱濫用に当たるか否かの司法審査においては、その判断が裁量権の行使としてされたことを前提とした上で、その**判断要素の選択や判断過程に合理性を欠くところがないかを検討**し、その判断が、**重要な事実の基礎を欠くか、又は社会通念に照らし著しく妥当性を欠くものと認められる場合に限って、裁量権の逸脱又は濫用として違法となる**」として、裁量処分をする際の考慮事項に着目した司法審査の在り方を示している（最判平18.2.7百選I70事件）。

ウ　誤り。

　判例（神戸税関事件）は、**懲戒免職処分**を受けた公務員が、当該処分の**無効確認等**を求めた事案において、「**裁判所が右の処分の適否を審査するにあたっては、懲戒権者と同一の立場に立って懲戒処分をすべきであったかどうか又はいかなる処分を選択すべきであったか**について判断し、その結果と懲戒処分とを比較して**その軽重を論ずべきものではなく**、懲戒権者の裁量権の行使に基づく**処分が社会観念上著しく妥当を欠き、裁量権を濫用したと認められる場合に限り違法**」となるとしている。

文献　試験対策講座122、123、125〜130頁。判例シリーズ19、24、25事件

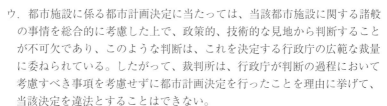

論 　　　　　　　　行政裁量　　　　　　　　□　月　日
　　　　　　　　　　　　　　　　　　　　　　□　月　日
　　　　　　　　　　　　　　　　予H27-16　□　月　日

　行政裁量に関する次のアからウまでの各記述について、法令又は最高裁判所
の判例に照らし、正しいものに○、誤っているものに×を付した場合の組合せ
を、後記1から8までの中から選びなさい。

ア．公立学校の校長が行った学生に対する退学処分の適否を裁判所が審査す
　　るに当たっては、裁判所が校長と同一の立場に立ってした判断と校長がし
　　た判断との間に食い違いがあれば、当該処分は違法とされる。

イ．国家公務員に対する懲戒処分について規定する国家公務員法第82条第1
　　項は、懲戒権者に要件裁量を認める趣旨の規定であり、効果裁量を認める
　　趣旨の規定ではない。

　（参照条文）国家公務員法
　　第82条　職員が、次の各号のいずれかに該当する場合においては、こ
　　　れに対し懲戒処分として、免職、停職、減給又は戒告の処分をする
　　　ことができる。
　　　一　この法律若しくは国家公務員倫理法又はこれらの法律に基づく
　　　　命令（中略）に違反した場合
　　　二　職務上の義務に違反し、又は職務を怠った場合
　　　三　国民全体の奉仕者たるにふさわしくない非行のあった場合
　　2　（略）

ウ．都市施設に係る都市計画決定に当たっては、当該都市施設に関する諸般
　　の事情を総合的に考慮した上で、政策的、技術的な見地から判断すること
　　が不可欠であり、このような判断は、これを決定する行政庁の広範な裁量
　　に委ねられている。したがって、裁判所は、行政庁が判断の過程において
　　考慮すべき事項を考慮せずに都市計画決定を行ったことを理由に挙げて、
　　当該決定を違法とすることはできない。

1．ア○　イ○　ウ○　　　　2．ア○　イ○　ウ×　　　　3．ア○　イ×　ウ○
4．ア○　イ×　ウ×　　　　5．ア×　イ○　ウ○　　　　6．ア×　イ○　ウ×
7．ア×　イ×　ウ○　　　　8．ア×　イ×　ウ×

3章
行政活動

No. 009　正解 8　　　裁量の有無・広狭の判断の仕方、裁量権の逸脱・濫用の判断基準に関する判例の考え方を整理しよう。　　正答率 77.1%

ア　誤り。

　判例（「エホバの証人」剣道実技拒否事件）は、「高等専門学校の校長が学生に対し原級留置処分又は退学処分を行うかどうかの判断は、校長の合理的な教育的裁量にゆだねられるべきものであり、**裁判所がその処分の適否を審査する**に**当たって**は、校長と同一の立場に立って当該処分をすべきであったかどうか等について判断し、その結果と当該処分とを比較してその適否、軽重等を論ずべきものではなく、**校長の裁量権の行使としての処分が、全く事実の基礎を欠くか又は社会観念上著しく妥当を欠き、裁量権の範囲を超え又は裁量権を濫用して**されたと認められる場合に限り、**違法であると判断すべき**ものである」としている。

イ　誤り。

　国家公務員法82条1項柱書は、「懲戒処分として、免職、停職、減給又は戒告の処分をすることができる」と規定しており、効果裁量を認めているといわれている。判例（神戸税関事件）も、**懲戒処分をすべきかどうか、**また、**いかなる処分を選択すべきか**を決する判断に当たっては広範な事情が総合考慮されるところ、その判断には**平素から庁内の事情に精通し、部下職員の指揮監督の衝に当たる者の裁量に任せる**のでなければ、適切な結果を期待することができないとしたうえで、「公務員につき、国公法に定められた懲戒事由がある場合に、**懲戒処分を行うかどうか、懲戒処分を行うときにいかなる処分を選ぶかは、懲戒権者の裁量に任されている**」としている。

ウ　誤り。

　判例は、**都市計画決定の適法性**が争われた事案において、都市計画法13条1項の定めるような都市計画「基準に従って都市施設の規模、配置等に関する事項を定めるに当たっては、当該都市施設に関する諸般の事情を総合的に考慮した上で、**政策的、技術的な見地から判断することが不可欠**」であり、「このような判断は、これを決定する行政庁の**広範な裁量にゆだねられているというべき**」であるとしたうえで、「裁判所が都市施設に関する都市計画の決定又は変更の内容の適否を審査するに当たっては、……**事実に対する評価が明らかに合理性を欠くこと、判断の過程において考慮すべき事情を考慮しないこと等によりその内容が社会通念に照らし著しく妥当性を欠くものと認められる場合に限り、裁量権の範囲を逸脱し又はこれを濫用した**ものとして**違法となる**」としている（最判平18.11.2百選I72事件、小田急高架訴訟本案判決）。

文献　試験対策講座124〜130頁。判例シリーズ20、25事件

No. 010	論	行政裁量	□ 月 日 □ 月 日 □ 月 日

予H28-15

　行政裁量に関する次のアからエまでの各記述について、それぞれ正しい場合には1を、誤っている場合には2を選びなさい。

ア．不利益処分を行う行政庁に裁量権が認められる場合でも、処分の必要性と処分による不利益の内容との権衡の観点から当該処分を選択することの相当性を基礎付ける具体的な事情が認められることを要するとされることがある。

イ．処分を行う行政庁に裁量権が認められる場合でも、処分の理由の提示に不備があったときは、当該処分の取消事由となることがある。

ウ．申請に対する裁量処分を行うかどうかを判断するための審査基準となる通達があるときは、行政庁は、当該通達に拘束されるから、事案の性質に応じて当該通達の定めと異なる内容の処分をすることは許されない。

エ．生活扶助の老齢加算の廃止を内容とする生活保護法による保護の基準の改定については、厚生労働大臣の専門技術的かつ政策的な裁量に委ねられている。したがって、裁判所は、厚生労働大臣による最低限度の生活の具体化に係る判断の過程及び手続における過誤、欠落の有無等の観点からみて裁量権の範囲の逸脱又はその濫用があると認められることを理由に、当該保護の基準の改定を違法とすることはできない。

3章 行政活動

No. 010　正解　ア1、イ1、ウ2、エ2

裁量処分がいかなる場合に違法となるかを、具体的な判例を通じておさえよう。　正答率 86.9%

ア　正しい。

　判例は、公務員に対する懲戒処分につき、懲戒権者は、諸般の事情を考慮して、処分の実行や処分の種類を決定する裁量権を有しており、その判断が社会観念上著しく妥当を欠き、裁量の逸脱・濫用と認められる場合に違法となるとしたうえで、戒告を超えて減給の処分を選択することが許容されるのは、「学校の規律や秩序の保持等の必要性と処分による不利益の内容との権衡の観点から当該処分を選択することの相当性を基礎付ける具体的な事情が認められる場合である」としている（最判平24.1.16）。

イ　正しい。

　判例は、**処分基準の適用関係を全く示さずにされた一級建築士免許取消処分**の取消訴訟において、免許取消処分の裁量を認めたうえで、行政手続法14条1項本文に基づく当該処分の理由の提示は十分ではなかったとして、当該「免許取消処分は、同項本文の定める**理由提示の要件を欠いた違法な処分**であるというべきであって、**取消しを免れないもの**」としており、不利益処分の理由の提示の不備が、取消事由となることを認めている（最判平23.6.7百選Ⅰ117事件）。

ウ　誤り。

　通達は行政の内部機関を拘束するものであるから（前掲最判昭43年百選Ⅰ52事件参照）、申請に対する裁量処分について審査基準となる通達があるときは、行政庁は、当該通達に基づき裁量処分を行うことになる。もっとも、判例は、「タクシー事業者が平均原価方式により算定された額と異なる運賃額を内容とする運賃の設定又は変更の認可申請をし、……原価計算書その他運賃の額の算出の基礎を記載した書類を提出した場合には、地方運輸局長は、当該申請について〔平成12年改正前道路運送〕法9条2項1号の基準に適合しているか否かを右提出書類に基づいて個別に審査判断すべきである」として、通達によって定められたことと異なる内容の処分をする余地を認めている（最判平11.7.19百選Ⅰ71事件）。

エ　誤り。

　判例は、生活保護法による保護基準の改定につき、厚生労働大臣の専門技術的かつ政策的な裁量を認めたうえで、老齢加算の廃止を内容とする保護基準の改定は、厚生労働大臣の判断に、最低限度の生活の具体化に係る判断の過程及び手続における過誤、欠落の有無等の観点からみて裁量権の範囲の逸脱又はその濫用があると認められる場合、生活保護法3条、8条2項に違反するとし（最判平24.2.28百選Ⅰ47①事件）、違法となる余地を認めている。

文献　試験対策講座105〜107、124〜130頁。判例シリーズ21事件

No.
011

論　　　裁量処分の司法審査

予R5-15

　　公立学校施設の管理者がした目的外使用の許否に係る裁量処分の司法審査に関する最高裁判所平成18年2月7日第三小法廷判決（民集60巻2号401頁。以下「本判決」という。）の次の判示を読み、本判決に関する後記アからウまでの各記述について、正しいものに○、誤っているものに×を付した場合の組合せを、後記1から8までの中から選びなさい。

　　「管理者の裁量判断は、許可申請に係る使用の日時、場所、目的及び態様、使用者の範囲、使用の必要性の程度、許可をするに当たっての支障又は許可をした場合の弊害若しくは影響の内容及び程度、代替施設確保の困難性など許可をしないことによる申請者側の不都合又は影響の内容及び程度等の諸般の事情を総合考慮してされるものであり、その裁量権の行使が逸脱濫用に当たるか否かの司法審査においては、その判断が裁量権の行使としてされたことを前提とした上で、その判断要素の選択や判断過程に合理性を欠くところがないかを検討し、その判断が、重要な事実の基礎を欠くか、又は社会通念に照らし著しく妥当性を欠くものと認められる場合に限って、裁量権の逸脱又は濫用として違法となるとすべきものと解するのが相当である。」

　ア．本判決による審査方法は、裁判所が裁量処分について、全面的にその当否を審査し直し、裁判所が出した結論と行政庁の処分内容とが異なる場合に、当該裁量処分が違法となると判断するもので、これにより密度の高い審査を行うことができるという特徴がある。

　イ．本判決による審査方法については、いかなる判断要素を選択し、その評価をどのように行うのかという点に関し、基準が明確ではないという問題点が指摘できる。

　ウ．本判決による審査方法によれば、従来の裁量処分の審査において用いられてきた平等原則や比例原則の観点は、裁量処分の審査に当たり考慮すべき要素にはならない。

1．ア○　イ○　ウ○　　　2．ア○　イ○　ウ×　　　3．ア○　イ×　ウ○
4．ア○　イ×　ウ×　　　5．ア×　イ○　ウ○　　　6．ア×　イ○　ウ×
7．ア×　イ×　ウ○　　　8．ア×　イ×　ウ×

3章
行政活動

| No. 011 | 正解 6 | 本問の判決（最判平18.2.7百選I70事件）が用いた審査方法及び考慮要素について、理解しよう。 | 正答率 66.4% |

ア　誤り。

　本判決が用いた審査方法は、裁判所が行政庁と同一の立場に立つのではなく、行政庁の判断を一定の範囲で尊重したうえで、**裁量権の逸脱・濫用があった場合に、処分を違法とするものである**（**判断過程審査**）。本記述は、本判決における審査方法が、**裁判所が行政庁と同一の立場に立って判断**をし、裁判所の判断が行政庁の判断と一致しない場合に、処分を違法とする方法（**判断代置方式**）であると述べている点で誤りである。

イ　正しい。

　本判決が用いた審査方法は、裁判所が行政庁と同一の立場に立つのではなく、行政庁の判断を一定の範囲で尊重したうえで、**裁量権の逸脱・濫用があった場合に、処分を違法とするものである**（**判断過程審査**）。この方式に対しては、その判断要素の選択及びその評価は裁判所に委ねられているため、基準が明確でないという問題点が指摘されている。

ウ　誤り。

　考慮事項に着目した**判断過程審査**において考慮事項や重み付けの設定に際して法が基準となるところ、その法には**比例原則**や**平等原則**も含まれる。したがって、考慮事項に着目した審査方式と比例原則や平等原則といった従来の具体的な裁量審査の基準は相互に排他的な関係にはない。本判決も、「比例原則ないし平等原則の観点から、裁量権濫用に当たるか否かの判断において考慮すべき要素となったりする」と述べており、そのような「趣旨で大きな考慮要素となることは否定できない」と述べている。

文献　試験対策講座128、129頁。判例シリーズ24事件

No.
012　論　　　　　　　**行政裁量**　　　　　　□　月　日
　　　　　　　　　　　　　　　　　　　　　　　□　月　日
　　　　　　　　　　　　　　　　　H24-25　　□　月　日

　行政裁量に関する次のアからエまでの各記述について、法令又は最高裁判所の判例に照らし、それぞれ正しい場合には1を、誤っている場合には2を選びなさい。

□□□　ア．社会保障給付の申請に対する処分について法令により行政裁量が認められる場合において、裁判所が一定の処分をすべき旨を命ずる判決をするためには、その処分をしないことが裁量権の範囲を超え、又はその濫用となると認められることが必要である。

□□□　イ．不利益処分について法令により行政裁量が認められる場合において、裁判所が一定の処分をしてはならない旨を命ずる判決をするためには、その処分をすることが裁量権の範囲を超え、又はその濫用となると認められることが必要である。

□□□　ウ．公務員の懲戒処分について法令により行政裁量が認められる場合において、裁判所は、懲戒権者と同一の立場に立って懲戒処分をすべきであったか、又はいかなる処分を選択すべきであったかについて判断し、その結果が懲戒権者の行った懲戒処分と異なるときは、その処分を取り消すことができる。

□□□　エ．工場排水の規制処分について法令により行政裁量が認められる場合において、裁判所が処分権限不行使の違法を理由とする国家賠償請求を認容するためには、処分権限の不行使が、その権限を定めた法令の趣旨、目的やその権限の性質等に照らし、具体的事情の下において、許容される限度を逸脱して著しく合理性を欠くと認められることが必要である。

3章

行政活動

| No. 012 | 正解 ア1、イ1、ウ2、エ1 | 裁量処分に対する抗告訴訟や国家賠償請求訴訟における本案勝訴要件及び違法性要件を確認しよう。 | 正答率 83.1% |

ア　正しい。

本記述における判決に係る訴訟は、**申請型義務付け訴訟**である（行訴3条6項2号）。その**本案勝訴要件**は、①**併合提起**された不作為の違法確認の訴え（行訴37条の3第3項1号）、取消訴訟又は無効等確認の訴え（同項2号）に係る**請求に理由がある**と認められ、**かつ**、②その義務付け訴訟に係る処分につき、行政庁が**その処分をすべきである**ことがその処分の根拠となる**法令の規定から明らか**であると認められ、又は、行政庁が**その処分をしないことがその裁量権の範囲を超え**若しくはその**濫用となる**と認められることである（行訴37条の3第5項）。

イ　正しい。

裁判所が一定の処分をしてはならない旨を命ずる判決に係る訴訟は、**差止訴訟**である（行訴3条7項）。その**本案勝訴要件**は、その差止訴訟に係る処分につき、行政庁がその**処分をすべきでないこと**がその処分の根拠となる**法令の規定から明らか**であると認められ、又は、行政庁がその**処分をすること**がその裁量権の**範囲を超え**若しくはその**濫用となる**と認められることである（行訴37条の4第5項）。

ウ　誤り。

判例（神戸税関事件）は、国家公務員に対する懲戒免職処分の適法性が争われた事案において、裁判所がその適否を審査するに当たっては、「**懲戒権者と同一の立場に立って懲戒処分をすべきであったかどうか**又はいかなる処分を選択すべきであったかについて判断し、その結果と懲戒処分とを比較して**その軽重を論ずべきものではなく**、懲戒権者の裁量権の行使に基づく**処分が社会観念上著しく妥当を欠き、裁量権を濫用したと認められる場合**に限り**違法**であると判断すべき」としている。

エ　正しい。

判例は、工場排水に係る「国又は公共団体の公務員による**規制権限の不行使**は、その**権限を定めた法令の趣旨、目的**や、その**権限の性質等**に照らし、具体的事情の下において、その**不行使が許容される限度を逸脱して著しく合理性を欠く**と認められるときは、その不行使により被害を受けた者との関係において、国家賠償法1条1項の適用上**違法**となる」としている（最判平16.10.15百選Ⅱ219事件）。

文献 試験対策講座125、126、345、346、350、382〜384頁。判例シリーズ25事件

CORE TRAINING

□□□ 最高裁判所の判例によれば、行政機関が裁量基準を定めたにもかかわらず、その基準に違背する処分をした場合、当該処分は、裁量権の範囲を超え、又は濫用したものとして、原則として違法となるものと解されている。H21-23-ウ

➡ 最大判昭53.10.4（マクリーン事件）① ❶ ☒

□□□ 毒物及び劇物取締法に基づく毒物及び劇物の輸入業や販売業の登録は、登録を受けようとする者の設備の面から規制を加えるものであるが、行政庁には、専門技術的な裁量が認められていることから、設備だけではなく、登録の対象となる製品の用途や目的を考慮し、当該製品による人の生命身体への危険が予測できる場合には、登録を拒否することができる。予R2-14-エ

➡ 最判昭56.2.26（百選Ⅰ57事件）① ❷ ☒

□□□ 車両制限令における道路管理者の特殊な車両の特例の認定は、同令所定の車両についての制限に関する基準に適合しないことが、車両の構造又は車両に積載する貨物が特殊であるためやむを得ないものであるかどうかの認定にすぎず、基本的には裁量の余地のない確認的行為の性格を有するものであるから、具体的な事案に応じ道路行政上比較衡量的判断を含む行政裁量を行使することは、許されない。予R2-14-ア

➡ 最判昭57.4.23（百選Ⅰ120事件）① ❸ ☒

3章 行政活動

CORE PLUS

1 行政裁量に関する判例

❶ 要件裁量 処分の根拠規定の要件充足性の判断における裁量	判例は、行政機関が裁量基準を定めたにもかかわらず、その基準に違背する処分をした場合について、「原則として当不当の問題を生ずるにとどまり、当然に違法となるものでは」なく、「処分が違法となるのは、それが法の認める裁量権の範囲をこえ又はその濫用があった場合に限られる」としている（最大判昭53.10.4 百選Ⅰ73事件、マクリーン事件）H21-23-ウ
❷ 効果裁量 処分をするか否か及びする処分の選択の裁量	判例は、製品の使用による人体に対する危険が生ずるおそれを根拠になされた登録拒否処分は、毒物劇物輸入業者等の登録拒否は専ら設備に関する基準によるとする毒劇法の趣旨に反し、許されないとしている（最判昭56.2.26 百選Ⅰ57事件）予R2-14-エ
❸ 時の裁量 処分をなす時期についての裁量	車両制限令所定の道路管理者の認定は、事実の確認であって裁量の余地がない行為であるとも考えられる。しかし、判例は、認定の留保は、「その理由及び留保期間から見て……行政裁量の行使として許容される範囲内にとどまる」とした（最判昭57.4.23百選Ⅰ120事件） →当該処分の直接の根拠法令に規定されていない「紛争の回避」を理由とするときの裁量の行使を許容したと考えることができる 予R2-14-ア

CORE TRAINING

□□□　廃棄物の処理及び清掃に関する法律において、一般廃棄物処理業は、専ら自由競争に委ねられるべき性格の事業とは位置付けられていないものであり、一般廃棄物処理業の許可をするか否かの判断に当たっては、その申請者の能力だけではなく、一定の区域における一般廃棄物の処理がその発生量に応じた需給状況の下において、当該区域の全体にわたって適正に行われることが確保されるか否かを審査することが求められていることから、行政庁には一定の裁量が与えられていると解される。予R2-14-ウ

⤷ 最判平26.1.28 ○
2 ❸

□□□　取消訴訟の違法判断の基準時は処分時であるから、原子炉施設の安全性に関する判断の適否が争われる原子炉設置許可処分の取消訴訟において、裁判所の審理、判断は、当該処分当時の科学技術水準に照らして行われるべきである。予R2-19-イ、予H29-16-イ

⤷ 最判平4.10.29 ✕
（伊方原発訴訟）
3 ＊2

□□□　地方公共団体が、公共工事の契約に関する指名競争入札に参加させようとする者を指名するに当たり、工事現場等への距離が近く現場に関する知識等を有していることから契約の確実な履行が期待できることや、地元の経済の活性化にも寄与することなどを考慮し、地元企業を優先する指名を行うことは、その合理性を肯定することができる。予R2-14-イ

⤷ 最判平18.10.26 ○
（百選Ⅰ91事件）
3 ＊3

CORE PLUS

② 専門技術的裁量・政治的裁量

❶	判例は、旅券発給を拒否するに当たり、「申請者の地位、経歴、人がら、旅行の目的等所論にいう主観的条件のほか、国際情勢その他客観的事実」をも考慮できるとしている（最判昭44.7.11）
❷	判例は、高等学校用の教科書図書検定における合否の判定等について、「学術的、教育的な専門技術的判断であるから、事柄の性質上、文部大臣の合理的な裁量に委ねられる」としている（最判平5.3.16百選 I 76①事件、家永教科書裁判第一次上告審）
❸	判例は、一般廃棄物処理業の許可又はその更新の許否の判断について、「その申請者の能力の適否を含め、一定の区域における一般廃棄物の処理がその発生量に応じた需給状況の下において当該区域の全体にわたって適正に行われることが確保されるか否かを審査することが求められるのであって、このような事柄の性質上、市町村長に一定の裁量が与えられている」としている（最判平26.1.28百選 II 165事件） 予R2-14-ウ

③ 裁量権の逸脱・濫用の判断の類型

方法	着目点	考慮要素	主要判例
実態的統制[*1]	処分結果	重大な事実誤認	❶ マクリーン事件（最大判昭53.10.4百選 I 73事件）
		目的・動機違反	❷ 余目町個室付浴場事件（最判昭53.6.16百選 I 66事件）
		信義則違反	—
		比例原則違反	❸ 神戸税関事件（最判昭52.12.20百選 I 77事件）
		平等原則違反	—
	判断過程	他事考慮、考慮不尽、評価の明白な合理性の欠如など	❹ 日光太郎杉事件（東京高判昭48.7.13環境法百選77事件） ❺ 公務員分限処分と裁量審査（最判昭48.9.14） ❻ 「エホバの証人」剣道実技拒否事件（最判平8.3.8百選 I 78事件） ❼ 伊方原発訴訟[*2]（最判平4.10.29百選 I 74事件） ❽ 最判平18.10.26（百選 I 91事件）[*3]
手続的統制	—	事前手続違反	❾ 個人タクシー事件（最判昭46.10.28百選 I 114事件）

[*1] 処分結果に着目した審査基準と、判断過程に着目した審査基準の双方を用いる審査基準を示す判例もある。
e.g. 学校施設の目的外使用不許可処分と司法審査（最判平18.2.7百選 I 70事件、最大判平17.12.7百選 II 159事件、小田急高架訴訟本案判決）

[*2] 判例は、原子炉施設の安全性に関する被告行政庁の判断の適否が争われる原子炉設置許可処分の取消訴訟における裁判所の審理、判断は、「専門技術的な調査審議及び判断を基にしてされた被告行政庁の判断に不合理な点があるか否かという観点から行われるべき」であり、その合理性の有無は、「現在の科学技術水準」に照らし、審理・判断されるべきであるとしている（最判平4.10.29百選 I 74事件、伊方原発訴訟）。 予R2-19-イ 、 予H29-16-イ

[*3] 判例は、地方公共団体が、公共工事の契約に関する指名競争入札に参加させる者を指名するに当たり、〔1〕工事現場等への距離が近く現場に関する知識等を有していることから契約の確実な履行が期待できることや、〔2〕地元の経済の活性化にも寄与することなどを考慮し、「地元企業を優先する指名を行うことについては、その合理性を肯定することができる」ものの、〔1〕又は〔2〕の観点からは「村内業者と同様の条件を満たす村外業者もあり得る」のであり、価格の有利性確保（競争性の低下防止）の観点を考慮すれば、「考慮すべき他の諸事情にかかわらず、およそ村内業者では対応できない工事以外の工事は村内業者のみを指名するという運用について、常に合理性があり裁量権の範囲内であるということはできない」としている（最判平18.10.26百選 I 91事件）。 予R2-14-イ

MEMO

No. 013	行政指導	□　月　日 □　月　日
	予R1-16	□　月　日

　行政指導に関する次のアからエまでの各記述について、法令又は最高裁判所の判例に照らし、それぞれ正しい場合には1を、誤っている場合には2を選びなさい。

□□□　ア．行政手続法の行政指導に関する規定は、地方公共団体の機関がする行政指導にも適用される。

□□□　イ．行政指導は、行政機関の任務又は所掌事務の範囲内であれば、行政指導をすることができる旨を定めた明文の規定がない場合であっても、これをすることができる。

□□□　ウ．行政指導は、処分に該当しない行為であるから、必ずしも行政指導の趣旨及び内容並びに責任者を相手方に対して明確に示すことは要しない。

□□□　エ．勧告の相手方がこれに従わなかったときに、その旨及びその勧告の内容を公表することは、行政指導に従わなかったことを理由とする不利益な取扱いに当たるから、法令上の規定がある場合でも許されない。

3章　行政活動

No.
013
正解
ア2、イ1、ウ2、エ2　条文をしっかりと確認しておこう。
正答率
77.8%

ア　誤り。

　行政指導に関する規定である行政手続法第4章の規定は、地方公共団体の機関がする行政指導については適用されない（行手3条3項）。

イ　正しい。

類 H25-27-ア

　行政指導とは、行政機関がその任務又は所掌事務の範囲内において一定の行政目的を実現するため特定の者に一定の作為又は不作為を求める指導、勧告、助言その他の行為であって処分に該当しないものをいい（行手2条6号）、当該行政機関の任務又は所掌事務の範囲を逸脱してはならない（行手32条1項）。そして、判例は、石油業法に直接の根拠がない行政指導がなされた事案において、「石油業法に直接の根拠を持たない価格に関する行政指導であっても」一定の場合には当該行政指導は違法とならないとしており、行政機関の任務又は所掌事務の範囲内にある根拠規範のない行政指導を許容しているものと解される（最判昭59.2.24百選Ⅰ93事件、石油カルテル事件）。

ウ　誤り。

　行政指導に携わる者は、その相手方に対して、当該行政指導の趣旨及び内容並びに責任者を明確に示さなければならない（行手35条1項）。

エ　誤り。

類 予H28-16-エ

　勧告の相手方がこれに従わなかったことを理由に、その旨及びその勧告の内容を公表することは、常に「不利益な取扱い」（行手32条2項）に当たるわけではない。よって、本記述は誤りである。

　なお、仮に「不利益な取扱い」にあたるとしても、個別法に根拠規定が存在すれば、同項に反しないと解されている。また、侵害留保原則との関係では、国民の権利を制限し又は義務を課すものであっても、法律の根拠があれば認められ得るため、法令上の規定がある以上、問題は生じない。

文献　試験対策講座145〜148、150、169、190、198頁

No. 014	行政計画	□ 月 日
	H22-26	□ 月 日 □ 月 日

　　行政計画に関する次のアからエまでの各記述について、法令に照らし、それ
ぞれ正しい場合には1を、誤っている場合には2を選びなさい。

□□□　ア．都市計画は、第一種低層住居専用地域の指定など、将来の土地利用の在
　　　　　り方に関し必要な事項を定めるものであるから、道路、公園といった施設
　　　　　を整備する目的で策定されることはない。

□□□　イ．市街化区域と市街化調整区域の区分のように、都市計画の内容が私人の
　　　　　土地利用に対して建築制限をもたらす場合には、法律による行政の原理に
　　　　　よれば、当該都市計画には法律の根拠を要する。

□□□　ウ．都市計画の策定に当たっては多様な利害が考慮に入れられるべきである
　　　　　が、行政手続法によれば、同法の定める意見公募手続の実施までは必要と
　　　　　されていない。

□□□　エ．都市計画は健康で文化的な都市環境を確保すべきことを基本理念として
　　　　　おり、公害防止計画の定められた都市においては、都市計画は当該公害防
　　　　　止計画に適合したものでなければならない。

No.
014
正解
ア2、イ1、ウ1、エ1
記述アとエは、都市計画法の知識を問うものである。
これまで学習してきた知識を基に正誤を考えてみよう。
正答率
76.7%

ア　誤り。

　「都市計画」とは、「都市の健全な発展と秩序ある整備を図るための土地利用、都市施設の整備及び市街地開発事業に関する計画」をいう（都計4条1項）。したがって、「都市計画」は、「第一種低層住居専用地域」の指定（都計8条1項1号）など、将来の土地利用の在り方に関し必要な事項を定めるものだけではなく、「都市施設」（都計4条5項）のひとつである道路、公園といった施設を整備する目的で策定されることもある（都計11条1項1号、2号）。

イ　正しい。

　法律による行政の原理の内容のひとつである「**法律の留保の原則**」においては、行政が具体的な活動をするに当たって、いかなる性質の行政活動について法律の根拠が必要とされるべきかという点が問題となる。通説・実務は、**個人の権利を制約し、義務を課するような侵害行政**についてのみ、自由主義的見地から、**法律の根拠を要する**という考え方（侵害留保説）に立っている。したがって、市街化区域と市街化調整区域の区分のように、都市計画の内容が私人の土地利用に対して建築制限をもたらす場合は、個人が自由に建築をするという権利を制約する侵害行政であるため、当該都市計画には法律の根拠を要する。

ウ　正しい。

　行政手続法39条1項によれば、意見公募手続の実施の対象は「命令等」（行手2条8号）、すなわち、「法律に基づく命令」、「審査基準」、「処分基準」、「行政指導指針」である。したがって、都市計画の策定は、このいずれにも該当しないため、行政手続法が定める意見公募手続の実施までは必要とされていない。

エ　正しい。

　「都市計画は……健康で文化的な都市生活及び機能的な都市活動を確保すべきこと……を基本理念として定めるものとする」（都計2条）とある。また、「都市計画区域について定められる都市計画……は、……国土計画又は地方計画に関する法律に基づく計画（当該都市について公害防止計画が定められているときは、当該公害防止計画を含む。……）……に適合する」ことが義務付けられている（都計13条1項柱書）。

文献　試験対策講座61〜63、138〜146、201、202頁

CORE TRAINING

01　行政計画

□□□　行政計画とは、行政権が一定の公の目的のために目標を　　➡ ① ❷　　　　✕
設定し、その目標を達成するための手段を総合的に提示するも
のであるから、行政計画に分類される都市計画決定の内容が私
人に対して法的拘束力を有することはない。 予H26-17-ア

CORE PLUS

① 行政計画の種類

　行政計画とは、行政権が一定の公の目的のために目標を達成するための手段を総合的
に提示するものをいう。

❶ 法律の根拠の有無による分類	i 法定計画：法律の根拠のある計画 　　e.g.政府による環境基本計画や地方自治体による公害防止計画は環境基本法という法律の根拠がある ii 事実上の計画：法律の根拠のない計画 　　e.g.環境庁による環境保全長期構想
❷ 法的拘束力の有無による分類 予H26-17-ア	i 拘束的計画：私人に対して法的拘束力を持つ計画* 　　e.g.都市計画や土地区画整理事業計画は、策定され公告されると私人の権利行使を制限する ii 非拘束的計画：私人に対して法的拘束力を持たない計画 　　e.g.経済成長計画

＊　法律による行政の原理に基づき、拘束的計画については法律の根拠が必要となる。すなわち、拘束的計画は、❶
の分類でいう法定計画でなければならない。

3章 行政活動

CORE TRAINING

□□□　都市計画決定としての用途地域の指定は抗告訴訟の対象となる処分には当たらないため、用途地域指定を前提とする建築確認拒否処分に対して建築主が取消訴訟を提起した場合、建築主は当該取消訴訟において当該用途地域指定が違法であることを主張することはできない。予R1-17-ア

➡最判昭57.4.22（盛岡用途地域指定事件）②＊1　✕

□□□　都市計画法に基づく用途地域の指定は、当該地域内の土地所有者等に建築制限等の制約を課し、その法的地位に変動をもたらすものであることから、処分性が認められる。予R2-18-エ

➡最判昭57.4.22（盛岡用途地域指定事件）②❶　✕

□□□　最高裁判所平成20年9月10日大法廷判決は、土地区画整理法に基づく土地区画整理事業計画の決定が抗告訴訟の対象となる行政処分に当たると判断した。都市計画法に基づき都市計画決定の一つとしてされる工業地域指定の決定の処分性を否定した最高裁判所の判例があるが、本判決の理由に従えば、同指定の決定についても、当該地域内において建築物の建築が制約されるという法的効果が発生するから、処分性が肯定されることになる。H21-30-イ

➡最大判平20.9.10(百選Ⅱ147事件)、最判昭57.4.22(盛岡用途地域指定事件)。最大判平20年は建築制限等の法律効果の発生のみで処分性を認めたものではない②❷ⅰ　✕

□□□　都市再開発法に基づく第二種市街地再開発事業の施行地区内の土地の所有者等は、特段の事情のない限り、自己の所有地等が収用されるべき地位に立たされるなど、その法的地位に直接的な影響を受けるとして、当該事業に係る事業計画の決定の処分性を認めた最高裁判所の判例があるが、最大判平20年も、土地区画整理事業の事業計画の施行地区内の宅地所有者等の法的地位に直接的な影響を及ぼすとの理由で同事業計画の決定の処分性を認めた。H21-30-エ

➡最大判平20.9.10(百選Ⅱ147事件)、最判平4.11.26②❷ⅰ　○

□□□　土地改良法に基づく国営又は都道府県営の土地改良事業の事業計画の決定について行政上の不服申立てが認められていることを根拠の一つとして、市町村営の土地改良事業に関し都道府県知事が行う事業施行の認可の処分性を認めた最高裁判所の判例があるが、最大判平20年も、土地区画整理事業計画の決定に行政上の不服申立てが認められていることを理由に処分性を認めた。H21-30-ウ

➡最大判平20.9.10（百選Ⅱ147事件）②＊2　✕

□□□　土地区画整理事業の事業計画の決定は、後続の仮換地指定や換地処分の取消訴訟によって権利救済の目的が十分達成でき、事件の成熟性が欠けることから、処分性は認められない。予R2-18-ウ

➡最大判平20.9.10（百選Ⅱ147事件）②❷ⅱ　✕

CORE PLUS

2 行政計画と処分性

判　例	処分性	理　由
❶ 用途地域の指定 （最判昭57. 4. 22 百選Ⅱ148事件、 盛岡用途地域指 定事件）*1	否定	用途地域の指定により生じる効果は、対象となる地域内の不特定多数者 に対する一般的抽象的なものである　予R2-18-エ
❷ 土地区画整理事 業計画決定（最大 判平20. 9. 10百 選Ⅱ147事件）*2	肯定	ⅰ　計画の決定により、施行区域内の宅地所有者等は建築行為等の制限を 　　伴う土地区画整理事業の手続に従って換地処分を受けるべき地位に 　　立たされ、法的地位に直接的な影響が生じる　H21-30-イ・エ ⅱ　実効的な権利救済を図る必要がある　予R2-18-ウ
❸ 第二種市街地再 開発事業の事業 計画決定（最判平 4. 11. 26）	肯定	公告の日から、施行区域内の土地所有者等は、特段の事情がない限り自 己の所有地等が収用されるべき地位に立たされ、また、施行区域内の宅 地所有者等は公告の日から30日以内に、対償の払渡しを受けるか又は これに代えて建築施設の部分の譲受け希望の申し出をするかの選択を余 儀なくされることになる

＊1　盛岡用途地域指定事件は、用途地域指定を前提とする建築確認拒否処分がなされた場合には、その建築主は「現
　実に自己の土地利用上の権利を侵害されている」ということができ、「地域指定が違法であることを主張して右処分
　の取消を求めることにより権利救済の目的を達する途が残されている」としている。　予R1-17-ア
＊2　不服申立てが認められていることは言及されておらず、処分性肯定の根拠とされていない。　H21-30-ウ

3章　行政活動

CORE TRAINING

02　行政指導

□□□　行政手続法の行政指導に関する規定は、法令上に根拠規定のある行政指導にのみ適用される。H18-30-エ　➡ ③ * 1　✕

□□□　度を超えた圧力による行政指導が行われた場合には、実際に行政指導に従わなかったときでも、精神的苦痛による損害に係る賠償請求が可能となることがある。H26-25-ア　➡ 比例原則　③❷ ii　○

□□□　建築主において自己の申請に対する建築確認を留保されたままでの行政指導には応じられないとの意思を真摯かつ明確に表明している場合であっても、行政指導の目的とする公益上の必要性が失われていないときは、行政指導が行われていることを理由に建築確認を留保しても、違法ではない。H26-25-イ、H20-25-ア、予H30-17-エ　➡ 最判昭60.7.16（品川マンション事件）③ * 2　✕

□□□　法律に許可の条件に違反した場合には許可を取り消すことができるとの規定がある場合に、許可を受けた相手方が条件に違反する行為をしていることが明らかとなったため、処分行政庁は、条件違反の是正を求める行政指導をした。ところが、相手方はこれに従う意思のない旨を表明したため、処分行政庁は、許可を取り消した。この場合の許可の取消しは、行政指導に従わなかったことを理由とする不利益な取扱いには当たらない。H24-27-ウ　➡ ③ * 4　○

□□□　行政指導の内容はあくまでも相手方の任意の協力によってのみ実現されるものでなければならないから、許認可等に基づく処分をする権限を有する行政機関が当該権限を行使する意思がない場合においてする行政指導にあっては、当該行政指導に携わる者は、当該権限を行使し得る旨を殊更に示すことにより相手方に当該行政指導に従うことを余儀なくさせるようなことをしてはならない。予R2-15-ウ　➡ 行手34　③❷iv　○

CORE PLUS

③ 行政指導の特徴と限界

❶ 特徴	長所：行政指導は、強制力のない非権力的な事実行為であるから、法律の根拠が不要であり、そのため、行政需要の変化に素早く反応し、法の不備を補いながら臨機応変な対応が可能である
	短所：行政指導は行政側の任意の判断で行われるため、責任の所在が不明確なまま行政機関の恣意により行われ、好ましくない結果を招くおそれがある。また、行政は様々な権限を持っており、行政指導に従わないことによって後々不利益な扱いをされるおそれがあることから、国民は納得のいかない行政指導にも不本意ながら従わざるを得ないという実情がある
❷ 限界	ⅰ　行政指導は、法律の根拠を必要としないものの、当該行政機関の組織法上の権限（所掌事務の範囲）内でなされなければならない（行手32Ⅰ）＊1
	ⅱ　制定法の趣旨や目的に反するような行政指導は許されず、また、憲法上の一般原則である平等原則や比例原則等に反することも許されない（最判昭59.2.24百選Ⅰ93事件、石油カルテル事件参照）H26-25-ア
	ⅲ　私人が自由意思で放棄することのできない類の権利や利益（人身の自由や精神の自由など）の制限を求めることは許されない
	ⅳ　行政指導は強制にわたることがあってはならず、制裁を伴うなど、行政指導が強制にわたる場合には違法となる（行手32Ⅱ、33、34）予R2-15-ウ ＊2、＊3、＊4

＊1　行政指導は法律の根拠を必要とせず、行政手続法はそれを前提としているから、行政手続法は、法令上に根拠のない行政指導にも適用される。 H18-30-エ
＊2　行政指導が行われていることを理由に処分の留保などを行うことは、それだけでは直ちには違法とならないが、相手方が指導に従わない意思を真摯かつ明確に表明した場合には、行政指導による不利益と行政指導の目的とする公益上の必要性とを比較衡量して、行政指導に対する不協力が社会通念上正義の観念に反するものといえるような特段の事情のない限り、違法となる（最判昭60.7.16百選Ⅰ121事件、品川マンション事件）。 H26-25-イ 、H20-25-ア 、予H30-17-エ
＊3　勧告の相手方がこれに従わなかったときに、その旨及びその勧告の内容を公表するという法令上の規定がある場合、個別法による適法化がなされているといえ、行政指導に従わなかったことを理由とする不利益な取扱い（行手32Ⅱ）には当たらない。
＊4　法律に許可の条件に違反した場合には許可を取り消すことができるとの規定がある場合に、処分行政庁が、許可を受けた相手方に対し条件違反の是正を求める行政指導をし、相手方がそれに従わないことから許可を取り消すことは、規定の要件を満たしていることを理由に許可を取り消したにすぎず、行政指導に従わなかったことを理由とする不利益な取扱い（行手32Ⅱ）には当たらない。 H24-27-ウ

3章 行政活動

C O R E　T R A I N I N G

03　行政契約

□□□　行政手続法は、行政契約の定義及び手続的規律に関する規定を設け、行政契約の締結及び履行に関する公正の確保と透明性の向上を図っている。予H30-18-ア

➡ 行政手続法は行政契約について定めていない　✕

□□□　公共事業に必要な用地を土地収用法に基づく収用裁決によって取得することができる場合に、これを随意契約の方法によって取得することは、原則として許されない。予H30-18-イ

➡ ④ ❶　✕

□□□　D市は、産業廃棄物処理業者Eとの間で公害防止協定を締結する場合には、当該協定において、必要があると認めるときは、D市職員をしてEの所有する処理施設に実力で立ち入らせ、検査を行わせることができる旨を定めることができる。H24-28-ウ

➡ ④ ＊　✕

□□□　国又は地方公共団体が、相手方に新たな義務を課することを内容とする契約を当該相手方と締結するに当たっては、法律による行政の原理ないし侵害留保原則の見地から、原則として、当該義務を課する法令上の根拠があることを要する。予H30-18-ウ

➡ 最判平21.7.10（百選Ⅰ90事件）参照　⑤ ❶　✕

□□□　最高裁判所の判例によれば、地方自治法及び地方自治法施行令に定める随意契約の制限に違反して締結された契約であっても、私法上当然に無効になるものではない。予H26-17-ウ

➡ 最判昭62.5.19　◯

C O R E　P L U S

4 行政契約の種類

❶ 準備行政における契約	公の行政をするに当たり、その物的手段を整備する行為をいい、土地の取得や官庁用建物の建築などは民法上の契約により行われ得る 予H30-18-イ
❷ 給付行政における契約	相手方の求めを前提として給付がなされるため、契約の方式になじみやすい
❸ 規制行政における契約	規制行政は相手方を拘束するから、法律に基づく行政行為の方式によることが予定されているが、契約方式による場合もある。公害防止協定はその代表例である*
❹ 行政主体間の契約	行政主体間においても民法上の契約関係が成立することがあるが、行政主体間に独自のものとして、事務委託があり、これは地方公共団体の事務の共同処理のために契約的手段を採っている制度である

* 公害防止協定には契約としての拘束力が認められるが（最判平21.7.10百選Ⅰ90事件）、公害防止協定の内容として、協定に違反した場合の刑罰や行政庁側の実力の行使による立入調査権を定めることは許されない。これらは法律又は条例の専管事項であり、契約によって公権力を創出することは認められないからである。 H24-28-ウ

5 行政契約に対する統制

❶ 法律の根拠	行政契約は当事者の意思の合致により成立するものであり、一般に法律の根拠は不要である（最判平21.7.10百選Ⅰ90事件参照） 予H30-18-ウ ただし、行政主体間の契約である事務委託のように、法律の根拠が必要な場合もある
❷ その他の統制	ⅰ 行政法の一般原則 　行政契約も行政作用の一形態であるから、行政法の一般原則である平等原則、比例原則などが適用される ⅱ 民法及び商法の適用 　行政契約には原則として民法及び商法が適用されるが、一方当事者が巨大な行政主体である以上、私人間での契約と同視することはできず、法律・条例などで特則が設けられている場合がある

3章 行政活動

No.		
015		

執行罰

予H28-17

　次のアからエまでの各記述は、行政上の義務の実効性を確保するための条文の規定を示したものである。それぞれの【　】内の行為のうち、その性質がいわゆる執行罰に当たるものを一つ、後記1から4までの中から選びなさい。

□□□　ア．私的独占の禁止及び公正取引の確保に関する法律（昭和22年法律第54号）

　第97条　排除措置命令（注：私的独占など私的独占の禁止及び公正取引の確保に関する法律の規定に違反する行為を行った事業者に対して公正取引委員会が当該違反行為を排除するために必要な措置を命じることを指す。）に違反したものは、50万円以下の【過料に処する】。ただし、その行為につき刑を科するべきときは、この限りでない。

□□□　イ．成田国際空港の安全確保に関する緊急措置法（昭和53年法律第42号）

　第3条　国土交通大臣は、規制区域内に所在する建築物その他の工作物について、その工作物が次の各号に掲げる用に供され、又は供されるおそれがあると認めるときは、当該工作物の所有者、管理者又は占有者に対して、期限を付して、当該工作物をその用に供することを禁止することを命ずることができる。

　一　多数の暴力主義的破壊活動者の集合の用
　二　暴力主義的破壊活動等に使用され、又は使用されるおそれがあると認められる爆発物、火炎びん等の物の製造又は保管の場所の用
　三　成田国際空港又はその周辺における航空機の航行に対する暴力主義的破壊活動者による妨害の用

　2～5　（略）

　6　国土交通大臣は、第1項の禁止命令に係る工作物が当該命令に違反して同項各号に掲げる用に供されていると認めるときは、当該工作物について【封鎖その他その用に供させないために必要な措置を講ずること】ができる。

□□□　ウ．砂防法（明治30年法律第29号）

　第36条　私人ニ於テ此ノ法律若ハ此法律ニ基キテ発スル命令ニ依ル義務ヲ怠ルトキハ国土交通大臣若ハ都道府県知事ハ一定ノ期限ヲ示シ若シ期限内ニ履行セサルトキ若ハ之ヲ履行スルモ不充分ナルトキハ500円以内ニ於テ指定シタル【過料ニ処スルコト】ヲ予告シテ其ノ履行ヲ命スルコトヲ得

□□□　エ．行政代執行法（昭和23年法律第43号）

　　第2条　法律（法律の委任に基く命令、規則及び条例を含む。以下同じ。）により直接に命ぜられ、又は法律に基き行政庁により命ぜられた行為（他人が代つてなすことのできる行為に限る。）について義務者がこれを履行しない場合、他の手段によつてその履行を確保することが困難であり、且つその不履行を放置することが著しく公益に反すると認められるときは、当該行政庁は、【自ら義務者のなすべき行為をなし、又は第三者をしてこれをなさしめ、その費用を義務者から徴収すること】ができる。

1．ア　　　　2．イ　　　　3．ウ　　　　4．エ

| No. 015 | 正解 **3** | 行政上の強制措置に関する問題である。各制度の定義を比較して確認しておこう。 | 正答率 68.4% |

ア　執行罰に当たらない。

　執行罰とは、行政上の義務の不履行に対して、一定額の過料を課すことを通告して間接的に義務の履行を促し、なお義務を履行しないときに、これを強制的に徴収するという行政上の義務の履行を確保する制度である。他方、行政罰とは、行政上の義務の不履行に対して制裁を与える制度である。独占禁止法97条は、排除措置命令に違反した場合に、その制裁として過料を命じることができる旨を定めたものであり、同条の【過料に処する】という行為の性質は、行政罰に当たる。

イ　執行罰に当たらない。

　執行罰が、過料を課すことを予告して間接的に義務の履行を促すものであるのに対して、直接強制は、義務者の身体又は財産に直接力を行使して、義務の履行があった状態を実現するものである。成田国際空港の安全確保に関する緊急措置法3条6項は、同条1項の「禁止命令に係る工作物が当該命令に違反して同項各号に掲げる用に供されていると認めるときは、当該工作物について封鎖その他その用に供させないために必要な措置を講ずることができる」旨を定めている。この【封鎖その他その用に供させないために必要な措置を講ずること】という行為は、同条1項の禁止命令に係る義務の履行を確保すべく、その義務者の身体又は財産に直接力を行使して、当該義務の履行があった状態を実現するものであるから、その性質は直接強制に当たる。

ウ　執行罰に当たる。

　砂防法36条は、同法若しくは同法に基づいて発せられた命令に係る義務を怠ったときは、国土交通大臣若しくは都道府県知事が一定の期限を示したうえで、当該期限内に履行がなかったとき若しくは履行が不十分なときに、500円以内において指定する過料に処することを予告してその履行を命じることができる旨を定めたものである。したがって、同条の【過料ニ処スルコト】という行為の性質は執行罰に当たる。同条は、現在執行罰が定められている唯一の例である。

エ　執行罰に当たらない。

　執行罰が、義務者自らに義務を履行させるものであるのに対して、代執行は、行政上の代替的作為義務の不履行に対して、行政庁が自ら義務者のなすべき行為をし、又は第三者に行わせて、これに要した費用を義務者から徴収する制度である。行政代執行法2条の【自ら義務者のなすべき行為をなし、又は第三者をしてこれをなさしめ、その費用を義務者から徴収すること】という行為の性質は代執行に当たる。

文献　試験対策講座161〜165、168、169頁

MEMO

行政刑罰（道路交通法に基づく交通反則金）

H21-26

☐　月　日
☐　月　日
☐　月　日

　道路交通法（以下「法」という。）に基づく交通反則通告制度に関する後記条文について述べた次のアからエまでの各記述について、最高裁判所の判例に照らし、それぞれ正しい場合には1を、誤っている場合には2を選びなさい。

☐☐☐　ア．法第125条第1項に定める反則行為は、本来犯罪を構成する行為であり、その成否は刑事手続において審判されるべきものであるが、法は、大量の違反事件を迅速に処理する目的から、交通反則通告制度を設けている。

☐☐☐　イ．法第127条第1項に定める反則金の納付を通告する手続は、行政手続である。

☐☐☐　ウ．法第127条第1項の規定による通告があった場合、これを受けた者は反則金を支払う法的義務を負うことになる。

☐☐☐　エ．法第127条第1項の規定による通告を受けた者は、当該通告の理由となった反則行為の不成立を主張しようとするのであれば、反則金を納付せず、後に公訴が提起されたときに、これによって開始された刑事手続において裁判所の審判を求めるべきである。

（参照条文）道路交通法

第125条　この章（注1）において「反則行為」とは、前章（注2）の罪に当たる行為のうち別表第二の上欄に掲げるものであつて、車両等（中略）の運転者がしたものをいい、その種別は、政令で定める。

（注1）第9章「反則行為に関する処理手続の特例」を指す。

（注2）第8章「罰則」を指す。

2　この章において「反則者」とは、反則行為をした者であつて、次の各号のいずれかに該当する者以外のものをいう。

一～三　（略）

3　この章において「反則金」とは、反則者がこの章の規定の適用を受けようとする場合に国に納付すべき金銭をいい、その額は、別表第二に定める金額の範囲内において、反則行為の種別に応じ政令で定める。

第126条　警察官は、反則者があると認めるときは、次に掲げる場合を除き、その者に対し、速やかに、反則行為となるべき事実の要旨及び当該反則行為が属する反則行為の種別並びにその者が次条第1項前段の規定による通告を受けるための出頭の期日及び場所を書面で告知するものとする。（以下略）

一、二　（略）

2　（略）

3　警察官は、第1項の規定による告知をしたときは、当該告知に係る反則行為が行われた地を管轄する都道府県警察の警察本部長に速やかにその旨を報告しなければならない。(以下略)

4　(略)

第127条　警察本部長は、前条第3項又は第4項の報告を受けた場合において、当該報告に係る告知を受けた者が当該告知に係る種別に属する反則行為をした反則者であると認めるときは、その者に対し、理由を明示して当該反則行為が属する種別に係る反則金の納付を書面で通告するものとする。(以下略)

2、3　(略)

第128条　前条第1項又は第2項後段の規定による通告に係る反則金(中略)の納付は、当該通告を受けた日の翌日から起算して10日以内(中略)に、政令で定めるところにより、国に対してしなければならない。

2　前項の規定により反則金を納付した者は、当該通告の理由となった行為に係る事件について、公訴を提起されず、又は家庭裁判所の審判に付されない。

3 章

行政活動

No. 016　正解
ア1、イ1、ウ2、エ1

道路交通法上の交通反則通告制度に関する重要
判例を、理由づけも含めておさえよう。

正答率
82.7%

ア　正しい。

　判例は、交通反則通告制度が設けられた目的について「反則行為は本来犯罪を構成する行為であり、したがってその成否も刑事手続において審判されるべきものであるが、……大量の違反事件処理の迅速化の目的から行政手続としての交通反則通告制度を設け、反則者がこれによる処理に服する途を選んだときは、刑事手続によらないで事案の終結を図ることとしたもの」としている（最判昭57.7.15百選Ⅱ146事件）。

イ　正しい。

　前掲最判昭57年（百選Ⅱ146事件）は、「大量の違反事件処理の迅速化の目的から行政手続」として、交通反則通告制度を設けたものであるとしている。したがって、道路交通法127条1項に定める反則金の納付を通告する手続は、行政手続である。

ウ　誤り。

　前掲最判昭57年（百選Ⅱ146事件）は、「道路交通法127条1項の規定による警察本部長の反則金の納付の通告（以下「通告」という。）があっても、これにより通告を受けた者において通告に係る反則金を納付すべき法律上の義務が生ずるわけではなく、ただその者が任意に右反則金を納付したときは公訴が提起されない」というにとどまるとしている。したがって、同項による通告があった場合、これを受けた者は反則金を支払う法的義務を負うわけではない。

エ　正しい。

　前掲最判昭57年（百選Ⅱ146事件）は、「道路交通法は、通告を受けた者が、その自由意思により、通告に係る反則金を納付し、これによる事案の終結の途を選んだときは、もはや当該通告の理由となった反則行為の不成立等を主張して通告自体の適否を争い、これに対する抗告訴訟によってその効果の覆滅を図ることはこれを許さず、右のような主張をしようとするのであれば、反則金を納付せず、後に公訴が提起されたときにこれによって開始された刑事手続の中でこれを争い、これについて裁判所の審判を求める途を選ぶべきであるとしているものと解するのが相当である」としている。

文献　試験対策講座167、168頁。判例シリーズ46事件

| No. 017 | 行政上の義務の履行確保と裁判手続
予H29-17 | □　月　日
□　月　日
□　月　日 |

　行政上の義務の履行確保と裁判手続に関する次のアからエまでの各記述について、法令又は最高裁判所の判例に照らし、それぞれ正しい場合には1を、誤っている場合には2を選びなさい。

□□□　ア．行政上の強制徴収が認められている金銭債権については、その履行を求める民事訴訟を提起することはできず、民事執行法による強制執行をすることも許されない。

□□□　イ．国が専ら行政権の主体として国民に対して行政上の義務の履行を求める訴訟は、法律上の争訟として当然に裁判所の審判の対象となるものではなく、法律に特別の規定がある場合に限り、提起することが許される。

□□□　ウ．地方公共団体が、産業廃棄物処分業者に対して、当該地方公共団体と当該産業廃棄物処分業者との間で締結した公害防止協定に基づく義務の履行を求める訴えは、法律上の争訟とはいえないから、不適法である。

□□□　エ．秩序罰としての過料は、法律に基づくものであっても、条例に基づくものであっても、裁判手続によらなければ科すことができない。

3章　行政活動

No.
017
正解
ア1、イ1、ウ2、エ2
国や公共団体が私人に対して義務履行を求める
場合の手段について整理しよう。
正答率
67.1%

ア　正しい。

類 予R5-17-ア

判例は、旧農業災害補償法（現農業保険法）に基づき農業共済組合が組合員に対して有する債権については、農業災害に関する共済事業の公共性に鑑み、その事業遂行上必要な財源を確保するという趣旨から、租税に準ずる簡易迅速な行政上の強制徴収の手段が認められている以上（旧農業災害補償法87条の2〔現削除〕）、この手段によることなく、一般私法上の債権と同様、訴えを提起し、民事執行法上の強制執行の手段によってこれらの債権の実現を図ることは法の趣旨に反するとしている（最大判昭41.2.23百選Ⅰ105事件）。

イ　正しい。

判例は、市の条例に基づく建築工事中止命令に従わない者に対して、市がその履行を求めて工事続行禁止請求訴訟を提起した事案において、「国又は地方公共団体が**専ら行政権の主体として**国民に対して**行政上の義務の履行を求める訴訟**は、法規の適用の適正ないし一般公益の保護を目的とするものであって、**自己の権利利益の保護救済を目的とするもの**ということはできないから、**法律上の争訟として当然に裁判所の審判の対象となるものではなく、法律に特別の規定がある場合に限り、提起**することが**許される**」として、当該訴訟は不適法であるとしている（最判平14.7.9百選Ⅰ106事件、宝塚市パチンコ条例事件）。

ウ　誤り。

公害防止協定の法的性質については、一般的には法的拘束力を有する契約であると解されている（最判平21.7.10百選Ⅰ90事件参照）。そのため、公害防止協定に基づく義務の履行を求める訴えは、地方公共団体が事業者との間で対等な立場で締結した契約上の義務の履行を求める訴訟である。したがって、当該訴えは、「地方公共団体が専ら行政権の主体として国民に対して行政上の義務の履行を求める訴訟」（宝塚市パチンコ条例事件）には当たらないことから、「法律上の争訟」（裁3条1項）といえ、適法である。

エ　誤り。

行政上の秩序罰である過料には、国の法令に基づくものと地方公共団体の条例・規則に基づくものがある。前者の場合は、非訟事件手続法に基づき裁判所によって科されるが、後者の場合は、地方自治法に基づき地方公共団体の首長によって科されることになる。したがって、必ずしも裁判手続が必要となるものではない。

文献 試験対策講座52〜55、155、156、165、166、168、169頁。判例シリーズ31、36事件

No.	行政上の強制執行及び即時強制	□ 月 日
018	H22-28	□ 月 日
		□ 月 日

　　行政上の強制執行及び即時強制に関する次のアからウまでの各記述について、正しいものに○、誤っているものに×を付した場合の組合せを、後記1から8までの中から選びなさい。

□□□　ア．行政上の直接強制は、行政行為中に内包されている義務を執行するものであって、新たな義務を課すものではないから、個別の法律の根拠を必要としない。

□□□　イ．行政上の即時強制として行われた継続的性質を有する事実行為の違法を主張し、その差止めや原状回復等を求めるには、民事訴訟の手続によるのであって、行政不服審査法による救済手続によることはできない。

□□□　ウ．行政上の即時強制は、行政上の義務の不履行がある場合に、直接、義務者の身体又は財産に実力を加え、義務の内容を実現する作用である。

1．ア○ イ○ ウ○	2．ア○ イ○ ウ×	3．ア○ イ× ウ○
4．ア○ イ× ウ×	5．ア× イ○ ウ○	6．ア× イ○ ウ×
7．ア× イ× ウ○	8．ア× イ× ウ×	

3章

行政活動

No. 018　正解 **8**　直接強制・即時強制及び処分の定義について、正確に記憶しておこう。　正答率 82.3%

ア　誤り。

　行政上の直接強制とは、義務者の身体又は財産に対し直接有形力を行使して、義務の実現を図ることをいう。現行法においては、直接強制についての一般法は制定されておらず、すべて個別法の定めるところとされている。これは、直接強制が行われる際に国民の人権が侵害される可能性が高いためである。したがって、新たな義務を課すものではないとしても、行政上の直接強制には、個別の法律の根拠を必要とする。

イ　誤り。

　行政不服審査の対象は、「行政庁の処分その他公権力の行使に当たる行為」である（行審1条2項）。ここにいう「その他公権力の行使に当たる行為」には、公権力の行使に当たる事実上の行為であって、その内容が継続的性質を有するものが含まれる。そして、行政上の即時強制は、公権力の行使に当たる事実上の行為である。したがって、行政上の即時強制として行われた継続的性質を有する事実行為については、行政不服審査法による救済手続によることができる。

ウ　誤り。

　行政上の即時強制とは、行政上の義務の存在を前提としないで、行政上の目的を達すべく、直接身体又は財産に対して有形力を行使することをいう。本記述は、行政上の義務の存在を前提としており、即時強制に関する説明としては不適切である。

文献　試験対策講座161、162、171、247頁

ＣＯＲＥ　ＴＲＡＩＮＩＮＧ

01　行政上の強制執行

□□□　法律による行政の原理によれば、議会制定法によって義務の履行強制が可能であるから、現行法上、直接強制について、法律のほか条例を根拠規範とすることも許される。 H23-28-イ

→ 代執1、2参照　×
1 ❶

□□□　執行罰は命令による義務の不履行に対して一定額の過料を科すこととし、不履行があった場合には強制的にこれを徴収するというものである。ただし、1回の不履行に対して1回しか徴収することはできず、義務が履行されるまで何度も徴収することはできないとされている。 H23-28-エ 、予R2-17-イ

→ 1 ❸　×

□□□　地方公共団体は、条例に基づく建築工事の中止命令に従わない者に対し、建築工事の中止命令の不履行があったときにこれを強制的に履行させるための手段が当該条例に定められていない場合であれば、当該工事の続行禁止を求める民事訴訟を提起することが許される。 予R5-17-イ

→ 最判平14.7.9　×
（宝塚市パチンコ条例事件）

3
行政活動

ＣＯＲＥ　ＰＬＵＳ

1　行政上の強制執行

❶ 直接強制	義務者の身体又は財産に直接力を行使して、義務の履行があった状態を実現するもの。条例によって直接強制の根拠規定を置くことはできない（代執1、2参照）H23-28-イ
❷ 強制徴収	義務者が金銭納付義務を自ら履行しない場合において、行政機関が義務者の財産に強制を加え、当該金銭に相当する財産的価値を強制的に徴収することによって、義務を実現するもの
❸ 執行罰	義務の不履行に対して、一定額の過料を科すことを通告して間接的に義務の履行を促し、なお義務を履行しないときに、これを強制的に徴収する義務履行確保の制度。行政罰とは異なり、義務が履行されるまで繰り返し科すことができる H23-28-エ 、予R2-17-イ
❹ 代執行	cf. 3

CORE TRAINING

□□□　代執行の対象となる義務は代替的作為義務に限られるから、不作為義務が対象となることはない。予R5-17-ウ

➡代執2　③❶i　○

□□□　市が庁舎の一部屋の使用許可を市の職員組合に与えていたが、当該使用許可の期限が経過した後も組合員が立ち退かない場合、同部屋からの組合員の退去について代執行をすることはできない。H24-29-イ、予R2-17-ウ

➡代執2。退去義務は代替的作為義務ではない③❶i　○

□□□　行政庁が条例によって課された代替的作為義務に違反した者に対し代執行を行うためには、代執行ができる旨の規定が条例中に定められていなければならない。予R4-13-ウ

➡代執2。条例に代執行ができる旨の規定が定められている必要はない③❶ii　×

□□□　代執行をなすためには、義務者が義務を履行しないというだけでは足りず、他の手段によってその履行を確保することが困難であるか、又はその不履行を放置することが著しく公益に反すると認められることが必要である。予R5-17-エ

➡代執2　③❶iii、iv　×

□□□　義務者が代執行に要した費用を支払わない場合、行政代執行法には明文の定めはないが、このような権力的な行政活動に基づく債権については、国税滞納処分の例によって強制的に徴収することができると考えられている。H22-27-エ、予R2-17-エ

➡代執6I　③❸iv　×

CORE PLUS

② 行政上の強制手段

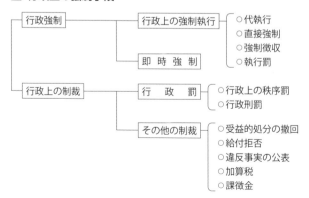

行政強制
- 行政上の強制執行
  - ○代執行
  - ○直接強制
  - ○強制徴収
  - ○執行罰
- 即時強制

行政上の制裁
- 行政罰
  - ○行政上の秩序罰
  - ○行政刑罰
- その他の制裁
  - ○受益的処分の撤回
  - ○給付拒否
  - ○違反事実の公表
  - ○加算税
  - ○課徴金

③ 代執行

　代執行とは、私人の側の代替的作為義務が履行されないときに、行政庁が自ら義務者のなすべき行為をし、又は第三者をしてこれをなさしめ、これに要した費用を義務者から徴収する制度をいう。

❶ 要件（代執2）	ⅰ 「他人が代ってなすことのできる行為」についての義務であること　H24-29-イ 、 予R5-17-ウ 、予R2-17-ウ ⅱ 「法律……により直接に命ぜられ、又は法律に基き行政庁により命ぜられた行為」についての義務であること　予R4-13-ウ ⅲ 「他の手段によってその履行を確保することが困難で」あること　予R5-17-エ ⅳ 「その不履行を放置することが著しく公益に反すると認められるとき」であること　予R5-17-エ
❷ 手続	義務を命じた「当該行政庁」（代執2）が、代執行の権限を持つ ⅰ 「相当の履行期限を定め、その期限までに履行がなされないときは、代執行をなすべき旨を、予め文書で戒告」（代執3Ⅰ） ⅱ 「代執行令書をもって、代執行をなすべき時期、代執行のために派遣する執行責任者の氏名及び代執行に要する費用の概算による見積額を義務者に通知」（代執3Ⅱ） →時期、責任者、及び費用についての通知 ⅲ 原則、上記2つの段階を踏んだうえで代執行 例外として、緊急の場合は上記手続を省略可能（代執3Ⅲ）
❸ 実行	ⅰ 代執行を行う際、執行責任者は証票を携帯しなければならず、要求があったときは、いつでもこれを呈示しなければならない（代執4） ⅱ 執行責任者は自己の財産に対するのと同一の注意義務をもって代執行を行わなければならない ⅲ 代執行に要した費用は、義務者に対し、納付が命じられる（代執5） ⅳ 代執行に要した費用を義務者が納付しないときは、国税滞納処分の例によって、強制徴収することができる（代執6Ⅰ）H22-27-エ 、 予R2-17-エ
❹ 救済制度	ⅰ 行政代執行法上の代執行の戒告（代執3Ⅰ）、代執行令書による通知（代執3Ⅱ）に対しては、行政不服申立てのみならず、取消訴訟の提起が可能。もっとも、行政手続法上の不利益処分に関する規定（行手第3章）は適用されない ∵行政手続法2条4号イにより、「事実上の行為及び事実上の行為をするに当たりその範囲、時期等を明らかにするために法令上必要とされている手続としての処分」は除外されている ⅱ 代執行が終了した場合、戒告や通知を取り消す意味はなく、狭義の訴えの利益を欠くことから、取消訴訟の提起は不可。救済方法としては、国家賠償請求訴訟による

3章　行政活動

CORE TRAINING

02　行政上の制裁

□□□　住宅に不良な生活環境が生じている場合には当該住宅の所有者に堆積した物の撤去等の適切な措置をとることを命令することができると定めた条例があるとき、命令の相手方がこの命令に従わない場合には、行政刑罰を科すことが考えられる。行政刑罰は刑事罰の一種で、原則として刑事訴訟法が適用される。 予R2-17-ア
➡ ④❺a　〇

□□□　法律違反に対する行政上の秩序罰としての過料は、違反者に制裁として金銭的負担を科すものであり、刑罰ではないので刑法総則の適用はない。 H23-28-ウ
➡ ④❹b　〇

□□□　行政庁による氏名の公表は、個人の名誉、信用等を毀損するおそれがあるから、行政庁は、法律の根拠がなければ公表することはできない。 H23-28-ア
➡ 行政庁による氏名の公表には、①情報提供を目的とするもの、②行政上の義務違反に対する制裁を主目的とするものがある。②は、侵害留保の原則から、公表には法律の根拠が必要。①は、公表に法律の根拠は不要。（東京地裁平13.5.30参照）　✕

03　即時強制

□□□　行政代執行法は、地方公共団体が条例に基づき即時強制を行うことを禁止する明文の規定を置いている。 予H27-17-ア
➡ ⑤※　✕

□□□　行政上の即時強制は、義務を命ずる暇のない緊急事態において行われるものであるから、いわゆる警察比例の原則の適用を受けない。 予H27-17-ウ
➡ ⑤＊1　✕

□□□　行政庁が行政処分により私人に義務を課すことができる旨が法律に定められていても、即時強制を行うことができる旨が法律に定められていなければ、行政庁が行政処分を経ずに当該義務の内容を実現する即時強制を行うことは認められない。 予H27-17-イ
➡ ⑤＊3　〇

CORE PLUS

4 秩序罰と行政刑罰

		a　行政刑罰	b　秩序罰
❶ 共通点		i　行政上の義務の不履行に対して科される制裁 ii　反復して科すことはできない（執行罰と異なる） iii　罪刑法定主義の適用がある	
相違点	❷ 対象	重い義務違反 e.g.不衛生食品の販売	軽い義務違反 e.g.届出義務の不履行
	❸ 規定できる法規範	法律、条例	法律、条例、地方公共団体の長が定める規則
	❹ 刑法総則の適用	あり	なし H23-28-ウ
	❺ 手続	刑事訴訟手続 予R2-17-ア	○国の法令に基づく場合 →非訟事件手続法に従って、裁判所が科す ○条例や規則に基づく場合 →地方自治体に従って、地方公共団体の長が科す
	❻ 処罰内容	懲役、禁錮*、罰金、拘留、科料	過料

*　令和4年法律第67号により、「懲役」若しくは「禁錮」に当たる罪は「拘禁刑」に当たる罪に改正された。なお、この法律は、2025（令和7）年6月1日に施行される。

5 行政上の強制執行と即時強制

	a　行政上の強制執行	b　即時強制*1
❶ 種類・具体例	i　代執行 ii　直接強制 iii　強制徴収 iv　執行罰*2	○警察官職務執行法上の質問、保護、武器の使用（警職2、3、7）等 ○感染症法上の強制入院（感染症19Ⅰ、Ⅲ） ○消防法上の破壊消防（消防29） ○風営法上の立入検査（風俗37Ⅱ）
❷ 共通点	法律上の根拠が必要*3──将来に向かって行政上必要な状態を実現する作用	
❸ 相違点	行政上の義務の賦課及びその不履行を前提とする作用	行政上の義務の存在を前提としない作用*3

*1　警察比例の原則は、行政の権力作用一般に適用する原理であると解されている。そして、行政上の即時強制は、典型的な公権力の発動であるから、当然に警察比例の原則が適用される。予H27-17-ウ

*2　義務の不履行に対して、一定額の過料を科すことを通告して間接的に義務の履行を促し、なお義務を履行しないときに、これを強制的に徴収するもの。あくまで義務履行を実現するための手段であるという点で、行政罰と異なる。

*3　行政庁が行政処分により私人に義務を課すことができる旨が法律に定められていても、即時強制は、相手方の義務の存在を前提としないことから、行政庁が行政処分を経ずに即時強制を行うことは認められる。もっとも、即時強制は、直接に国民の身体又は財産に強制を加える侵害処分である以上、侵害留保の原則から、法律の根拠が必要である。予H27-17-イ

※　即時強制とは、相手方私人に義務を課すことなく行政機関が直接に私人の身体・財産に実力を加えて行政目的の実現を図る行為をいうが、行政代執行法には、地方公共団体が条例に基づき即時強制を行うことを禁止する明文の規定はない。予H27-17-ア

No. 019	医師法7条の3第1項に基づく立入検査	□ 月 日
	予R2-16 改題	□ 月 日 □ 月 日

　医師法第7条の3第1項に基づく立入検査に関する教員と学生による以下の対話中の次のアからウまでの【　】内の各記述について、正しいものに〇、誤っているものに×を付した場合の組合せを、後記1から8までの中から選びなさい。

教員：医師法第7条の3第1項に基づく立入検査の強制力について、どのようなことがいえますか。

学生：(ア)【医師法第33条の3第3号により、立入検査の拒否に罰則が定められていることからすると、同法は、間接的心理的に立入検査の受忍を強制しようとするものといえます。】

教員：それでは、ある医師について、医師法第7条第1項の規定による処分をすべきか否かを調査するため、同法第7条の3第1項に基づく当該医師の開設する病院の立入検査が行われようとしているにもかかわらず、当該医師が立入検査を拒否しているという事例を想定してください。立入検査に関しては、医師法上、第7条の3以外の規定はありませんが、立入検査をしようとする行政庁の職員はどのようなことができますか。

学生：(イ)【立入検査をしようとする職員は、必要最小限の実力を行使して当該医師を排除した上で、立入検査を行うことができます。】

教員：税務調査に関する最高裁判所の判例に照らすと、立入検査が医師法第7条の3第3項の規定に反するのは、どのような場合であるといえますか。

学生：(ウ)【立入検査の権限を犯罪捜査のための手段として行使したような場合には、その立入検査は医師法第7条の3第3項に違反します。】

（参照条文）医師法
第4条　次の各号のいずれかに該当する者には、免許を与えないことがある。
　一　心身の障害により医師の業務を適正に行うことができない者として厚生労働省令で定めるもの
　二　麻薬、大麻又はあへんの中毒者
　三　罰金以上の刑に処せられた者
　四　前号に該当する者を除くほか、医事に関し犯罪又は不正の行為のあつた者
第7条　医師が第4条各号のいずれかに該当し、又は医師としての品位を損するような行為のあつたときは、厚生労働大臣は、次に掲げる処分をすることができる。
　一　戒告

　　二　３年以内の医業の停止

　　三　免許の取消し

　2〜17（略）

第7条の3　厚生労働大臣は、医師について第7条第1項の規定による処分をすべきか否かを調査する必要があると認めるときは、当該事案に関係する者若しくは参考人から意見若しくは報告を徴し、診療録その他の物件の所有者に対し、当該物件の提出を命じ、又は当該職員をして当該事案に関係のある病院その他の場所に立ち入り、診療録その他の物件を検査させることができる。

　2　前項の規定により立入検査をしようとする職員は、その身分を示す証明書を携帯し、関係人の請求があつたときは、これを提示しなければならない。

　3　第1項の規定による立入検査の権限は、犯罪捜査のために認められたものと解してはならない。

第33条の3　次の各号のいずれかに該当する者は、50万円以下の罰金に処する。

　　一、二　（略）

　　三　第7条の3第1項の規定による陳述をせず、報告をせず、若しくは虚偽の陳述若しくは報告をし、物件を提出せず、又は検査を拒み、妨げ、若しくは忌避した者

1．ア○　イ○　ウ○　　　　2．ア○　イ○　ウ×　　　　3．ア○　イ×　ウ○

4．ア○　イ×　ウ×　　　　5．ア×　イ○　ウ○　　　　6．ア×　イ○　ウ×

7．ア×　イ×　ウ○　　　　8．ア×　イ×　ウ×

No. 019	正解 **3**	行政調査にどのような種類があり、どのような 手続が必要かを理解しよう。	正答率 66.8%

ア　正しい。

類 予H23-16-ア

　間接強制を伴う調査とは、罰則により担保された調査のことをいう。医師法33条の３第３号によれば、同法７条の３第１項の調査への協力を拒んだ場合には、50万円以下の罰金という罰則が設けられている。このことから、同法７条の３第１項の立入検査は罰則により担保された調査であるといえ、間接強制調査に当たる。よって、本記述は正しい。

イ　誤り。

　実力を用いて調査の妨害を排除するためには、法律による行政の原則に照らして、法律による根拠が必要である。しかし、医師法７条の３第１項及びその他の規定を見ても実力行使を許容する規定は存在しない。したがって、同項について実力による排除は認められない。

ウ　正しい。

類 予H23-16-イ

　医師法７条の３第３項によれば、立入検査は、犯罪捜査のために認められたものと解してはならないと規定されている。したがって、犯罪捜査のために立入検査を利用した場合には、同項に違反することになる。よって、本記述は正しい。なお、法人税法の質問検査権についての事案ではあるが、判例は「質問又は検査の権限の行使に当たって、取得収集される証拠資料が後に犯則事件の証拠として利用されることが想定できたとしても、そのことによって直ちに、上記質問又は検査の権限が犯則事件の調査あるいは捜査のための手段として行使されたことにはならない」としている（最決平16.1.20百選Ⅰ102事件）ことから、**行政調査によって得られた資料を犯則事件のため利用すること自体は必ずしも排除されない**ことには注意が必要である。

文献　試験対策講座173、174、178、179頁

No.
020

行政調査

予R4-16

　行政調査に関する次のアからエまでの各記述について、法令又は最高裁判所の判例に照らし、それぞれ正しい場合には1を、誤っている場合には2を選びなさい。

ア．国税通則法第74条の2第1項に基づく質問検査は、諸般の具体的事情に鑑み、質問検査の客観的な必要性があると判断される場合に認められるものであって、この場合の質問検査の範囲、程度、時期、場所等法律上特段の定めのない実施の細目については、上記のような質問検査の必要があり、かつ、これと相手方の私的利益との衡量において社会通念上相当な限度にとどまる限り、権限ある職員の合理的な選択に委ねられている。

（参照条文）国税通則法
（当該職員の所得税等に関する調査に係る質問検査権）
　第74条の2　国税庁、国税局若しくは税務署（中略）又は税関の当該職員（中略）は、所得税、法人税、地方法人税又は消費税に関する調査について必要があるときは、次の各号に掲げる調査の区分に応じ、当該各号に定める者に質問し、その者の事業に関する帳簿書類その他の物件（中略）を検査し、又は当該物件（中略）の提示若しくは提出を求めることができる。
　　一～四（略）
　　2～5（略）

イ．国税通則法の定める税務調査は犯罪捜査のために認められたものと解してはならないから、当該調査により取得収集される証拠資料が後に犯則事件の証拠として利用されることが想定されるときは、質問検査の権限を行使することは許されない。

ウ．警察官による交通違反の予防、検挙を目的として、警察法第2条及び警察官職務執行法第1条の趣旨を踏まえ強制力を伴わない任意手段により行われる自動車の検問は、自動車の運転者が合理的に必要な限度で行われる交通の取締りに協力すべきであることを考慮して許容されるものであるから、車両の外観、走行の態様等に異常が見られる場合でなければ許されない。

エ．国税通則法の定める犯則事件の調査手続は、実質的に捜査手続としての性質を有し、犯則嫌疑者の身体を捜索する場合には裁判官の発する許可状が必要となるが、犯則嫌疑者が置き去った物件を検査する場合には許可状を要しない。

3
章

行政活動

| No. 020 | 正解 ア1、イ2、ウ2、エ1 | 行政調査に関する判例知識、基本的な条文知識をおさえよう。 | 正答率 74.1% |

ア　正しい。

　判例は、国税通則法74条の2第1項に基づく質問検査は、「諸般の具体的事情にかんがみ、客観的な必要性があると判断される場合には」認められ、「この場合の質問検査の範囲、程度、時期、場所等実定法上特段の定めのない実施の細目については、右にいう質問検査の必要があり、かつ、これと相手方の私的利益との衡量において社会通念上相当な限度にとどまるかぎり、権限ある税務職員の合理的な選択に委ねられている」としている（最決昭48.7.10百選Ⅰ101事件、荒川民商事件）。

イ　誤り。

　前掲最決平16年（百選Ⅰ102事件）は、国税通則法の定める税務調査の権限は「犯則事件の調査あるいは捜査のための手段として行使することは許されないと解するのが相当である。しかしながら、上記質問又は検査の権限の行使に当たって、**取得収集される証拠資料が後に犯則事件の証拠として利用されることが想定**できたとしても、そのことによって**直ちに**、上記質問又は検査の権限が**犯則事件の調査あるいは捜査のための手段として行使されたことにはならない**」としている。よって、当該調査により取得収集される証拠資料が後に犯則事件の証拠として利用されることが想定されるときは、質問検査の権限を行使することは許されないとしている点で誤っている。

ウ　誤り。

　判例は、自動車の一斉検問は、「自動車の運転者は、公道において自動車を利用することを許されていることに伴う当然の負担として、合理的に必要な限度で行われる交通の取締に協力すべきものであること……などをも考慮すると、警察官が、交通取締の一環として交通違反の多発する地域等の適当な場所において、交通違反の予防、検挙のための自動車検問を実施し、同所を通過する自動車に対して走行の外観上の不審な点の有無にかかわりなく短時分の停止を求めて、運転者などに対し必要な事項についての質問などをすることは、それが相手方の任意の協力を求める形で行われ、自動車の利用者の自由を不当に制約することにならない方法、態様で行われる限り、適法なものと解すべきである」としている（最決昭55.9.22百選Ⅰ104事件）。よって、車両の外観、走行の態様等に異常がみられる場合でなければ許されないとしている点で誤っている。

エ　正しい。

　国税通則法131条1項は、国税庁等の職員は、国税に関する犯則事件を調査するため必要があるときは、犯則嫌疑者等が置き去った物件を検査することができる旨規定している。また、同法132条1項は、国税庁等の職員は、犯則事件を調査するため必要があるときは、裁判官が発する許可状により、犯則嫌疑者等の身体の捜索をすることができる旨規定している。

文献　試験対策講座24、63、173〜178頁

MEMO

3章

行政活動

No.
021

行政調査

H18-31 改題

□　月　日
□　月　日
□　月　日

　次のアからウまでの各記述について、法令及び最高裁判所の判例に照らし、正しいものに○、誤っているものに×を付した場合の組合せを、後記1から8までの中から選びなさい。

　ア．国税通則法第132条第1項は、憲法第33条の場合を除外して住居、書類及び所持品につき侵入、捜索及び押収を受けることのない権利を保障する憲法第35条に違反するものではない。

（参照条文）国税通則法

第132条　当該職員は、犯則事件を調査するため必要があるときは、その所属官署の所在地を管轄する地方裁判所又は簡易裁判所の裁判官があらかじめ発する許可状により、臨検、犯則嫌疑者等の身体、物件若しくは住居その他の場所の捜索、証拠物若しくは没収すべき物件と思料するものの差押え（中略）をすることができる。（以下略）

②　（略）

③　前二項の場合において、急速を要するときは、当該職員は、臨検すべき物件若しくは場所、捜索すべき身体、物件若しくは場所、差し押さえるべき物件又は電磁的記録を記録させ、若しくは印刷させるべき者の所在地を管轄する地方裁判所又は簡易裁判所の裁判官があらかじめ発する許可状により、前二項の処分をすることができる。

④から⑦まで　（略）

第135条　当該職員は、間接国税（消費税法第47条第2項（引取りに係る課税貨物についての課税標準額及び税額の申告等）に規定する課税貨物に課される消費税その他の政令で定める国税をいう。以下同じ。）に関する犯則事件について、現に犯則を行い、又は現に犯則を行い終わった者がある場合において、その証拠となると認められるものを集取するため必要であって、かつ、急速を要し、許可状の交付を受けることができないときは、その犯則の現場において第132条第1項（中略）の臨検、捜索又は差押えをすることができる。

②　（略）

　イ．警察官職務執行法第2条第1項の規定に基づく職務質問に付随して行う所持品検査は、任意手段として許容されるものであるから、所持人の承諾を得てその限度でしか行うことができない。

（参照条文）警察官職務執行法

第2条第1項　警察官は、異常な挙動その他周囲の事情から合理的に判断して何らかの犯罪を犯し、若しくは犯そうとしていると疑うに足りる相当な理由のある者又は既に行われた犯罪について、若しくは犯罪が行わ

れようとしていることについて知つていると認められる者を停止させて質問することができる。

ウ．国税通則法第74条の2第1項の規定による質問や検査は、それにより過少申告の事実が明らかとなり、所得ほ脱事実の発覚につながり得るものであるから、所得税の公平確実な賦課徴収のために必要な資料の収集だけでなく、刑事責任の追及をも目的とする手続であり、自己に不利益な供述を強要されないことを保障する憲法第38条第1項に反する。

（参照条文）国税通則法

第74条の2第1項　国税庁、国税局若しくは税務署（以下「国税庁等」という。）又は税関の当該職員（中略）は、所得税（中略）に関する調査について必要があるときは、次の各号に掲げる調査の区分に応じ、当該各号に定める者に質問し、その者の事業に関する帳簿書類その他の物件（中略）を検査し、又は当該物件（その写しを含む。次条から第74条の6まで（当該職員の質問検査権）において同じ。）の提示若しくは提出を求めることができる。

一から四まで　（略）

1．ア○　イ○　ウ○　　　　2．ア○　イ○　ウ×　　　　3．ア○　イ×　ウ○
4．ア○　イ×　ウ×　　　　5．ア×　イ○　ウ○　　　　6．ア×　イ○　ウ×
7．ア×　イ×　ウ○　　　　8．ア×　イ×　ウ×

No.
021　正解　4　　　　　　　行政調査に関する判例知識をしっかりとおさえ　正答率
　　　　　　　　　　　　　　よう。　　　　　　　　　　　　　　　80%以上

ア　正しい。

　判例は、国税犯則取締法3条1項（現国税通則法135条1項）が憲法35条に違反しないかが争われた事案において、「少くとも現行犯の場合に関する限り、法律が司法官憲によらずまた司法官憲の発した令状によらずその犯行の現場において捜索、押収等をなし得べきことを規定したからとて、立法政策上の当否の問題に過ぎないのであり、憲法35条違反の問題を生ずる余地は存しない」としている（最大判昭30.4.27）。

イ　誤り。

　判例は、警察官職務執行法2条1項に基づく職務質問に付随して行う所持品検査は、任意手段として許容されるのであるから、所持人の承諾を得て、その限度においてこれを行うのが原則であるが、「職務質問ないし所持品検査は、犯罪の予防、鎮圧等を目的とする行政警察上の作用であって、流動する各般の警察事象に対応して迅速適正にこれを処理すべき行政警察の責務にかんがみるときは、所持人の承諾のない限り所持品検査は一切許容されないと解するのは相当でなく、捜索に至らない程度の行為は、強制にわたらない限り、所持品検査においても許容される場合があると解すべきである」としている（最判昭53.6.20百選Ⅰ103事件、米子銀行強盗事件）。

ウ　誤り。

　判例は、憲法38条1項の法意を、何人も自己の刑事上の責任を問われるおそれのある事項について供述を強要されないことを保障したものであり、その保障は、純然たる刑事手続だけでなく、実質上、刑事責任追及のための資料の取得収集に直接結び付く作用を一般的に有する手続にも等しく及ぶとしたうえで、旧所得税法63条（現国税通則法74条の2第1項）の質問検査は、「もっぱら所得税の公平確実な賦課徴収を目的とする手続であって、刑事責任の追及を目的とする手続ではなく、また、そのための資料の取得収集に直接結びつく作用を一般的に有するものでもな」く、このような検査制度には公益上の必要性と合理性があるといえることから、「自己に不利益な供述」（憲38条1項）を強要するものということはできないとしている（最大判昭47.11.22百選Ⅰ100事件、川崎民商事件）。

　文献　試験対策講座174〜178頁。判例シリーズ37事件

CORE TRAINING

□□□ 旧国税犯則取締法や関税法上の犯則事件調査など、相手 　 ① *　　　　 ✕
方の抵抗を排除して行うことができる調査については、法律の
授権が必要であるのに対し、所得税法上の質問検査など、実力
で相手方の抵抗を排除することができない調査については、法
律の授権を要しない。 オリジナル①

CORE PLUS

① 行政調査と法律の根拠

	強制捜査	間接強制を伴う調査	任意調査
法律の根拠	必要	必要*	不要

* 所得税法上の質問検査のような、調査に従わないと処罰され得る間接強制を伴う調査については、法律による行政の原理から、法律による授権を要する。 オリジナル①

② 行政調査の事前通知

　実地調査を行う場合には、財務所長等が原則として、調査対象者に対し質問検査等を行う旨を所定の時期、方法により事前通知する必要がある（税通74の9Ⅰ）。
→ただし、一定の場合には、事前の通知を行わないこともできる（税通74の10）。

③ 行政調査の瑕疵と行政行為の瑕疵

問題点	行政機関は、行政調査を基礎として、そこで得た資料などに基づいて行政行為を行う。そのため、行政調査が違法であった場合、当該行政調査を基礎としてなされた行政行為にどのような影響が及ぶかが問題となる
規範	行政調査は、行政行為とは相対的に独立した制度であることからすると、調査の違法は当然には行政行為の違法を構成しない ただし、行政調査は行政行為のひとつの過程を構成していることからすると、行政調査に重大な瑕疵が存在するときは、適正手続の観点からして、当該調査を基礎としてなされた行政行為も瑕疵を帯びることになる

3章 行政活動

CORE TRAINING

□□□　最高裁判所の判例によれば、憲法35条1項の規定による保障は、行政手続にも及ぶことがあるが、所得税法の質問検査が裁判官の令状を要求していないことは同条の法意に反しない。オリジナル②

➡ 最大判昭47.11.22（川崎民商事件）④❸b　　○

□□□　最高裁判所の判例によれば、憲法38条1項の規定は純然たる刑事手続のみにその保障が及ぶにとどまらず、刑事責任追及のための資料の取得収集に何ら結び付かない作用であっても、等しくその保障を及ぼすと解するのが相当である。オリジナル③

➡ 最大判昭47.11.22（川崎民商事件）④❸b　　×

CORE PLUS

④ 行政調査と令状主義・供述拒否権

	a 強制調査	b 間接強制を伴う調査	c 任意調査
❶ 具体例	国税通則法上の臨検・捜索・差押えの犯則調査（税通132）	国税通則法上の収税官吏による所得税に関する調査における質問検査（税通74の2Ⅰ）	警察官職務執行法上の職務質問（警職2Ⅰ）
❷ 関連論点	旧国税犯則取締法3条1項（現税通135Ⅰ）の憲法35条適合性	旧所得税法（現国税通則法）上の質問検査に対する憲法35条、38条適用の肯否	職務質問に付随して行われる所持品検査の許容範囲
❸ 判例の要旨	憲法35条のいう「第33条の場合」とは、現行犯の場合をいうのであるから、憲法35条の保障も、現行犯の場合には及ばない。したがって、旧国税犯則取締法3条1項が、現行犯の場合に令状なく犯行現場で臨検等をなし得ると規定したとしても、憲法35条違反の問題は生じない（最大判昭30.4.27）	検査の目的が専ら所得税の公平実な賦課徴収に必要な資料を収集する点にあること、検査が実質上刑事責任追及のための資料収集に直接結び付く作用を一般的に有するものでないこと、強制の態様が間接的であること等の理由から、憲法35条、38条の適用を否定（最大判昭47.11.22百選Ⅰ100事件、川崎民商事件）オリジナル②、オリジナル③	所持人の承諾なき所持品検査であっても、捜索に至らない程度の行為は、強制にわたらない限り、許容される場合がある（最判昭53.6.20百選Ⅰ103事件、米子銀行強盗事件）

No.	審査基準と処分基準	☐	月	日
022	予R2-13	☐	月	日
		☐	月	日

　処分基準と審査基準に関する次のアからエまでの各記述について、行政手続法に照らし、それぞれ正しい場合には1を、誤っている場合には2を選びなさい。

☐☐☐　ア．処分基準と審査基準は、いずれも、不利益処分に関する基準である。

☐☐☐　イ．処分基準と審査基準のいずれについても、これらを公表することは行政庁の努力義務にとどまる。

☐☐☐　ウ．行政庁が、処分基準を定める場合には、意見公募手続が必要であるが、審査基準を定める場合には、意見公募手続は必要ではない。

☐☐☐　エ．行政庁は、処分基準と審査基準のいずれを定めるに当たっても、できる限り具体的なものとしなければならない。

4章

行政活動の手続的統制・情報公開・個人情報保護・

91

| No. 022 | 正解 ア2、イ2、ウ2、エ1 | 行政手続については条文をしっかり読み込もう。 | 正答率 79.1% |

ア　誤り。

　処分基準とは、「**不利益処分をするかどうか又はどのような不利益処分とするか**について**その法令の定めに従って判断する**ために必要とされる**基準**」（行手2条8号ハ括弧書）をいう。一方、**審査基準**とは、「**申請により求められた許認可等**をするかどうかをその**法令の定めに従って判断する**ために必要とされる**基準**」（行手2条8号ロ括弧書）をいう。このように、審査基準は、許認可等について判断するために設定されるものであり、必ずしも不利益処分に関する基準ではない。

イ　誤り。

　処分基準の公表については**努力義務**であるが（行手12条1項）、**審査基準**については、公表は**法的義務**である（行手5条3項）。処分基準の公表が努力義務とされているのは、不利益処分に画一的な基準を定めることが合理的でない場合があることや、基準の公表の義務づけが基準に抵触しないギリギリの違反行為を助長してしまうことを考慮したためである。

ウ　誤り。

　行政庁は、「命令等」を定める場合には、意見公募手続を行う必要がある（行手39条1項）。ここにいう「命令等」とは行政手続法2条8号に定められているものであるが、審査基準も処分基準もそれぞれ同号ロ、ハにおいて規定されているため、共に「命令等」に当たる。したがって、審査基準も処分基準も意見公募手続が必要となる。

エ　正しい。

　処分基準については行政手続法12条2項により、審査基準については行政手続法5条2項により、「できる限り具体的」に内容を定めることとされている。これは行政の透明性を図る趣旨である。

文献　試験対策講座191〜194、199〜201頁

No. 023	不利益処分の理由の提示	☐ 月 日
	予H27-15	☐ 月 日
		☐ 月 日

　不利益処分の理由の提示に関する次のアからエまでの各記述について、それぞれ最高裁判所の判例の趣旨と矛盾しない場合には1を、矛盾する場合には2を選びなさい。なお、以下では、行政手続法（以下「法」という。）第14条第1項本文により、処分庁が理由の提示を義務付けられている事案であることを前提とする。

　ア．処分基準（法第12条）が定められ、公にされていても、不利益処分の理由の提示として、処分基準の適用関係まで摘示する必要がない場合がある。

　イ．処分基準が定められていない場合、不利益処分の理由の提示は、抽象的な記載で足り、処分の名宛人において、いかなる事実関係に基づいて、いかなる法規を適用して当該処分が行われたかを知ることができるものである必要はない。

　ウ．法第13条第1項第1号に基づく聴聞手続が行われ、不利益処分の名宛人が、聴聞の期日におけるやり取りの状況から処分理由を事前に予測し得る場合であっても、不利益処分の理由の提示における記載自体から、いかなる事実関係に基づいて、いかなる法規を適用して当該処分が行われたかを知ることができないときは、当該処分理由の提示に瑕疵があることになる。

　エ．不利益処分の理由の提示の不備による瑕疵は、後日の不服申立てに対する裁決又は決定において当該処分の具体的根拠が明らかにされれば、そのことにより治癒される。

No. 023	正解 ア1、イ2、ウ1、エ2	下記の判例はいずれも重要であるから、正確に理解しておこう。	正答率 72.9%

ア　矛盾しない。

　判例は、一級建築士免許取消処分について処分理由の提示が不十分であったとして当該処分の適法性が争われた事案において、**行政庁の判断の慎重と合理性を担保してその恣意を抑制**すると共に、処分の理由を名宛人に知らせて**不服の申立てに便宜を与える**という**行政手続法14条1項本文の趣旨**に照らし、同項本文に基づく**理由の提示の程度**は、**当該処分の根拠法令の規定内容**、当該処分に係る**処分基準の存否及び内容並びに公表の有無**、当該処分の性質及び内容、当該処分の原因となる**事実関係の内容等を総合考慮して決定すべき**であるとしたうえで、**複雑な処分基準の下**では、処分の根拠法条及びその要件に該当する具体的な事実関係を示すだけでは足りず、**いかなる理由でどのような処分基準の適用によって当該処分が行われたかを知る**ことができなければ、理由の提示を欠く違法な処分になるとしている（最判平23.6.7百選I117事件）。

イ　矛盾する。

　判例は、処分基準のない青色申告承認の取消処分に際し、当該処分の通知書に取消しの基因となった事実が付記されていないこと等を理由として、当該処分等の取消訴訟が提起された事案において、青色申告書提出承認取消しの通知書に要求される付記の内容及び程度は、特段の理由のない限り、いかなる事実関係に基づきいかなる法規を適用して当該処分がされたのかを処分の相手方においてその記載自体から了知し得るものでなければならず、単に抽象的に処分の根拠規定を示すだけでは、それによって当該規定の適用の原因となった具体的な事実関係をも当然に知り得るような例外的な場合を除いては、行政手続法の要求する付記として十分でないとしている（最判昭49.4.25）。

ウ　矛盾しない。

　前掲最判昭49年の考え方は、行政手続法が制定された後も基本的には妥当すると考えられているところ、これは、行政手続法13条1項1号に基づく**聴聞手続**が行われ、不利益処分の名宛人が、聴聞の期日における**やり取りの状況**から**処分理由を事前に予測し得る場合**であっても**妥当**するものといえる（前掲最判平23年百選I117事件、田原裁判官補足意見参照）。

エ　矛盾する。

　判例は、税務署長によりされた青色申告についての更正処分における理由不備の瑕疵は、後日これに対する審査採決において処分の具体的な根拠が明らかにされたとしても治癒されないとしている（最判昭47.12.5百選I82事件）。

文献　試験対策講座106〜108、111、112、193、194頁。判例シリーズ28事件

No. 024	論	行政手続法	□ 月 日 □ 月 日 □ 月 日
		H22-23	

　A社は、B県において、産業廃棄物処理施設の設置を計画し、B県知事に対して設置許可の申請をして同許可を得た。しかし、周辺住民は、同施設が許可基準を満たしていないにもかかわらず、虚偽の内容の申請書を提出して同許可を受けたと主張し、B県に同許可を取り消すように求めた結果、B県知事は、同許可を取り消した。次のアからエまでの各記述について、行政手続法に照らし、それぞれ正しい場合には1を、誤っている場合には2を選びなさい。

（参照条文）廃棄物の処理及び清掃に関する法律*
　第15条　産業廃棄物処理施設（中略）を設置しようとする者は、当該産業廃棄物処理施設を設置しようとする地を管轄する都道府県知事の許可を受けなければならない。

　2〜6　（略）
　第15条の3　都道府県知事は、次の各号のいずれかに該当するときは、当該産業廃棄物処理施設に係る第15条第1項の許可を取り消さなければならない。
　　一、二　（略）
　　三　不正の手段により第15条第1項の許可又は第15条の2の5第1項の変更の許可を受けたとき。
　2　都道府県知事は、前条第1号（注：施設の構造等が技術上の基準等に適合していないと認めるとき）、第2号（注：設置者の能力が基準に適合していないと認めるとき）又は第4号（注：設置者が当該許可に付した条件に違反したとき）のいずれかに該当するときは、当該産業廃棄物処理施設に係る第15条第1項の許可を取り消すことができる。

□□□　ア．産業廃棄物処理施設の設置許可は、周辺住民にとっては不利益処分であるため、B県知事は、処分の理由を公示しなければならない。

□□□　イ．B県知事は、産業廃棄物処理施設の設置許可の取消しをするかどうかについて判断するために必要とされる基準を定めておかなければならないから、これを定めないまま取消処分をすれば、違法事由となる。

□□□　ウ．B県知事は、A社について、聴聞の手続を執らなければならず、聴聞を行うに当たっては、聴聞を行うべき期日までに相当な期間を置いて、A社に対し、予定される不利益処分の内容及び根拠となる法令の条項、不利益処分の原因となる事実、聴聞の期日及び場所聴聞に関する事務を所掌する組織の名称及び所在地を書面により通知しなければならないが、周辺住民の意見を聴く公聴会を開催する義務はない。

□□□　エ．聴聞手続の主宰者は、公正な第三者でなければならず、B県知事が指名するB県の職員は、聴聞手続を主宰することができない。

*平成22年法律第34号による改正前のもの。正誤に影響なし。

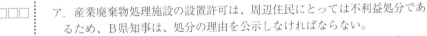

右欄外：
4章
行政活動の手続的統制・情報公開・個人情報保護

No.
024

正解
ア2、イ2、ウ1、エ2

不利益処分に伴う手続は、論文式試験でも問われる重要事項なので、おさえておこう。

正答率
85.7%

ア　誤り。

「**不利益処分**」とは、「**行政庁が、法令に基づき、特定の者を名あて人**として、**直接**に、これに**義務を課し、又はその権利を制限する処分**」をいう（行手2条4号）。そして、産業廃棄物処理施設の設置許可は、周辺住民を名宛人として、直接義務を課し又はその権利を制限する処分ではない。したがって、本件設置許可は「不利益処分」に当たらず、行政庁であるB県知事は、処分の理由を示す必要はない（行手14条1項本文参照）。

イ　誤り。

本件産業廃棄物設置許可の取消しは、B県知事がA社を名宛人として許可を取り消して、その権利を制限する処分であるから、「不利益処分」に当たる。そして、「**不利益処分**」については、行政庁は、**処分基準を定め**、かつ、これを**公**にしておくよう**努めなければならない**（行手12条1項）。したがって、「不利益処分」の場合における処分基準の定立は、努力義務にすぎないため、行政庁は処分基準を定めておかなければならないというわけではない。

ウ　正しい。

本件不利益処分は、「**許認可等を取り消す不利益処分**」（行手13条1項1号イ）であるから、当該不利益処分の名宛人となるべき者について、**聴聞手続を執らなければならない**（同項柱書）。また、行政庁は、聴聞を行うべき期日までに相当な期間をおいて、不利益処分の名宛人となるべき者に対し、**行政手続法15条1項各号記載の事項**（1号「予定される不利益処分の内容及び根拠となる法令の条項」、2号「不利益処分の原因となる事実」、3号「聴聞の期日及び場所」、4号「聴聞に関する事務を所掌する組織の名称及び所在地」）を**通知しなければならない**（行手15条1項柱書）。もっとも、行政庁は、「申請に対する処分」の際に、公聴会の開催その他の適当な方法により、申請者以外の者の意見を聴く機会を設けるよう努めなければならないところ（行手10条）、「**不利益処分**」については、**行政手続法10条の適用はない**ことから、B県知事は**公聴会を開催する義務はない**。

*　令和5年法律第63号により、行政手続法15条3項が改正され、4項が新設された。これにより、掲示による通知の方法について、通知内容をインターネットで閲覧することが可能となった。なお、この法律は、公布日より3年以内に施行される。

エ　誤り。

聴聞は、**行政庁が指名する職員**その他政令で定める者が**主宰する**（行手19条1項）。したがって、B県知事が指名するB県の職員は、聴聞手続を主宰することができる。

文献 ／ 試験対策講座193〜198頁

No. 025　情報公開法　H26-29

　行政機関の保有する情報の公開に関する法律（以下「情報公開法」という。）に関する次のアからエまでの各記述について、それぞれ正しい場合には1を、誤っている場合には2を選びなさい。

ア．情報公開法は、国民主権の理念にのっとり、政府の諸活動について国民に説明する責務が全うされるようにするとともに、国民の的確な理解と批判の下にある公正で民主的な行政の推進に資することを目的とするものであるから、行政文書の開示請求権は、外国人には認められていない。

イ．情報公開法は、公にすることにより国の安全が害されるおそれがあると行政機関の長が認めることにつき相当の理由がある情報を不開示情報としているが、これは、この種の情報については、開示・不開示の判断に高度の政策的判断が伴い、また、国防、外交上の専門的、技術的判断を要するという特殊性があるため、行政機関の長の判断に裁量を認める趣旨である。

ウ．行政機関の長は、情報公開法に基づく開示請求に係る行政文書が他の行政機関により作成されたものである場合、当該行政文書の開示の是非を判断することができないので、当該開示請求を却下することができる。

エ．行政機関の長は、国、独立行政法人等、地方公共団体、地方独立行政法人及び開示請求者以外の者（以下「第三者」という。）に関する情報が記録されている行政文書を情報公開法第7条の規定により開示しようとするときは、開示決定に先立ち、所在の判明している第三者に対し、意見書を提出する機会を与えなければならない。

（参照条文）情報公開法 *

　第7条　行政機関の長は、開示請求に係る行政文書に不開示情報が記録されている場合であっても、公益上特に必要があると認めるときは、開示請求者に対し、当該行政文書を開示することができる。

＊平成28年法律第51号による改正前のもの。正誤に影響なし。

4章
行政活動の手続的統制・情報公開・個人情報保護

No. 025	正解 ア2、イ1、ウ2、エ1	情報公開法については、繰り返し出題されている条文をしっかりおさえよう。	正答率 81.3%

ア　誤り。

　情報公開法3条は、行政文書の開示請求は「何人も」なし得る旨を定めており、請求権者を日本国民に限定していない。仮に開示請求権者を日本国民に限定しても、開示請求権者である日本国民に依頼すれば容易に限定の趣旨を潜脱できること、諸外国においては何人にも開示請求権を付与するものが多いことなどの立法政策的配慮から、このような規定とされた。

イ　正しい。

　情報公開法5条各号は、不開示情報を列挙しており、同条3号は、「公にすることにより、国の安全が害されるおそれ……があると行政機関の長が認めることにつき相当の理由がある情報」を挙げている。その趣旨は、これらの情報がその性質上、開示・不開示の判断に高度の政策的判断を伴い、また、我が国の安全保障上又は対外関係上の将来予測としての専門的・技術的判断を要することなどの特殊性が認められるため、行政機関の長の第一次的判断を尊重し、その裁量を認めることにある。

ウ　誤り。

　「行政文書」とは、行政機関の職員が職務上作成し、又は取得した文書・図画・電磁的記録で、当該行政機関の職員が組織的に用いるものとして、当該行政機関が保有しているものをいう（行政情報公開2条2項柱書本文）。この行政文書には、他の行政機関から取得した文書も含まれる。この文書に対して開示請求がされた場合、行政機関の長は、当該他の行政機関の長と協議のうえ、当該他の行政機関の長に事案を移送することができるが（行政情報公開12条1項前段）、当該文書の開示の是非が判断できないことを理由として当該開示請求を却下できるわけではない（行政情報公開5条各号参照）。

エ　正しい。

　開示請求に係る行政文書のなかに、国、独立行政法人等、地方公共団体、地方独立行政法人及び開示請求者以外の者（以下「第三者」という）に関する情報が記録されている場合には、行政機関の長が開示決定等をするに当たり、当該第三者に意見書の提出の機会を与えることができる（裁量的意見聴取、行政情報公開13条1項）。そして、裁量的意見聴取により、第三者から意見書が提出された場合でも、行政機関の長は、当該意見書に拘束されることはない。これに対して、第三者に関する情報が記録されている行政文書を情報公開法7条の規定により開示するときは、行政機関の長は、所在の判明している当該第三者に意見書の提出の機会を与えなければならない（必要的意見聴取、行政情報公開13条2項2号）。

文献　試験対策講座209〜216頁

No.026	個人情報の保護	□ 月 日
	H19-29 改題	□ 月 日 □ 月 日

次のアからエまでの記述の中から、現在の法令及び最高裁判所の判例に照らして正しいものを選びなさい。

ア．国の行政機関において一定の個人を名宛人として不利益処分をするかどうかを判断するために、当該個人に関する情報を本人以外の者から取得しようとするときは、あらかじめ本人の同意を得ることが原則として必要とされている。

イ．個人の信仰、病歴その他一般に他人に知られたくない一定種類の情報であって特定の個人を識別できるものについて、個人情報の保護に関する法律は、国の行政機関は特別の法律の定めがなければそれを保有してはならないものとしている。

ウ．国税に関し、ある者に対する犯則調査によって得られた資料をその者に対する課税処分のために用いることは、違法である。

エ．個人情報の保護に関する法律によれば、国の行政機関は、自らが特定した利用目的の達成に必要な範囲を超えて個人情報を保有してはならないとされている。

1．ア　　　2．イ　　　3．ウ　　　4．エ

| No. 026 | 正解　4 | 令和3年法律第37号により、個人情報の保護に関する法律は大幅に改正されている。解説に挙げた重要条文はおさえておこう。 | 正答率 83.6% |

ア　誤り。

　行政機関は、特定された利用の目的の達成に必要な範囲を超えて個人情報を保有してはならない（個人情報保護61条1項、2項）が、特定された利用目的の範囲内であれば、当該個人に関する情報を本人以外の者から取得しようとする場合であっても、本人の同意は必要ではない。

イ　誤り。

　個人情報の保護に関する法律20条2項は、2条3項に定義される要配慮個人情報（本人の人種、信条、社会的身分、病歴、犯罪の経歴、犯罪により害を被った事実その他本人に対する不当な差別、偏見その他の不利益が生じないようにその取扱いに特に配慮を要する個人情報）については、法令に基づく場合やあらかじめ本人の同意を得た場合等でなければそれを取得してはならないと規定しており、特別の法律の定めがなければそれを保有してはならないとはしていない。

ウ　誤り。

　判例は、「収税官吏が犯則嫌疑者に対し**国税犯則取締法に基づく調査**を行った場合に、課税庁が右調査により収集された資料を右の者に対する**課税処分及び青色申告承認の取消処分を行うために利用**することは**許される**」としている（最判昭63.3.31）。犯則調査は刑事手続に準ずる慎重な手続であり、このような手続を経て収集された情報を利用することには手続的な問題はないからである。

エ　正しい。

　行政機関は、個人情報を保有するに当たっては、法令の定める所掌事務を遂行するために必要な場合に限り、かつ、その利用の目的をできる限り特定して保有しなければならず（個人情報保護61条1項）、同項により特定された利用目的の達成に必要な範囲を超えて、個人情報を保有してはならない（同条2項）。

文献　試験対策講座177、178、237、238頁

CORE TRAINING

01　行政手続法
01-1　総則

☐☐☐　行政手続法の不利益処分に関する規定は、職務の遂行上必要な情報の収集を直接の目的としてされる処分にも適用される。　予H30-15-ア

➡ 行手 3 Ⅰ ⑭　×
2 ❶ iv

☐☐☐　行政手続法の行政指導に関する規定には、地方公共団体の機関が行う行政指導にも適用されるものがある。　H26-25-エ、予R1-16-ア、予H30-17-ア

➡ 地方公共団体の　×
機関がする行政指導は、その根拠が法令に置かれているか否かにかかわらず、行政手続法の適用が排除される（行手 3 Ⅲ）
2 ❸ ii

CORE PLUS

1 行政手続法の対象

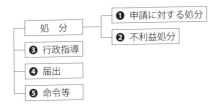

```
              ┌─❶ 申請に対する処分
   処  分 ────┤
          │   └─❷ 不利益処分
          ├─❸ 行政指導
          ├─❹ 届出
          └─❺ 命令等
```

2 行政手続法の適用除外

❶ 行政手続法 3 条 1 項による適用除外	ⅰ　処分又は行政指導のうち、当該分野に慎重な手続があるもの（行手 3 Ⅰ①から④まで） ⅱ　刑事手続の一環として処理されるもの（行手 3 Ⅰ⑤、⑥） ⅲ　当該分野における相手方の権利利益の性質上、行政手続法の規定とは別に事前・事後の手続を採ることが望ましいもの（行手 3 Ⅰ⑦から⑩まで） ⅳ　当該行為の性質上、行政手続法の規定を一律に適用することになじまないもの（行手 3 Ⅰ⑪から⑯まで）　予H30-15-ア
❷ 行政手続法 3 条 2 項による適用除外	特定の命令等を定める行為（行手 3 Ⅱ各号）
❸ 行政手続法 3 条 3 項による適用除外	ⅰ　根拠となる規定が条例又は規則に置かれている、地方公共団体の機関が行う処分及び地方公共団体の機関に対する届出 ⅱ　地方公共団体の機関がする行政指導及び地方公共団体の機関が命令等を定める行為　H26-25-エ、予R1-16-ア、予H30-17-ア

4章
行政活動の手続的統制・情報公開・個人情報保護

CORE TRAINING

01-2　申請に対する処分

□□□　申請に対する処分について、行政庁は審査基準を定めるよう努めなければならず、審査基準を定めるに当たっては、許認可等の性質に照らしてできる限り具体的なものとしなければならない。H21-22-イ

➡ 審査基準の設定を法的義務としている（行手5Ⅰ）
3❶ i　　✕

□□□　営業許可申請に対する不許可処分について、弁明の機会の付与、審査基準の設定に係る行政手続法の定めが適用される。H20-29-ア

➡ 申請に対する処分には審査基準の規定は適用され弁明の機会の付与の規定は適用されない（行手5、13Ⅰ②）3❶ i、❷d　✕

□□□　ある市では生活保護の不正受給対策として、申請書を提出しようとした者に対して、まず窓口指導を行い、生活保護法の定める保護を必要とする見込みの低い者に対しては申請書を返戻して審査に入らない運用をしているが、窓口指導に従わない意思を明確にしている者に対しても申請書を返戻するのは、行政手続法第7条に反し違法である。H21-24-ウ

➡ 行政指導は、任意に従うことを前提とし、これに従わない意思を明確にしている者に対しては遅滞なく審査を開始しなければならない（行手7）3❶ iii　○

01-3　不利益処分

□□□　営業許可の職権による取消処分について、聴聞、理由の提示に係る行政手続法の定めが適用される。H20-29-イ

➡ 不利益処分規定が適用される（行手13Ⅰ①イ、14）3❷c、e　○

□□□　職権による営業停止処分について、理由の提示、標準処理期間の設定に係る行政手続法の定めが適用される。H20-29-ウ

➡ 不利益処分のため理由の提示規定（行手14）は適用されるが、標準処理期間の規定は適用されない（行手6）3❶ ii、❷e　✕

□□□　許認可等を後発的事情を理由として取り消す処分は、新たな公益判断を伴うため聴聞の対象となるが、許認可等をその成立当初からの違法を理由として取り消す処分は、聴聞の対象とはならない。予R5-14-ウ

➡ 聴聞の対象となる「許認可等を取り消す不利益処分」（行手13Ⅰ①イ）には、取消しと撤回のいずれをも含む 3 ＊1　✕

□□□ 行政手続法の定めによれば、不利益処分をする際に、理由を示さないで処分をすべき差し迫った必要がある場合には、処分と同時にその理由を提示する必要はない。 予H30-15-エ

➡行手14Ⅰただし書 ③ ＊2 ○

□□□ 行政手続法の定めによれば、行政庁が聴聞手続を執ることができるのは、許認可等を取り消すといった重大な不利益処分に限られる。 予H30-15-ウ

➡④ ＊ ×

CORE PLUS

③ 行政手続法上の努力義務・法的義務

【義】＝法的義務、【努】＝努力義務、条文はすべて行政手続法

❶ 申請（2 ③）に対する処分	❷ 不利益処分（2 ④）	
ⅰ 審査基準の設定【義】・公開【義】（5）H21-22-イ、H20-29-ア	a 処分基準の設定【努】・公開【努】（12）	
ⅱ 標準処理期間の設定【努】・公開【義】（6）H20-29-ウ	—	
ⅲ 申請に対する審査と応答【義】（7）H21-24-ウ	b 不利益処分をする場合の手続（13）＊1	
	c 聴聞手続（15～28）H20-29-イ	d 弁明の機会付与（29～31）H20-29-ア
ⅳ 理由の提示【義】（8）	e 理由の提示【義】（14）＊2 H20-29-イ・ウ	
ⅴ 情報の提供【努】（9）		
ⅵ 公聴会の開催【努】（10）		

＊1 行政手続法13条1項1号イの「取り消す」は、取消しと撤回のいずれをも含むから、「許認可等を取り消す不利益処分」には、取消しとしての不利益処分と撤回としての不利益処分とがあることになる。 予R5-14-ウ
＊2 ただし、当該理由を示さないで処分をすべき差し迫った必要がある場合は、処分と同時にその理由を提示する必要はない（行手14Ⅰただし書）。 予H30-15-エ

④ 聴聞手続

❶ 聴聞手続とは	聴聞は許認可を撤回したり、相手方の資格又は地位を直接に剥奪したりするなど、特に重大な不利益を与える不利益処分について行い、当事者や参加人は口頭により意見を述べ証拠書類などを提出し、行政庁の職員に質問することができる（行手13Ⅰ①、20Ⅱ）＊
❷ 主宰者	ⅰ 行政庁が指名する職員その他政令で定める者が主催する（行手19Ⅰ） ⅱ ただし、一定の範囲の者は聴聞の主催者となることができない（行手19Ⅱ各号）
❸ 聴聞を経てされる不利益処分の決定	ⅰ 主宰者は、聴聞の審理経過を記載した調書及び主宰者の意見を記載した報告書を作成し、行政庁に提出しなければならない（行手24ⅠからⅢまで） ⅱ 不利益処分の決定をするときは、行政庁は、これらの調書の内容及び報告書に記載された主宰者の意見を十分に参酌しなければならない（行手26）

＊ 行政手続法13条1項1号は、聴聞手続を採らなければならない場合を定めているにすぎず、同号に列挙されていない軽微な不利益処分の場合であっても、聴聞手続を採ることができる。 予H30-15-ウ

CORE TRAINING

□□□　行政庁は、免許取消のための聴聞手続の進行中に免許停止処分とすることが妥当であると判断した場合であっても、免許停止処分を行うことはできず、改めて弁明手続を執ることが必要となる。H25-25-イ

➡弁明手続よりも重い聴聞手続を行っているため、改めて弁明手続を採る必要はない　✕

□□□　不利益処分をしようとする場合の当該不利益処分の名宛人となるべき者についての弁明の機会の付与における弁明は、原則として、弁明書及び証拠書類等の提出並びに口頭での意見陳述により行われる。H25-25-ア、予R5-14-イ

➡行手29Ⅰ　⑤❸　✕

01-4　行政指導

□□□　行政手続法によれば、口頭で行政指導を行う場合には、行政指導の趣旨及び内容並びに責任者を明確に示す必要はなく、行政指導の相手方からこれらを記載した書面の交付を求められたときに、当該行政指導に携わる者がこれらを記載した書面を交付すれば足りる。H26-25-ウ、H25-27-ウ、H24-26-2、予R1-16-ウ

➡行手35Ⅰ、Ⅲ　⑥❶ⅰ、ⅲ　✕

□□□　行政指導に携わる者は、当該行政指導をする際に、行政機関が許認可等をする権限又は許認可等に基づく処分をする権限を行使し得る旨を示すときは、その相手方に対して、当該権限を行使し得る根拠となる法令の条項及び当該条項に規定する要件を示さなければならないが、当該権限の行使が当該条項に規定する要件に適合する理由を示す必要はない。予R2-15-ア

➡行手35Ⅱ③　⑥❶ⅱ　✕

□□□　国土交通大臣が、全国の一級建築士に対し、その業務の適正な実施を確保するための行政指導をしようとするときは、あらかじめ、事案に応じ、行政指導指針を定め、かつ、行政上特別の支障がない限り、これを公表しなければならない。H25-27-イ、予H30-17-ウ、予H28-16-イ

➡行手36　⑥❷　○

CORE PLUS

5 弁明の機会の付与

❶ 弁明の機会の付与手続	弁明の機会の付与は、特定不利益処分以外の処分について行われる手続であり、行政庁が口頭ですることを認めたときを除き、書面によって行われる（行手13Ⅰ②、29Ⅰ）。弁明の機会の付与は、聴聞に比べてより略式の手続である
❷ 通知	行政庁は、弁明書の提出期限までに相当な期間をおいて、不利益処分の名宛人となるべき者に対し、書面により、予定される不利益処分の内容及び根拠条文、不利益処分の原因となる事実、弁明書の提出先及び提出期限を通知しなければならない（行手30）
❸ 書面主義	弁明は、弁明を記載した書面（弁明書）を提出して行い（行手29Ⅰ）、また、弁明するときは、証拠書類などを提出することができる（行手29Ⅱ）。もっとも、行政庁は、弁明を口頭ですることを認めることができる（行手29Ⅰ）H25-25-ア 、予R5-14-イ

6 行政指導の形式的規制

❶ 方式	i 原則として、方式の定めはなく、口頭でも書面でも行うことができる。ただし、「行政指導に携わる者は、その相手方に対して、当該行政指導の趣旨及び内容並びに責任者を明確に示さなければならない」（行手35Ⅰ）H26-25-ウ 、H25-27-ウ 、H24-26-2 、予R1-16-ウ ii 「行政指導に携わる者は、当該行政指導をする際に、行政機関が許認可等をする権限又は許認可等に基づく処分をする権限を行使し得る旨を示すときは、その相手方に対して、次に掲げる事項を示さなければならない。 　一　当該権限を行使し得る根拠となる法令の条項 　二　前号の条項に規定する要件 　三　当該権限の行使が前号の要件に適合する理由」（行手35Ⅱ）予R2-15-ア iii 行政指導が口頭でされた場合において、相手方から書面の交付を求められた時には、「当該行政指導に携わる者は、行政上特別の支障がない限り、これを交付しなければならない」（行手35Ⅲ）。H26-25-ウ 、H25-27-ウ 　ただし、「相手方に対しその場において完了する行為を求めるもの」（行手35Ⅳ①）、「既に文書（前項の書面を含む。）……によりその相手方に通知されている事項と同一の内容を求めるもの」（行手35Ⅳ②）については、適用が除外される
❷ 複数の者を対象とする行政指導	「同一の行政目的を実現するため一定の条件に該当する複数の者に対し行政指導をしようとするときは、行政機関は、あらかじめ、事案に応じ、行政指導指針を定め、かつ、行政上特別の支障がない限り、これを公表しなければならない」（行手36）H25-27-イ 、予H30-17-ウ 、予H28-16-イ

CORE TRAINING

□□□ 法令に違反する行為の是正を求める行政指導を受けた者は、原則として、当該行政指導をした行政機関に対して、当該行政指導の中止等の措置を求めることができる。予H28-16-ア

➡ 行手36の2 I 本文 ⑦❶ i ⃝

□□□ 法令に違反する行為の是正を求める行政指導を受けた者が、当該行政指導をした行政機関に対し、当該行政指導がその根拠となる法律の規定する要件に適合しない旨を申し出て、当該行政指導の中止その他必要な措置をとることを求めたときは、当該行政機関は、当該行政指導が当該法律に規定する要件に適合することを確認するまでの間、当該行政指導を一時中止しなければならない。予R2-15-イ

➡ 行手36の2 III 参照 ⑦❶ ii ✕

01-5 処分等の求め

□□□ 何人においても、建築基準法に基づく違反建築物の除却命令をする権限を有する市町村長に対し、行政手続法の規定により、違反建築物の除却を促す行政指導を求める申出をすることが認められているが、違反建築物の除却命令を求める申出をすることは認められていない。予H30-17-イ

➡ ⑧ * ✕

01-6 意見公募手続等

□□□ 意見公募手続を実施して命令等が定められた場合、当該命令等の公布と同時期に意見公募手続の結果も公示されなければならないが、その際には、意見公募手続の実施段階での命令等の案と公布された命令等との差異を含めて、提出意見を考慮した結果及びその理由が示されなければならない。予R5-14-エ

➡ 行手43 I ⑨ * 2 ⃝

CORE PLUS

7 行政指導の救済制度

❶ 行政指導の中止の求め	i 「法令に違反する行為の是正を求める行政指導（その根拠となる規定が法律に置かれているものに限る。）の相手方は、当該行政指導が当該法律に規定する要件に適合しないと思料するときは、当該行政指導をした行政機関に対し、その旨を申し出て、当該行政指導の中止その他必要な措置をとることを求めることができる」（行手36の2 I 本文）予H28-16-ア
	ii 「当該行政機関は、第1項の規定による申出があったときは、必要な調査を行い、当該行政指導が当該法律に規定する要件に適合しないと認めるときは、当該行政指導の中止その他必要な措置をとらなければならない」（行手36の2 III）予R2-15-イ
❷ 取消訴訟	i 行政指導は、国民の任意の協力を要請する行為であって、直接の法効果を持たないため、「行政庁の処分」（行訴3 II）に当たらず、取消訴訟を提起することはできない
	ii もっとも、行政指導である病院開設の中止の勧告が「行政庁の処分その他公権力の行使に当たる行為」（行訴3 II）に当たるとした判例がある（最判平17.7.15百選 II 154事件）
❸ 国家賠償請求訴訟	「公権力の行使」（国賠1 I）には、非権力的な作用も含まれるため、行政指導は「公権力の行使」に当たり、私人は違法な行政指導に対し、国家賠償請求訴訟を提起し得る

8 処分等の求め

❶ 総説	何人も、法令に違反する事実がある場合において、その是正のためにされるべき処分又は行政指導（その根拠の規定が法律におかれているものに限る）がされていないと思料するときは、当該処分をする権限を有する行政庁又は当該行政指導をする権限を有する行政機関に対し、その旨を申し出て、当該処分又は行政指導をすることを求めることができる（行手36の3 I）*
❷ 申出の方法	法定された事項を記載した申出書の提出による（行手36の3 II）。申出を受けた行政庁又は行政機関は、必要な調査を行い、その結果に基づき必要があると認めるときは、当該処分又は行政指導をしなければならない（行手36の3 III）

＊　地方公共団体の機関がする行政指導は行政手続法第2章から第6章までの適用が除外されている（行手3 III）。よって、違反建築物の除去命令を求める申出（行手36の3 I）は可能であるが、行政指導を求める申出はできない。予H30-17-イ

9 意見公募手続等

❶ 総説	命令等制定機関（行手38 I）は、命令等を定めようとする場合、当該命令等の案及びこれに関連する資料をあらかじめ公示し、意見の提出先及び意見の提出のための期間を定めて広く一般の意見を求めなければならない（意見公募手続、行手39 I）。
❷ 一般原則	命令等制定機関は、命令等を定める場合、命令等の根拠となる法令の趣旨を遵守し（行手38 I）、命令等制定後の内容の適正確保に努めなければならない（行手38 II）。
❸ 手続	命令等制定機関は、命令等を定める場合、原則として、 i 命令等の案をあらかじめ公示すること（行手39 I）、ii 30日以上の期間を定めて広く一般の意見の公募を行うこと（行手39 I、III）*1、iii 提出意見を十分に考慮すること（行手42）、iv 提出意見の内容、これらの考慮の結果及び理由などを公示すること（行手43 I ③、④）*2 といった手続を採る必要がある。

＊1　やむを得ない理由があるときは、30日を下回る意見提出期間を定めることができる（行手40 I）。
＊2　意見公募手続を実施して命令等が定められた場合、当該命令等の公布と同時期に、意見公募手続の実施段階での命令等の案と公布された命令等との差異を含めて、提出意見を考慮した結果及びその理由が示されなければならない（行手43 I ④括弧書）予R5-14-エ

CORE TRAINING

02 情報公開法

□□□ 自然人に限らず、法人であっても、情報公開法の定める ところにより、行政機関の長に対し、当該行政機関の保有する 行政文書の開示を請求することができる。 H24-30-エ

➡ 行政情報公開3 ○
10 ❶

□□□ 開示請求に係る行政文書に、公にすることにより、犯罪 の予防、鎮圧又は捜査、公訴の維持、刑の執行その他の公共の 安全と秩序の維持に支障を及ぼすおそれがあると行政機関の 長が認めることにつき相当の理由がある情報が記録されてい る場合には、当該行政機関の長は、当該行政文書の開示を拒む ことができる。 H24-30-ウ

➡ 行政情報公開5 ○
④ 10 ❸ v

□□□ 行政機関の長は、開示請求に係る行政文書に情報公開法 第5条各号所定の不開示情報が記録されている場合には、公益 上特に必要があると認めるときであっても、当該行政文書を開 示することができない。 H25-29-イ

➡ 行政情報公開7 ✕
10 ❺

□□□ 特定の個人の病歴に関する情報が記録された行政文書 の開示請求があった場合、当該行政文書に記録されている情報 は不開示情報に該当するので不開示である旨を答えたのでは、 そのことだけで当該個人の病歴の存在が明らかになってしま うため、行政機関の長は、当該行政文書の存否を明らかにしな いで当該開示請求を拒否することができる。 H25-29-ア 、H24-30-イ

➡ 行政情報公開8、 ○
グローマー拒否
10 ❻

□□□ 開示請求を受けた行政機関の長は、当該開示請求があっ た日から30日以内に当該開示請求に係る行政文書の全部若しく は一部を開示する旨の決定又は開示をしない旨の決定をしなけ ればならず、この期間の延長は認められていない。 H24-30-ア

➡ 行政情報公開10 ✕
Ⅱ前段 10 ❼

CORE PLUS

10 行政文書の開示

❶ 開示請求権者	何人も当該行政文書の開示を請求することができる（行政情報公開 3）。この請求権者は日本国民に限定されず、外国人や法人も含まれる H24-30-エ		
❷ 開示される行政文書の範囲（原則）	不開示情報が記録されている場合を除いて、開示請求者に対し、請求の対象となった行政文書を開示する法的義務を負う（行政情報公開 5 柱書）		
❸ 不開示情報	i 個人に関する情報（行政情報公開 5 ①） ii 行政機関等匿名加工情報等（行政情報公開 5 ①の2） iii 法人等に関する情報（行政情報公開 5 ②） iv 国の安全等に関する情報（行政情報公開 5 ③）	v 公共の安全等に関する情報（行政情報公開 5 ④）H24-30-ウ vi 意思形成過程情報（行政情報公開 5 ⑤） vii 行政執行情報（行政情報公開 5 ⑥）	
❹ 部分開示	i 開示請求の対象となった行政文書は、その一部に不開示情報が含まれていることを理由として、当然に全体を不開示にすべきではなく、原則として開示可能な部分は開示する義務を負う（行政情報公開 6 Ⅰ本文） ii 不開示情報を除いた部分に「有意の情報が記録されていないと認められるとき」には、部分開示の義務はない（行政情報公開 6 Ⅰただし書）		
❺ 裁量的開示	開示請求された行政文書に不開示情報が記録されている場合であっても、公益上特に必要があると認められれば、開示請求者に対して、当該行政文書を開示することができる（行政情報公開 7）H25-29-イ		
❻ 行政文書の存否に関する情報	開示請求に係る行政文書の存否を答えるだけで不開示情報を開示することとなるときは、行政機関の長は、開示請求者に対して、当該行政文書の存否を明らかにせずに当該開示請求を拒否することができる（行政情報公開 8）H25-29-ア、H24-30-イ		
❼ 開示請求の処理期間	i 行政機関の長は、開示請求日から 30 日以内に開示するか否かを決定しなければならない（行政情報公開 10Ⅰ） ii ただし、事務処理上の困難等の正当な理由があるときは、30 日以内に限り決定を延長することができる（行政情報公開 10Ⅱ前段）H24-30-ア		

※　第195回国会において、行政機関の保有する情報の公開に関する法律等の一部を改正する法律案が提出されたが、直近の第210回国会においても審査中である。なお、この法律案は、開示情報の拡大等を目的としている。

CORE TRAINING

☐☐☐　行政文書の開示請求に対する不開示決定の取消訴訟において、不開示とされた文書を目的とする検証を被告に受忍義務を負わせて行うことは、原告が検証への立会権を放棄した場合であっても、許されない。 H25-29-エ 、予R4-20-エ

➡ 最決平21.1.15
（百選Ⅰ35事件）
11 ❷　○

03　個人情報保護法

☐☐☐　開示請求の対象となる個人情報は、生存する個人に関する情報に限られるが、死者に関する情報が死者の遺族の個人情報となる場合には、当該遺族が自己の個人情報として開示請求を行うことができる。 予H29-18-ア

➡ 死者の情報が同時に遺族等の生存する個人に関する情報である場合には、「個人情報」（個人情報保護2Ⅰ）に当たる　○

☐☐☐　行政機関の長は、開示請求に係る保有個人情報に不開示情報が含まれている場合であっても、個人の権利利益を保護するため特に必要があると認めるときは、当該保有個人情報を開示することができる。 予H29-18-イ

➡ 個人情報保護80
12 ❶ ii　○

☐☐☐　開示決定に基づき保有個人情報の開示を受けた者は、当該保有個人情報の内容が事実でないと思料するときは、当該保有個人情報の訂正を請求することができる。 予H29-18-ウ

➡ 個人情報保護90
Ⅰ①　12 ❷　○

CORE PLUS

11 情報公開について問題となった裁判例（最決平21.1.15百選Ⅰ35事件）

❶ 争点	不開示決定取消訴訟において、事実上のインカメラ審理を行うことを求める趣旨で、原告から立会権の放棄等を前提とした検証の申出があった場合、裁判所は、不開示文書の提示を被告に命ずることが許されるか
❷ 結論	原告の立会権の放棄等があったとしても、許されない H25-29-エ 、予R4-20-エ

12 個人情報の保護に関する法律

❶ 開示請求	i	行政機関の保有する個人情報については、本人による開示請求が認められている（個人情報保護76Ⅰ）
	ii	一定の情報については不開示（個人情報保護78Ⅰ各号）や部分的な開示（個人情報保護79）、及び不開示事由の裁量的開示（個人情報保護80）が認められている 予H29-18-イ
	iii	個人情報について、その存否を回答するだけで、不開示情報を開示することになるときは、その存否を明らかにしないで開示請求を拒むことができる（個人情報保護81）
❷ 訂正請求		行政機関が保有する自己の個人情報の内容が事実でないと判断した者は、当該個人情報の訂正を請求できる（個人情報保護90Ⅰ柱書本文）予H29-18-ウ

第**2**編

行政救済法

審査請求と取消訴訟

H23-38 改題

□　月　日
□　月　日
□　月　日

　　行政不服審査と行政事件訴訟とは種々の点で異同がある。処分の取消しを求める審査請求と取消訴訟を前提として、次のアからエまでの各記述について、A：審査請求のみに当てはまるもの、B：取消訴訟のみに当てはまるもの、C：双方に当てはまるものに分けた場合、法令及び最高裁判所の判例に照らし、正しい組合せを、後記1から4までの中から選びなさい。

□□□　ア．処分を取り消すことができるのは処分が違法な場合に限られる。
□□□　イ．原則として、処分があったことを知った日の翌日から起算して3か月以内にしなければならないが、やむを得ない理由があるとして救済されることがある。
□□□　ウ．処分の取消しを求めるにつき法律上の利益を有する者のみが行えることとされている。
□□□　エ．他の不服申立てを前置しなければ適法に行えない場合がある。

（ア、イ、ウ、エの順とする）
1．C－A－B－B　　　　2．B－A－C－B
3．B－C－B－C　　　　4．B－A－B－C

5章
行政争訟法

| No.
027 | 正解　2 | 行政不服審査と取消訴訟の比較である。条文を
参照して、両者の違いを確認しよう。 | 正答率
80.0% |

ア　B

　行政不服審査は、行政庁の違法又は不当な処分その他公権力の行使に当たる行為を是正する制度であり（行審1条1項参照）、違法性のみならず不当性を理由としても処分を取り消すことができる。行政不服審査は、行政の自己統制としての性格を持つためである。これに対して、行政事件訴訟においては、裁判所が処分を取り消すことができるのは処分が違法な場合に限られる。

イ　A

　処分の審査請求期間は、原則として処分があったことを知った日の翌日から起算して3か月以内であり、例外的に正当な理由があるとして救済されることがある（主観的審査請求期間、行審18条1項）。ここにいう「正当な理由」とは、審査請求期間が教示されなかった場合のみならず、誤って長期の審査請求期間が教示された場合であって、審査請求人が他の方法でも審査請求期間を知ることができなかったような場合も含む。他方、取消訴訟の出訴期間は、原則として処分又は裁決があったことを知った日から6か月以内であり、例外的に正当な理由があるとして救済されることがある（主観的出訴期間、行訴14条1項）。

ウ　C

　取消訴訟は、処分の取消しを求めるにつき「法律上の利益を有する者」のみが行うことができる（行訴9条1項）。他方、処分について審査請求できるのは、「行政庁の処分に不服がある者」であるが（行審2条）、ここにいう「処分に不服のある者」とは、行政事件訴訟法9条1項の「法律上の利益を有する者」と同義に解釈されている（最判昭53.3.14百選Ⅱ128事件、主婦連ジュース事件参照）。

エ　B

　旧行政不服審査法は、異議申立前置主義を部分的に採用していたが、平成26年改正により廃止された。改正行政不服審査法においては、新たに導入された再調査の請求は、それを認める法律の規定があるときにすることができるが、再調査の請求と審査請求のいずれを行うかは、不服申立人の選択に委ねられている（行審5条1項本文）。もっとも、再調査の請求をしたときには、手続の効率化の観点から、再調査の請求についての決定を経た後でなければ審査請求をすることができないのが原則である（同条2項本文）。他方、処分に不服のある者は、審査請求等の不服申立てをすることもできるし、直ちに処分の取消訴訟を提起することもできるのが原則である（自由選択主義、行訴8条1項本文）。ただし、個別法によって、審査請求を経た後でなければ、取消訴訟を提起することができないとされる場合がある（同項ただし書）。

文献　試験対策講座247〜250、253〜256、305〜313頁。判例シリーズ58事件

[第2編第5章第1節（行政不服申立て）には、登載基準を満たすフル問題がありません。]

CORE TRAINING

01　不服申立ての対象

□□□　行政不服申立ての対象に行政庁の不作為は含まれない。　➡ 行審3　1 ❶ⅱ　✕
H20-40-ア

□□□　行政文書の開示請求に対する不開示決定のうち、当該行政文書を保有していないことを理由とするものについても、行政不服審査法に基づく不服申立てをすることができる。 H25-29-ウ　➡ 不開示決定に対しては審査請求ができる（行審2）1 * 1

CORE PLUS

1 不服申立ての対象

❶ 原則	ⅰ 処分	○行政庁の処分に不服がある者は、審査請求ができる（行審2）*1 ○「処分」とは、「行政庁の処分その他公権力の行使に当たる行為」をいう（行審1Ⅱ）
	ⅱ 不作為	○行政庁の不作為についても審査請求ができる（行審3）H20-40-ア ○「不作為」とは、法令に基づく申請に対して何らの処分をもしないことをいう（行審3括弧書）
❷ 例外		行政不服審査法7条1項は、審査請求をすることができないものを12項目にわたって列記している。これには、学校において教育の目的を達成するために学生等に対してされる処分（行審7Ⅰ⑧）などがある*2

*1 　行政文書の開示請求に対する不開示決定も「処分」に当たるから、これに対して不服がある場合には審査請求を行うことができる。審査請求の対象となる不開示決定には、開示請求に係る行政文書を請求された行政機関が保有していないことを理由とする場合（文書不存在）も含まれる。H25-29-ウ
*2 　行政事件訴訟法にはそのような規定はなく、「法律上の争訟」（裁3Ⅰ）である限り、裁判所による権利救済の途が開かれている。

※　行政不服申立てと行政事件訴訟の比較

		行政不服申立て	行政事件訴訟
共通点		行政行為の効力を争う方法で、職権証拠調べが認められている	
相違点	審理する機関	行政庁、行政委員会	裁判所
	審理の対象	違法・不当な行政行為	違法な行政行為
	行政行為を変更できるか	できる	できない
	職権で執行停止できる場合があるか	ある	ない
	手続の特徴	書面審理主義	口頭主義

5章 行政争訟法

115

CORE TRAINING

02　行政不服申立ての種類

□□□　審査請求は、建築基準法に基づいて設置される建築審査会のような、独立して職権を行使する第三者機関に対して行われる不服申立てを意味する。H24-39-イ

➡ 行審2、3、4④　✕
2 ❶

03　不服申立ての要件

□□□　行政不服審査法にいう「処分」とは、行政庁の処分その他公権力の行使に当たる行為をいうところ、弁護士会は、国又は地方公共団体の機関ではなく、「行政庁」には当たらないから、弁護士会が弁護士法の規定に基づいて行う所属弁護士に対する懲戒は、行政不服審査法にいう「処分」には当たらない。予H30-24-ア

➡ 最大判昭42.9.27（民事訴訟法百選A6事件）　✕
3 ＊

□□□　行政庁の不作為についての不服申立てに関しては不服申立期間の制限がなく、不作為状態の続く限りいつでも申立てが可能である。H26-38-ア

➡ 不作為が継続する限り審査請求は許容されるべきである　◯
3 ❹

□□□　行政不服審査法は、国民が簡易迅速な手続の下で広く行政庁に対する不服申立てをすることができるための制度を定めるものであるから、審査請求は、他の法律（条例に基づく処分については、条例）に書面でしなければならない旨の定めがある場合を除き、口頭ですることができる。予H30-24-イ

➡ 行審19Ⅰ　3 ❺　✕

CORE PLUS

2 行政不服申立ての種類

❶ 審査請求	○審査請求とは、処分庁の処分又は不作為について、審査庁に対し不服を申し立てる手続をいう（行審2、3） ○審査請求において裁断を行う行政庁を審査庁と呼ぶが、審査庁は原則として当該処分庁等の最上級行政庁とされる（行審4④）H24-39-イ
❷ 再調査の請求	○再調査の請求とは、処分庁の処分に対して、処分庁に不服を申し立てる手続をいう（行審5） ○再調査の請求は、法律に再調査の請求をすることができる旨の定めがある場合にのみなし得る（行審5Ⅰ本文）
❸ 再審査請求	○再審査請求とは、審査請求の裁決に不服のある者が更に不服を申し立てる手続をいう（行審6） ○再審査請求は、行政庁の処分につき再審査請求をすることができる旨の定めがある場合にのみなし得る（行審6Ⅰ）

3 不服申立ての要件

❶ 処分又は不作為が存在すること	○「処分」とは、「行政庁の処分その他公権力の行使に当たる行為」をいう（行審1Ⅱ） ○「行政庁」（行審1Ⅰ）とは、「処分その他公権力の行使」を行う権限を有する機関又は団体も含む＊
❷ 正当な当事者から不服が申し立てられること	不服申立てをする法律上の利益がある者とは、「当該処分により自己の権利若しくは法律上保護された利益を侵害され又は必然的に侵害されるおそれのある者をいう」（最判昭53.3.14百選Ⅱ128事件、主婦連ジュース事件） →処分の名宛人のほか、それ以外の第三者も含まれ得る
❸ 権限を有する行政庁に申し立てること	不服申立ての手続は原則として審査請求であるので、行政不服審査法4条各号に規定された審査庁に対し審査請求をなすべきである（cf.2❶）
❹ 不服申立期間内に申し立てること	○処分に対する審査請求 →主観的審査請求期間（行審18Ⅰ）・客観的審査請求期間（行審18Ⅱ） ○不作為に対する不服申立て →性質上、不服申立期間の定めはない H26-38-ア
❺ 形式と手続を遵守すること	不服申立ては原則として書面を提出してしなければならない。ただし、法律や条例に口頭でできる旨の定めがあるときは、例外的に書面でも口頭でも不服申立てをすることができる（行審19Ⅰ、61・19Ⅰ、66Ⅰ・19Ⅰ）予H30-24-イ

＊　判例は、弁護士会又は日弁連が行う懲戒は、広い意味での行政処分に属するものであるとしており、このような懲戒権限を有する弁護士会も「行政庁」に当たるとしている（最大判昭42.9.27民事訴訟法百選A6事件）。予H30-24-ア

5章

行政争訟法

117

CORE TRAINING

04　不服申立ての審理

□□□　行政不服審査法においては、手続の簡易迅速性を確保するという観点から、審査請求及び異議申立てについての審理は書面によるものとされ、審査請求人又は異議申立人が口頭で意見を述べる機会は保障されていない。 H22-39-ウ

➡行審31 I 本文
4❶ ii　　×

05　裁決・決定

□□□　審査請求をするか否かは関係者の自由な判断に委ねられているから、審査請求人は、審理手続が開始され、処分庁等が書面を提出し又は口頭で意見を述べた後であっても、裁決があるまでは、いつでも審査請求を取り下げることができる。 予H30-24-ウ

➡行審27 I　5❶　○

□□□　行政不服審査法は、国民の権利利益の救済を図るのみならず、行政の適正な運営を確保することを目的とするものであるから、審査庁は、審査請求に係る処分が違法又は不当であると認めるときは、裁決で、審査請求人の不利益に当該処分を変更することも許される。 H26-38-ウ 、 予H30-24-エ

➡行審48　5❷　×

□□□　審査請求に理由があるときは、審査庁は、原則として、審査請求の全部又は一部を認容する裁決をしなければならないが、例外として、事情裁決によって当該審査請求を棄却することができる。 H24-39-エ

➡行審46 I 本文、
45Ⅲ　5❸　○

□□□　原処分を適法と認めて審査請求を棄却する裁決があった場合、当該裁決は処分庁を拘束するから、処分庁は原処分を取り消したり、変更したりすることができない。 H20-40-エ

➡拘束力を有するのは認容裁決に限られると解されている 5❹　×

118

CORE PLUS

4 不服申立ての審理

❶ 書面審理主義	ⅰ 原則	簡易迅速かつ公正な手続の下で国民の権利利益の救済を図るという趣旨（行審1Ⅰ）で、書面審理主義を採用している
	ⅱ 例外	審査請求人・参加人に口頭意見陳述の申立権を付与している（行審31Ⅰ本文） H22-39-ウ
❷ 職権主義		「行政の適正な運営を確保すること」を目的としていることから（行審1Ⅰ）、職権探知主義が認められる。また、証拠の収集については職権証拠調べが明文で定められている（行審33から36まで）

※　民事訴訟と取消訴訟との比較

	民事訴訟	取消訴訟	不服審査
処分権主義	○	○	○
職権証拠調べ	×	○	○
職権探知	×	×	○

5 裁決の概要

❶ 審査請求の終了	○審査請求は、審査庁の裁決により終了する ○審査請求人は、裁決があるまでは、いつでも、書面により、審査請求を取り下げることができる（行審27Ⅰ、Ⅱ）予H30-24-ウ
❷ 認容裁決	○処分についての審査請求に理由がある場合には、審査庁は、裁決で、当該処分の全部若しくは一部を取り消し、又はこれを変更する（行審46Ⅰ本文） ○処分を変更することができる場合、不服申立人に不利益に変更することは禁止される（行審48）H26-38-ウ、予H30-24-エ
❸ 棄却裁決	○処分についての審査請求に理由がない場合には、審査庁は、裁決で、当該審査請求を棄却する（行審45Ⅱ） ○審査請求に係る処分が違法又は不当である場合にも、例外的に、事情裁決によって当該審査請求を棄却することができる場合がある（行審45Ⅲ）H24-39-エ
❹ 効力	○公定力・不可争力・不可変更力・形成力 ○拘束力とは、裁決が関係行政庁を拘束する効力をいう（行審52Ⅰ）。これは請求が認容された場合の国民の権利救済の実効性確保を図るためのものであるから、棄却裁決について拘束力は認められない H20-40-エ

5章
行政争訟法

119

■ 不服申立手続の流れ

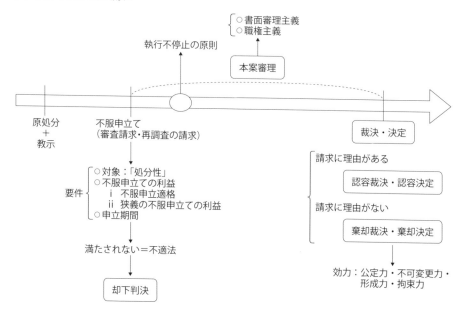

■ 処分についての審査請求のイメージ図

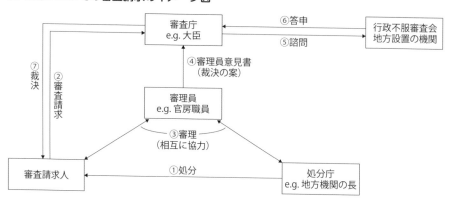

No.
028

行政事件訴訟の類型

H19-38

☐　月　日
☐　月　日
☐　月　日

　　行政事件訴訟の類型に関する次のアからエまでの各記述について、それぞれ正しい場合には1を、誤っている場合には2を選びなさい。

☐☐☐　ア．行政事件訴訟法が、抗告訴訟として、処分の取消しの訴え、裁決の取消しの訴え、無効等確認の訴え、不作為の違法確認の訴え、義務付けの訴え及び差止めの訴えを列挙しているのは、抗告訴訟として許容されるものをこの6類型に限定する趣旨である。

☐☐☐　イ．公務員の俸給請求訴訟や、国籍確認訴訟は、公法上の法律関係に関する訴訟であって、当事者訴訟に分類することができる。

☐☐☐　ウ．民衆訴訟は、自己の法律上の利益にかかわらない資格で提起するものであるから、処分の取消しを求めるものであっても、取消訴訟の原告適格に関する規定は準用されない。

☐☐☐　エ．機関訴訟とは、国又は公共団体の機関相互間における権限の存否又はその行使に関する紛争についての訴訟であり、法律に定める場合において、法律に定める者に限り、提起することができる。

5章
行政争訟法

121

| No. 028 | 正解 ア2、イ1、ウ1、エ1 | 行政事件訴訟の各類型及びそれが服する規律について、条文を参照しながら整理しよう。 | 正答率 80.5% |

ア　誤り。

　行政事件訴訟法3条1項は、抗告訴訟を「行政庁の公権力の行使に関する不服の訴訟」と包括的に定義しており、また、行政事件訴訟法は抗告訴訟を3条2項から7項までに列挙されている6種類に限定する旨の定めを置いていない。したがって、**行政事件訴訟法**は、判例や学説の発展に応じて、現在法定されている以外の類型の抗告訴訟（**無名抗告訴訟**）を**許容**する趣旨であると解されている（最判昭47.11.30長野勤評事件、最判平元.7.4、最判平24.2.9百選Ⅱ200事件参照）。

イ　正しい。

　公務員の俸給請求訴訟は公法上の給付訴訟、**国籍確認訴訟は**公法上の確認訴訟であるから、いずれも**実質的当事者訴訟**（行訴4条後段）として、当事者訴訟に分類することができる。

ウ　正しい。

　民衆訴訟とは、「国又は公共団体の機関の法規に適合しない行為の是正を求める訴訟で、選挙人たる資格その他自己の法律上の利益にかかわらない資格で提起するもの」をいう（行訴5条）。そして、民衆訴訟で処分の取消しを求めるもの（地自242条の2第1項2号参照）については、行政事件訴訟法9条の取消訴訟の原告適格に関する規定は準用されない（行訴43条1項）。

エ　正しい。

　機関訴訟とは、「国又は公共団体の機関相互間における権限の存否又はその行使に関する紛争についての訴訟」をいう（行訴6条）。そして、機関訴訟は、「法律に定める場合において、法律に定める者に限り、提起することができる」（行訴42条）。

文献　試験対策講座276、277頁

No.029	行政事件訴訟法	□ 月　日 □ 月　日 □ 月　日
	H20-32	

　次のAからEの空欄に入れるべき語句を【語群】の中から選び、順に並べた場合の組合せとして正しいものを後記1から6までの中から選びなさい。

　行政事件訴訟法第2条は、行政事件訴訟とは、〔A〕、〔B〕、〔C〕及び〔D〕をいうと定めている。課税処分を受けた納税者がその取消しを求める訴えは、〔A〕であり、土地収用法に基づく収用委員会の裁決のうち損失の補償に関する訴えは、〔B〕であり、普通地方公共団体の住民が、市に対して不法行為を行った者に対して市長が損害賠償請求権を行使しないことの違法確認を求める訴えは、〔C〕であり、〔E〕は、〔D〕である。

【語　群】
　a．抗告訴訟　b．処分の取消しの訴え　c．裁決の取消しの訴え
　d．不作為の違法確認の訴え　e．当事者訴訟　f．住民訴訟
　g．民衆訴訟　h．選挙訴訟　i．機関訴訟
　j．選挙の効力に関する訴え　k．職務執行命令訴訟

（A、B、C、D、Eの順とする。）

1．b － c － d － h － j　　　2．a － e － f － h － j
3．b － c － f － i － k　　　4．a － e － g － h － j
5．a － e － g － i － k　　　6．b － e － d － i － j

| No. 029 | 正解 5 | 行政事件訴訟の類型について、具体例をイメージできるように整理しておこう。 | 正答率 86.6% |

《原　文》

　行政事件訴訟法第2条は、行政事件訴訟とは、〔A＝ a．抗告訴訟〕、〔B＝ e．当事者訴訟〕、〔C＝ g．民衆訴訟〕及び〔D＝ i．機関訴訟〕をいうと定めている。課税処分を受けた納税者がその取消しを求める訴えは、〔A＝ a．抗告訴訟〕であり、土地収用法に基づく収用委員会の裁決のうち損失の補償に関する訴えは、〔B＝ e．当事者訴訟〕であり、普通地方公共団体の住民が、市に対して不法行為を行った者に対して市長が損害賠償請求権を行使しないことの違法確認を求める訴えは、〔C＝ g．民衆訴訟〕であり、〔E＝ k．職務執行命令訴訟〕は、〔D＝ i．機関訴訟〕である。

【穴埋めについて】

　行政事件訴訟法2条は、「行政事件訴訟」として、抗告訴訟、当事者訴訟、民衆訴訟、機関訴訟を挙げている。したがって、〔A〕、〔B〕、〔C〕、〔D〕には、a、e、g、iのいずれかが入ることとなる。

　まず、**抗告訴訟**」とは、「**行政庁の公権力の行使に関する不服の訴訟**」をいい、「処分の取消しの訴え」はこれに含まれる（行訴3条1項、2項）。そして、「**処分の取消しの訴え**」は、「**行政庁の処分その他公権力の行使に当たる行為……の取消しを求める訴訟**」をいい、「**行政庁の処分その他公権力の行使に当たる行為**」とは、「**公権力の主体たる国または公共団体が行う**行為のうち、その**行為によって、直接国民の権利義務を形成しまたはその範囲を確定することが法律上認められているもの**」とするのが判例である（最判昭39.10.29百選Ⅱ143事件、東京都ごみ焼却場事件）。課税処分はこれに当たることから、課税処分の取消しを求める訴えは、「処分の取消しの訴え」、すなわち、「抗告訴訟」であり、〔A〕にはaが入る。

　土地収用法に基づく収用委員会の裁決も、「**公権力の主体たる国または公共団体が行う**行為のうち、その**行為によって、直接国民の権利義務を形成しまたはその範囲を確定することが法律上認められているもの**」に当たるが、損失補償に関する訴えは、土地収用法133条3項において土地所有者と起業者との間で訴訟を提起すべき旨が規定されており、「当事者間の法律関係を確認し又は形成する処分又は裁決に関する訴訟で法令の規定によりその法律関係の当事者の一方を被告とするもの」に当たることから、**当事者訴訟**に当たる（行訴4条前段）。したがって、〔B〕にはeが入る。

　普通地方公共団体の住民が、市に対して不法行為を行った者に対して市長が損害賠償請求権を行使しないことの違法確認を求める訴えは、地方自治法242条の2の住民訴訟であり、「国又は公共団体の機関の法規に適合しない行為の是正を求める訴訟で、選挙人たる資格その他自己の法律上の利益にかかわらない資格で提起するもの」たる「民衆訴訟」に当たる（行訴5条）。よって、〔C〕にはgが入り、〔D〕には残ったiが入る。

　そして、文脈から、〔E〕には機関訴訟の例が入る。職務執行命令訴訟は、機関委任事務に関するものであり、機関委任事務制度の廃止と共に廃止されたが、「国又は公共

団体の機関相互間における権限の存否又はその行使に関する紛争についての訴訟」（行訴6条）に当たるとされており、機関訴訟といえ、〔E〕には、kが入る。

文献　試験対策講座276、277頁

CORE TRAINING

□□□　行政事件訴訟法は、抗告訴訟を列挙した6類型に限定する趣旨ではないから、具体的事件を離れて抽象的に法律の合憲性を判断することを求める訴訟も、法定外抗告訴訟として許容される余地がある。 オリジナル①

➡「法律上の争訟」（裁3Ⅰ）に当たらない　1 ＊1　✕

□□□　失職通知の無効を前提とする給付等支払請求訴訟や国家賠償請求訴訟は、公法上の法律関係に関する訴訟であって、当事者訴訟に分類することができる。 オリジナル②

➡国家賠償請求訴訟は民事訴訟である　1 ＊2　✕

□□□　民衆訴訟は法律の定める場合に限り提起することができ、具体例としては、公職選挙法上の名簿訴訟、選挙訴訟、当選訴訟、最高裁判所裁判官国民審査法上の最高裁判所裁判官国民審査に関する訴訟を挙げることができる。 オリジナル③

➡公選25Ⅰ、203、204、207、208、最高裁判所裁判官国民審査法36、38　1 ＊3　○

CORE PLUS

1 行政事件訴訟の分類

■法令名なき条文は行政事件訴訟法を指す

- 主観訴訟
  - 抗告訴訟（3）＊1
    - 取消訴訟 → 処分、裁決に違法事由がある場合（Ⅱ、Ⅲ）
    - 無効等確認訴訟 → 処分、裁決に重大明白な瑕疵がある場合（Ⅳ）
    - 不作為の違法確認訴訟 → 申請に対して相当の期間内に何らかの処分がなされない場合（Ⅴ）
    - 義務付け訴訟（Ⅵ）→一定の処分を義務付ける場合
      - 直接型（3Ⅵ①、37の2）
      - 申請型（3Ⅵ②、37の3）
        - 不作為型（37の3Ⅰ①）
        - 拒否処分型（37の3Ⅰ②）
    - 差止訴訟→ 不適当な処分、裁決が行われようとしている場合（Ⅶ）
    - 無名抗告訴訟
  - 当事者訴訟（4）＊2
    - 形式的当事者訴訟（前段）→ 処分以外の公法上の法律関係につき、法令に定めがある場合のみ
    - 実質的当事者訴訟（後段）
- 客観訴訟 →法令の定めがある場合のみ
  - 民衆訴訟（5）＊3
  - 機関訴訟（6）

＊1　司法審査の対象となるには「法律上の争訟」（裁3Ⅰ）であることが必要である。 オリジナル①
＊2　失職通知の無効を前提とする給付等支払請求訴訟は、公法上の法律関係に関する訴訟であって、当事者訴訟に分類できる。 オリジナル②
＊3　民衆訴訟は、法律の定める場合に限り、提起することができる（行訴42）。 オリジナル③

［第２編第５章第２節第２款（取消訴訟概説）には、登載基準を満たすフル問題がありません。］

CORE TRAINING

□□□　国家公務員に対する停職の懲戒処分がされた後、その処分について人事院に対する審査請求がされ、人事院が処分の内容を減給に修正する裁決をした場合には、原処分ではなく、裁決の取消しを求めなければならない。 H19-37-イ

➡ 最判昭62.4.21（百選Ⅱ134事件）① ❶　✕

□□□　国家公務員法に基づき人事院が行う修正裁決は、懲戒権者の行った懲戒処分を一体として取り消し、人事院において新たな内容の懲戒処分を行うものであるから、修正裁決が出された後において懲戒権者の行った懲戒処分の取消しを求める訴えは、訴えの利益を欠くものとして却下されることになる。 H25-33-エ

➡ 最判昭62.4.21（百選Ⅱ134事件）① ❶　✕

□□□　処分の根拠法令が裁決主義を採用している場合には、裁決の取消しの訴えにおいて原処分の違法を主張することができる。 H26-31-ウ

➡ ① ❷　〇

CORE PLUS

① 原処分主義・裁決主義

❶ 原処分主義	○原処分の違法を主張して取消訴訟を提起する場合には、処分の取消しの訴えを提起しなければならず、裁決の取消しの訴えでは、原処分の違法性を主張して裁決の取消しを求めることはできない（原処分主義、行訴10Ⅱ） ○最判昭62.4.21（百選Ⅱ134事件） 「修正裁決は、原処分を行った懲戒権者の懲戒権の発動に関する意思決定を承認し、これに基づく原処分の存在を前提としたうえで、原処分の法律効果の内容を一定の限度のものに変更する効果を生ぜしめるにすぎないものであり、これにより、原処分は、当初から修正裁決による修正どおりの法律効果を伴う懲戒処分として存在していたものとみなされることになるものと解すべきである」。「してみると、本件修正裁決により、本件懲戒処分は、処分の種類及び量定の面において……軽減されたものの、被上告人の懲戒権の発動に基づく懲戒処分としてなお存在するものであるから、被処分者たる上告人は、処分事由の不存在等本件懲戒処分の違法を理由としてその取消しを求める訴えの利益を失わないものといわなければならない」 H25-33-エ →原処分の取消訴訟を提起すべき H19-37-イ
❷ 裁決主義	○個別法の規定により、裁決の取消しの訴えのみを提起することができる場合（裁決主義）がある ○裁決主義が採られている場合、原処分の裁決の取消しの訴えにおいて原処分の違法を主張することができる H26-31-ウ

■ 取消訴訟の流れ

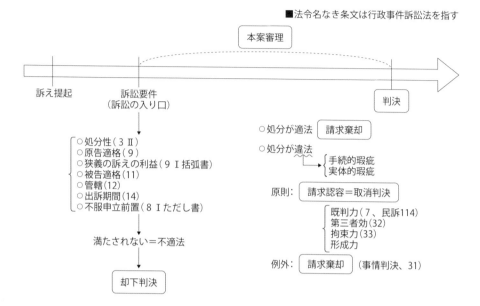

■法令名なき条文は行政事件訴訟法を指す

本案審理

訴え提起　訴訟要件（訴訟の入り口）　判決

○処分性（3Ⅱ）
○原告適格（9）
○狭義の訴えの利益（9Ⅰ括弧書）
○被告適格（11）
○管轄（12）
○出訴期間（14）
○不服申立前置（8Ⅰただし書）

満たされない＝不適法

却下判決

○処分が適法　請求棄却
○処分が違法　手続的瑕疵
　　　　　　　　実体的瑕疵

原則：　請求認容＝取消判決

既判力（7、民訴114）
第三者効（32）
拘束力（33）
形成力

例外：　請求棄却　（事情判決、31）

No. 030	処分性	☐　月　日
	予H29-19	☐　月　日
		☐　月　日

　　取消訴訟に関する次のアからエまでの各記述について、法令又は最高裁判所の判例に照らし、それぞれ正しい場合には1を、誤っている場合には2を選びなさい。

☐☐☐　ア．条例の制定は、普通地方公共団体の議会が行う立法作用に属するが、条例の内容によっては、その制定行為が行政庁の処分と実質的に同視し得るものとして取消訴訟の対象となる。

☐☐☐　イ．森林法に基づく保安林の指定など、人ではなく物を対象とする行政庁の決定は、特定の者を名宛人とするものではないから、取消訴訟の対象となる処分に当たることはない。

☐☐☐　ウ．国有の普通財産の売払いは、取消訴訟の対象となる処分に当たる。

☐☐☐　エ．国に対して過誤納金の還付に係る請求権の存在を主張して給付の訴えを提起することができる場合であっても、当該請求権に係る手続上の地位を否定する内容の行政庁の拒否通知を対象とする取消訴訟を提起して、当該請求権の存否を争えることがある。

5章

行政争訟法

No. 030	正解 ア1、イ2、ウ2、エ1	処分性に関する判例について、150頁から152頁 までの表を用いるなどして整理しておこう。	正答率 75.8%

ア　正しい。

　判例は、**条例の制定**は、普通地方公共団体の議会が行う**立法作用に属する**から、一般的には、取消訴訟の対象となる「**処分**」（行訴3条2項）**に当たるものではない**としつつも、**市立保育所の一部を廃止する改正条例の制定**については、ほかに**行政庁の処分を待つことなく**、その**施行により各保育所廃止の効果を発生**させ、当該保育所に現に入所中の児童及びその保護者という**限られた特定の者**に対して、**直接**、当該保育所において保育を受けることを期待し得る**法的地位を奪う結果を生じさせる**ものであるから、**行政庁の処分と実質的に同視し得る**ものとして、「**処分**」に当たるとしている（最判平21.11.26百選Ⅱ197事件）。

イ　誤り。

　判例は、いったん保安林の指定があると、土地の形質を変更する行為が原則として禁止され、当該森林の所有者等が立木の伐採跡地につき植栽義務を負うなど、様々な制限が課せられるほか（森林34条、34条の4）、違反者に対する都道府県知事の監督処分が規定されていること（森林38条）などを理由に、保安林の指定は、森林所有者などのその直接の名宛人に対しては、私権の制限を伴う不利益処分の性格を有するとしている（最判昭57.9.9百選Ⅱ171事件、長沼ナイキ訴訟）。したがって、保安林の指定は、取消訴訟の対象である「処分」（行訴3条2項）に当たる。

ウ　誤り。

　判例は、国有普通財産の払下げについては、私法上の売買と解すべきであるところ、このような払下げが売渡申請書の提出及びこれに対する払下許可の形式を採っているからといって、その法律上の性質に影響を及ぼすものではないとして、取消訴訟の対象である「処分」（行訴3条2項）に当たらないとしている（最判昭35.7.12）。

エ　正しい。

　判例は、旧登録免許税法31条2項は、登記等を受けた者に対し、簡易迅速に還付を受けることができる手続を利用することができる地位を保障しているとしたうえで、登録免許税の過誤納金還付通知拒否通知については、登記機関が還付通知を行わず、還付手続を採らないことを明らかにするものであり、登記等を受けた者に対して上記の手続上の地位を否定する法的効果を有することから、取消訴訟の対象である「処分」（行訴3条2項）に当たるとしている（最判平17.4.14百選Ⅱ155事件）。

文献　試験対策講座280、287、288、310、311頁。判例シリーズ45、50、69事件

訴えの利益

No. 031

予H28-19

☐ 月 日
☐ 月 日
☐ 月 日

　訴えの利益に関する次のアからウまでの各記述について、最高裁判所の判例に照らし、正しいものに○、誤っているものに×を付した場合の組合せを、後記1から8までの中から選びなさい。

☐☐☐　ア．道路交通法に基づき、自動車運転免許の効力停止処分を受けた者は、無違反、無処分で法定の期間を経過し、以後、前歴のない者として取り扱われるに至ったとしても、当該処分の記載のある免許証を所持することにより、名誉、信用等を損なう可能性が継続して存在し、その程度は重大なものであって、それを排除することは法の保護に値する利益であるといえるから、当該処分の取消しにつき、訴えの利益を有する。

☐☐☐　イ．道路交通法は、優良運転者の実績を賞揚し、優良な運転をするように自動車運転免許証の保有者を誘導して交通事故の防止を図る目的で、優良運転者であることを免許証に記載して公に明らかにするとともに、優良運転者に対し更新手続上の優遇措置を講じていることなどに照らせば、免許証の有効期間の更新に当たり、一般運転者として扱われ、優良運転者である旨の記載のない免許証を交付されて更新処分を受けた者は、上記記載のある免許証を交付して行う更新処分を受ける法律上の地位を否定されたことを理由として、これを回復するため、当該更新処分の取消しを求める訴えの利益を有する。

☐☐☐　ウ．建築基準法に基づく建築確認は、それを受けなければ工事をすることができないという法的効果が付与されているものにすぎないが、建築確認が違法であるとして判決で取り消されれば、相当程度の確実さをもって、工事完了後、建築主事等において検査済証の交付を拒否することになるか、又は特定行政庁において違反是正命令を発すべきことになるのであるから、当該工事が完了した場合においても、その取消しを求める訴えの利益は失われない。

1．ア○　イ○　ウ○　　　2．ア○　イ○　ウ×　　　3．ア○　イ×　ウ○
4．ア○　イ×　ウ×　　　5．ア×　イ○　ウ○　　　6．ア×　イ○　ウ×
7．ア×　イ×　ウ○　　　8．ア×　イ×　ウ×

| No.
031 | 正解 6 | 訴えの利益は判例の理解が特に重要であるので、
しっかりと判旨を理解しよう。 | 正答率
69.8% |

ア　誤り。

　判例は、自動車運転免許の効力停止処分（以下「本件原処分」という）を受けた者が、停止期間経過後に当該処分の取消訴訟を提起した事案において、本件原処分の効果は停止期間の経過により失われており、「また、**本件原処分の日から１年を経過した日の翌日以降**、被上告人が本件原処分を理由に道路交通法上不利益を受ける虞がなくなったことはもとより、**他に本件原処分を理由に被上告人を不利益に取り扱いうることを認めた法令の規定はない**から、行政事件訴訟法９条の規定の適用上、被上告人は、本件原処分及び本件裁決の**取消によって回復すべき法律上の利益を有しない**」としたうえで、「**名誉、感情、信用等を損なう可能性……の存在が認められる**としても、それは本件原処分がもたらす**事実上の効果にすぎない**ものであり、これをもって被上告人が本件裁決取消の訴によって回復すべき法律上の利益を有することの根拠とするのは相当でない」としている（最判昭55.11.25百選Ⅱ168事件）。

イ　正しい。

　判例は、客観的に優良運転者の要件を満たす者に対して**優良運転者である旨の記載のある免許証を交付して更新処分を行うこと**は、免許証の更新の申請の内容をなす事項ではないが、道路交通法は、このことを、**単なる事実上の措置にとどめず、その者の法律上の地位として保障するとの立法政策を**、交通事故の防止を図るという制度の目的を全うするため、特に**採用したものである**としている。そのうえで、一般運転者として扱われ**優良運転者である旨の記載のない免許証を交付されて免許証の更新処分を受けた者は**、上記の法律上の地位を否定されたことを理由として、これを回復するため、同更新処分の取消しを求める**訴えの利益を有する**としている（最判平21.2.27）。

ウ　誤り。

　判例は、「工事が完了した後における**建築主事等の検査**は、当該建築物及びその敷地が建築関係規定に適合しているかどうかを基準とし、同じく特定行政庁の**違反是正命令**は、当該建築物及びその敷地が建築基準法並びにこれに基づく命令及び条例の規定に適合しているかどうかを基準とし、**いずれも当該建築物及びその敷地が建築確認に係る計画どおりのものであるかどうか**を基準とするものでない」として、「**当該工事が完了した場合**においては、建築確認の取消しを求める**訴えの利益は失われる**」としている（最判昭59.10.26百選Ⅱ170事件）。

文献　試験対策講座305〜313頁。判例シリーズ66、67、70事件

MEMO

No.		
032	**訴えの利益**	☐ 月 日 ☐ 月 日 ☐ 月 日
	予R1-19	

　訴えの利益に関する教員と学生による以下の対話中の次のアからエまでの【　】内の各記述について、最高裁判所の判例に照らし、それぞれ正しい場合には1を、誤っている場合には2を選びなさい。

　教員：本日は、訴えの利益に関する考え方につき整理しておきたいと思います。まず、ある行政処分に対して取消訴訟が提起された後、訴えの利益が消滅するのはどのような場合でしょうか、例を挙げてください。

　学生：例えば、保安林指定解除処分に基づく立木竹の伐採により、保安林の存在による洪水や渇水の防止上の利益を侵害される者には、保安林指定解除処分取消訴訟の原告適格が認められますが、（ア）【代替施設の設置によって洪水や渇水の危険が解消され、その防止上からは保安林の存続の必要性がなくなったと認められるに至ったときは、保安林指定解除処分の取消しを求める訴えの利益は失われます。】

　教員：では、行政手続法に基づいて公にされている処分基準が、先行する処分を受けたことを理由として後行の処分に係る量定を加重するとの不利益な取扱いを定めている場合、先行する営業停止命令の停止期間が経過すれば、当該営業停止命令の取消しを求める訴えの利益は失われるのでしょうか。

　学生：（イ）【通常は、当該処分基準の定めと異なる取扱いをすることを相当と認めるべき特段の事情がない限り、当該処分基準に基づく不利益な取扱いがされると考えられますが、当該処分基準は法令には当たらず、事実上不利益な取扱いがされるにすぎませんので、当該営業停止命令の取消しを求める訴えの利益は失われます。】

　教員：では、建築基準法に基づく建築確認は、それがなければ適法に建築工事をすることができないという法的効果が付与されていますが、建築工事が完了した後は、建築確認の取消しを求める訴えの利益は失われるのでしょうか。

　学生：（ウ）【建築工事が完了して建築物が完成してしまうと、建築確認が違法であるとして取り消されたとしても、社会的、経済的損失の観点からみて、社会通念上、当該建築物を除却することは不可能であると考えられますが、そのような事情は、事情判決に関する規定の適用に際して考慮されるべき事柄であって、建築確認の取消しを求める訴えの利益を消滅させるものではないと考えられます。】

教員：では、公務員が届出により公職の候補者となったときは、届出の日から公務員たることを辞したものとみなすとの公職選挙法の規定がありますが、免職処分取消訴訟を提起して争っている公務員が、公職の候補者となった場合には、当該免職処分の取消しを求める訴えの利益は失われるのでしょうか。

□□□　学生：(エ)【仮に免職処分が取り消されても、当該公務員は、公務員たる地位を回復することはできませんが、免職処分は、それが取り消されない限り効力を有し、違法な免職処分さえなければ公務員として有するはずであった給料請求権その他の権利、利益につき裁判所に救済を求めることができなくなるので、当該免職処分の効力を排除する判決を求めることは、これらの権利、利益を回復するための必要な手段と考えられ、当該免職処分の取消しを求める訴えの利益は失われません。】

| No. 032 | 正解 ア1、イ2、ウ2、エ1 | 訴えの利益に関する判例は事例問題でも頻出のため確実におさえよう。 | 正答率 74.5% |

ア　正しい。

　保安林指定解除処分に対して取消訴訟が提起された事案において、判例（**長沼ナイキ訴訟**）は、当該解除処分に起因する**洪水や渇水の危険性**は、**代替施設の設置により解消**されたとして、当該解除処分の取消しを求める狭義の**訴えの利益は認められない**としている。

イ　誤り。

類 予R3-19-ウ

　判例は、**先行処分を受けたことを理由として後行処分の量定を加重する**という処分基準が設定・公開されている場合には、相手方の信頼保護の観点から原則として基準に従った処理がされるため、先行処分の効果が期間の経過によりなくなった後においても、処分基準により**不利益な取扱いを受けるべき期間内**は、なお当該先行処分の取消しによって回復すべき**法律上の利益が失われない**としている（最判平27.3.3百選Ⅱ167事件）。

ウ　誤り。

　前掲最判昭59年（百選Ⅱ170事件）は、**工事が完了した後**における**建築主事等の検査**や特定行政庁の**違反是正命令**は、「いずれも当該建築物及びその敷地が**建築確認に係る計画どおりのものであるかどうかを基準とするものでない**上、**違反是正命令を発するかどうかは、特定行政庁の裁量にゆだねられているから、建築確認の存在は、検査済証の交付を拒否し又は違反是正命令を発する上において法的障害となるものではなく**、また、**たとえ建築確認が違法であるとして判決で取り消されたとしても、検査済証の交付を拒否し又は違反是正命令を発すべき法的拘束力が生ずるものではない。したがって、建築確認は、それを受けなければ右工事をすることができないという法的効果を付与されているにすぎないものというべきであるから、工事が完了した場合においては、建築確認の取消しを求める訴えの利益は失われる**」としている。

エ　正しい。

　判例は、免職処分を受けた公務員が公職選挙に立候補した場合、公務員の地位を喪失するため免職処分が取り消されても元の地位を回復することができないが、給与請求権その他の権利利益に関しては免職処分の取消しにより回復が可能であるため、訴えの利益を有するとしている（最大判昭40.4.28）。

文献　試験対策講座305〜313頁。判例シリーズ69、70事件

CORE TRAINING

01　処分性

□□□　最高裁判所の判決において、農地法の規定に基づく農林水産大臣による買収土地の旧所有者に対する売払いは、私法上の行為にすぎないことを理由として処分性が否定されている。H20-33-イ改題

➡ 最大判昭46.1.20（百選Ⅰ44事件）① ❶　〇

□□□　弁済供託は、民法上の寄託契約の性質を有するものであるが、供託官が弁済者から供託物の取戻しの請求を受けた場合において、これを理由がないと認めて却下する行為は、処分性が認められる。予R2-18-ア

➡ 最大判昭45.7.15（百選Ⅱ142事件）① ❷　〇

□□□　労災就学援護費について、労働者災害補償保険法及び同法施行規則は、その支給の実体的及び手続的な要件や金額について何ら定めていないから、労災就学援護費を支給しない旨の決定は、行政庁が公権力の行使として一方的に決定し、取消訴訟によらなければその判断を覆すことができないとの効力が法律上与えられたものとはいえず、抗告訴訟の対象となる行政処分に当たらない。予H30-20-イ

➡ 最判平15.9.4（百選Ⅱ152事件）① ❸　✕

CORE PLUS

① 処分性その1（公権力性）

「処分」（行訴3Ⅱ）とは、「公権力の主体たる国または公共団体が行う行為のうち、その行為によって、直接国民の権利義務を形成しまたはその範囲を確定することが法律上認められているもの」をいう（最判昭39.10.29百選Ⅱ143事件、東京都ごみ焼却場事件）。

処分性の有無は、①公権力性があるか（cf. ①）、②国民の権利義務に対する直接具体的な法的効果を発生させるか（cf. ②）、という観点から判断される。

判　　例（公権力性）	結論
❶ 行政機関が私法上の契約を締結する行為（最大判昭46.1.20百選Ⅰ44事件）H20-33-イ改題	✕
❷ 供託官が弁済供託における供託金取戻請求を却下する行為（最大判昭45.7.15百選Ⅱ142事件）予R2-18-ア	〇
❸ 労災就学援護費を至急しない旨の決定（最判平15.9.4百選Ⅱ152事件）予H30-20-イ	〇

5章 行政争訟法

CORE TRAINING

□□□ 憲法上、外国人は、在留の権利ないし引き続き在留することを要求し得る権利を保障されていないため、出入国管理及び難民認定法に基づく在留期間の更新を法務大臣が拒否する行為には、処分性が認められない。予H27-19-ア

➡ 最大判昭53.10. 4（マクリーン事件）2＊1 ✕

□□□ 食品衛生法に基づく飲食店の営業許可申請を行政庁が拒否する行為は、行為の前後における申請者の法的地位を変動させるものではないから、当該行為には処分性は認められない。予H27-19-ウ

➡「処分」（行訴3Ⅱ）に当たる 2＊2 ✕

□□□ 都市計画法は開発行為による影響を受ける公共施設の管理者の同意を得ることを開発許可申請の要件としているが、公共施設の管理者が同意を拒否する行為自体は、開発行為を禁止又は制限する効果をもつものとはいえず、当該同意を拒否する行為には処分性は認められない。予H27-19-イ

➡ 最判平7.3.23（百選Ⅱ151事件）2❷ii ◯

□□□ 道路交通法に基づく反則金の納付の通告は、これに従わない場合には刑事手続が開始され、実際上反則金の納付を余儀なくされることから、処分性が認められる。予R2-18-イ

➡ 最判昭57.7.15（百選Ⅱ146事件）2❷iii ✕

□□□ 市町村長が住民票に住民基本台帳法所定の事項を記載する行為は、元来、いわゆる公証行為であり、それ自体によって新たに国民の権利義務を形成し、又はその範囲を確定する法的効果を有するものではないが、同法及び公職選挙法の規定によれば、住民票に特定の住民の氏名等を記載する行為は、その者が当該市町村の選挙人名簿に登録されるか否かを決定付けるものであって、その者は選挙人名簿に登録されない限り原則として投票することができないのであるから、同行為には法的効果が与えられているといえる。そして、住民票上、住民の氏名等の記載と世帯主との続柄の記載とが一体となっていることからすると、住民票に世帯主との続柄を記載する行為についても、処分性が認められるものといえる。H21-31-イ

➡ 最判平11.1.21 2❷iv ✕

□□□ 病院開設中止の勧告は、医療法上は当該勧告を受けた者が任意にこれに従うことを期待してされる行政指導として定められているものの、当該勧告を受けた者に対し、これに従わない場合には、相当程度の確実さをもって、病院を開設しても保険医療機関の指定を受けることができなくなるという結果をもたらすものであり、その結果、実際上病院の開設自体を断念せざるを得ないことになるから、上記勧告は、抗告訴訟の対象となる行政処分に当たる。予H30-20-ウ

➡ 最判平17.7.15（百選Ⅱ154事件）2❷v ◯

□□□　地方公共団体の水道事業に関して、水道料金の値上げを内容とする「水道事業給水条例」が制定された場合、水道需要者は、同条例の施行によって、その後にされる個別的行政処分を経ることなく、同条例に従って値上げされた水道料金の支払義務を負わされることになるから、同条例の制定行為には、処分性が認められるものといえる。 H21-31-ウ

➡ 最判平18.7.14（給水条例無効確認等請求事件）2 ❸ i ✕

□□□　告示により一定の条件に合致する道を一括して道路に指定する方法でされた建築基準法第42条第2項所定のいわゆるみなし道路の指定は、特定の土地について個別具体的にこれを指定するものではなく、不特定多数の者に対して一般的抽象的な基準を定立するものにすぎないのであって、これによって直ちに建築制限等の私権制限が生じるものでないから、抗告訴訟の対象となる行政処分に当たらない。 予H30-20-ア

➡ 最判平14.1.17（百選Ⅱ149事件）2 ❸ ii ✕

CORE PLUS

2 処分性その2（国民の権利義務に対する直接具体的な法的効果）

	判　例	結論
❶ 直接性	行政機関相互の行為（最判昭53.12.8百選Ⅰ2事件、成田新幹線訴訟）	✕
❷ 法的効果性[2]	i 外国人の在留期間の更新を法務大臣が拒否する行為（最大判昭53.10.4百選Ⅰ73事件、マクリーン事件）[1]	○
	ii 都市計画法上必要とされる公共施設管理者の同意を拒否する行為（最判平7.3.23百選Ⅱ151事件） 予H27-19-イ	✕
	iii 道路交通法違反に基づく反則金の通告（最判昭57.7.15百選Ⅱ146事件） 予R2-18-イ	✕
	iv 住民票への続柄記載行為（最判平11.1.21） H21-31-イ	✕
	v 病院開設中止の勧告（最判平17.7.15百選Ⅱ154事件） 予H30-20-ウ	○
❸ 具体性	i 水道事業の供給規定に関する条例の制定行為（最判平18.7.14百選Ⅱ150事件、給水条例無効確認等請求事件） H21-31-ウ	✕
	ii 建築基準法42条2項所定のみなし道路の指定（最判平14.1.17百選Ⅱ149事件） 予H30-20-ア	○

*1　判例（マクリーン事件）は、当該行為の実体的違法事由を審査しているから、当該行為に処分性が認められることを前提にしているといえる。 予H27-19-ア
*2　食品衛生法に基づく飲食店の営業許可申請を行政庁が拒否する行為は一般的に法令に基づく国民の申請権を侵害するものといえることから、「処分」（行訴3Ⅱ）に当たる。 予H27-19-ウ

5章 行政争訟法

CORE TRAINING

02　原告適格

□□□　処分の取消しの訴えは、当該処分の取消しを求めるにつき法律上の利益を有する者及び直接的かつ重大な事実上の利益を有する者に限り、提起することができる。予H25-18-ア

➡行訴9Ⅰ　③　✕

□□□　処分の取消しの訴えの原告適格を判断するに当たっては、当該処分の根拠法令と目的を共通にする関係法令があるときは、その趣旨及び目的をも参酌すべきである。予H25-18-イ

➡行訴9Ⅱ　③❷c　○

□□□　処分の取消しの訴えの原告適格を判断するに当たっては、当該処分が根拠法令に違反してされた場合に害されることとなる利益の内容及び性質並びにこれが害される態様及び程度をも勘案すべきである。予H25-18-ウ

➡行訴9Ⅱ　③❷d　○

C O R E　P L U S

③ 原告適格

　取消訴訟は「当該処分又は裁決の取消しを求めるにつき法律上の利益を有する者……に限り、提起することができる」(行訴9Ⅰ)。 予H25-18-ア

<table>
<tr>
<td rowspan="2">「法律上の利益を有する者」</td>
<td>❶ 「当該処分により自己の権利若しくは法律上保護された利益を侵害され、又は必然的に侵害されるおそれのある者」であり、「当該処分を定めた行政法規が、不特定多数者の具体的利益を専ら一般的公益の中に吸収解消させるにとどめず、それが帰属する個々人の個別的利益としてもこれを保護すべきものとする趣旨を含むと解される場合には、このような利益もここにいう法律上保護された利益」に当たる(最大判平17. 12. 7 百選Ⅱ159事件、小田急高架訴訟大法廷判決)
→行政事件訴訟法 9 条 2 項は判例の基準を明示している</td>
</tr>
<tr>
<td>❷ 当該処分の根拠法令の文言のみでなく、a「当該法令の趣旨及び目的」、b「当該処分において考慮されるべき利益の内容及び性質を考慮」したうえ、aを考慮する際には、c「当該法令と目的を共通にする関係法令があるときはその趣旨及び目的をも参酌」し、bを考慮する際には、d 当該処分が「その根拠となる法令に違反してされた場合に害されることとなる利益の内容及び性質並びにこれが害される態様及び程度をも勘案する」(行訴9Ⅱ)
予H25-18-イ・ウ</td>
</tr>
</table>

■ 行政事件訴訟法 9 条 2 項の規定構造

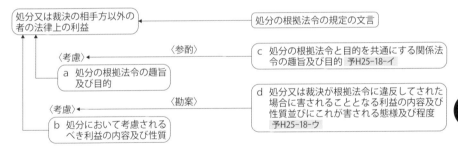

CORE TRAINING

□□□　テレビ放送局の開設の免許申請をしたEが、旧郵政大臣から免許拒否処分を受けるとともに競願者であるFに対して免許処分がされたことに対し、Fに対する免許処分の取消訴訟及びE自身に対する免許拒否処分の取消訴訟を提起したところ、その係属中に、Fに対する当初の免許期間が満了したとしても、その後直ちにFに対して再免許が与えられ事業が継続して維持されている場合には、Eが提起したFに対する免許処分の取消訴訟のみならず、E自身に対する免許拒否処分の取消訴訟についても、訴えの利益は失われない。 予R4-18-ウ 、予R3-18-ア

➡ 最判昭43.12.24（東京12チャンネル事件）[4] ❶　◯

□□□　公衆浴場法が設置場所の「配置の適正」を公衆浴場営業許可の要件とする趣旨は、国民保健及び環境衛生の確保のほか、濫立の防止により既存業者の利益を保護する目的をも有するから、既存の公衆浴場業者は、近隣において新規参入を求めてきた第三者に対する上記許可につき、その取消しを求める原告適格を有する。 予R3-18-イ

➡ 最判昭37.1.19（百選Ⅱ164事件）[4] ❷　◯

□□□　航空法（平成11年法律第72号による改正前のもの）に基づく定期航空運送事業免許については、事業計画が「経営上及び航空保安上適切なもの」であることが免許基準とされており、これに飛行場周辺住民の個別的利益を保護する趣旨が含まれるものとは解し難いから、上記住民は、当該免許に係る路線を航行する航空機の騒音により障害を受けることを理由として、その取消しを求める原告適格を有しない。 予R3-18-ウ

➡ 最判平元.2.17（新潟空港事件）[4] ❹　✕

□□□　建築基準法に基づくいわゆる総合設計許可について、同許可に係る建築物の倒壊、炎上等により直接的な被害を受けることが予想される範囲の地域に存する建築物に居住し、又はこれを所有する者は、その取消しを求める原告適格を有するが、同許可に係る建築物により日照を阻害される周辺の他の建築物に居住する者は、その原告適格を有しない。 予R3-18-エ

➡ 最判平14.1.22（百選Ⅱ158事件）、最判平14.3.28 [4] ❻、❼　✕

CORE PLUS

4 原告適格に関する判例の類型的整理

類型	取消しの対象となる処分【原告（被侵害利益）】	結論
競業者・競願者	❶ 最判昭43.12.24（百選Ⅱ166事件、東京12チャンネル事件） 無線局開設の免許申請につき、競願者に対してなされた免許処分【他の申請者】 予R4-18-ウ 、予R3-18-ア	○
	❷ 最判昭37.1.19（百選Ⅱ164事件） 新規参入を求める第三者に対する公衆浴場営業許可【既存の公衆浴場の営業者】 予R3-18-イ	
	❸ 最判平26.1.28（百選Ⅱ165事件） 第三者に対する一般廃棄物処分業の許可処分・許可更新処分【既存の一般廃棄物収集運搬業者】	×
	第三者に対する一般廃棄物収集運搬業の許可処分・許可更新処分【既存の一般廃棄物収集運搬業者】	○
規制法における付近住民	❹ 最判平元.2.17（百選Ⅱ183事件、新潟空港事件） 定期空港運送事業免許処分【空港の周辺住民】 予R3-18-ウ	○
	❺ 最判平4.9.22（百選Ⅱ156事件、もんじゅ訴訟） 原子炉設置許可処分【原子炉の周辺住民】	
	❻ 最判平14.1.22（百選Ⅱ158事件） 総合設計許可及び都市計画許可【許可に係る建築物の近隣建築物の所有者及び居住者（生命、身体及び財産）】 予R3-18-エ	
	❼ 最判平14.3.28 総合設計許可及び都市計画許可【許可に係る建築物の近隣住民（日照権）】 予R3-18-エ	
	❽ 最判平17.12.7（百選Ⅱ159事件、小田急高架訴訟大法廷判決） 都市計画事業の認可等【事業地内の地権者以外の周辺住民】	
	❾ 最判平10.12.17（百選Ⅱ160事件） パチンコ店に対する営業許可処分【営業制限地域の近隣住民等】	×
	❿ 最判平21.10.15（百選Ⅱ161事件） 場外車券発売施設の設置許可処分 【著しい業務上の支障が生じるおそれがあると位置的に認められる医療施設等の開設者】	○
	【上記以外の周辺住民、事業者、医療施設等の利用者】	×
一般消費者ほか	⓫ 最判平元.4.13（百選Ⅱ162事件、近鉄特急事件） 地方鉄道に対する特別急行料金改定処分【地方鉄道の路線の周辺に居住し、日常的に特別急行列車を利用する者】	×
	⓬ 最判平元.6.20（百選Ⅱ163事件、伊場遺跡保存事件） 史跡指定解除処分【当該遺跡を研究の対象としてきた学術研究者】	

5章 行政争訟法

CORE TRAINING

03　狭義の訴えの利益

□□□　判例は、土地改良事業の施行認可処分が取り消されれば、同処分後に行われる換地処分等の一連の手続及び処分の法的効力が影響を受けることを、土地改良事業の施行認可処分の取消訴訟の訴えの利益を根拠付ける理由としている。 H18-36-イ

➡最判平4.1.24
（百選Ⅱ172事件）
⑤❷ i
〇

□□□　土地改良事業施行認可処分の取消訴訟の係属中にその事業計画に係る工事及び換地処分が完了したときは、事業施行地域を原状に回復することは社会通念上不可能であり、当該処分の取消しを求める法律上の利益は消滅する。 予R3-19-ア

➡最判平4.1.24
（百選Ⅱ172事件）
⑤❷ i
✕

□□□　AのB県公文書公開条例に基づく公文書の公開請求についてB県知事が非公開決定をしたことに対し、Aが当該非公開決定の取消訴訟を提起したところ、その係属中に、被告であるB県から当該公開請求に係る公文書が書証として提出された場合であっても、当該取消訴訟については、訴えの利益は失われない。 予R4-18-ア

➡最判平14.2.28
⑤❸ i
〇

□□□　本邦に在留する外国人が再入国許可申請に対する不許可処分を受けて、再入国許可を受けないまま出国した場合には、当該不許可処分が取り消されても当該外国人が従前の在留資格のままで再入国することを認める余地はないから、当該不許可処分の取消しを求める法律上の利益は消滅する。 予R3-19-エ

➡最判平10.4.10。処分が取り消されても在留資格は復活せず、回復すべき利益がない
⑤❸ ii
〇

CORE PLUS

⑤ 狭義の訴えの利益その1

行政庁の行為が処分性を有し、原告適格があっても、当該処分を現実に取り消してもらう必要性がなければ、訴えは却下される。このような当該処分を現実に取り消してもらう必要性を狭義の訴えの利益という。

❶ 利益侵害が認められない場合		処分が原告に不利益を与えている場合でなければ、当該処分の取消しの狭義の訴えの利益は認められない（e.g. 最判平21.2.27）
❷ 行政処分の効力が消滅した場合（行訴9Ⅰ括弧書）	i 処分の完了	○建築基準法における建築確認について、建築等の工事が完了した場合には、建築確認の取消しを求める狭義の訴えの利益は認められない（最判昭59.10.26百選Ⅱ170事件） ○土地改良事業において、土地改良工事完了後であっても、当該事業施行認可取消しの狭義の訴えの利益は認められる（最判平4.1.24百選Ⅱ172事件） ∵「認可処分が取り消されるとすれば、これにより右換地処分等の法的効力が影響を受けることは明らか」 H18-36-イ 「本件事業施行以前の原状に回復することが、……社会的、経済的損失の観点からみて、社会通念上、不可能であるとしても、右のような事情は、行政事件訴訟法31条の適用に関して考慮されるべき事柄であって」、認可処分の取消しを求める法律上の利益を消滅させるものではない 予R3-19-ア
	ii 時間の経過	特定の日時のために使用許可を得ようとして不許可処分を争っているうちにその日時を経過してしまうと、判決を得るべき現実的な必要性がなくなるため、狭義の訴えの利益は失われる（最大判昭28.12.23百選Ⅰ63事件）
	iii その他の理由	免職処分を受けた公務員が公職選挙に立候補した場合、公務員の地位を回復できないが（公選90条）、その取消しを求める狭義の訴えの利益は認められる（最大判昭40.4.28）
❸ 事後的な事情の変化があった場合		i 公文書非公開決定がされた後に、文書内容が明らかになった場合でも、当該決定の取消しを求める狭義の訴えの利益は認められる（最判平14.2.28）予R4-18-ア ii 再入国を受けないまま出国した者が再入国不許可処分の取消しを求めた場合、再入国の許可を受けないまま出国したことで、在留資格を失うため、不許可処分を取り消しても、同一の在留資格で再入国を認める余地はなくなるから、狭義の訴えの利益は認められない（最判平10.4.10）予R3-19-エ

5章

行政争訟法

145

CORE TRAINING

□□□　自動車運転免許の効力停止処分を受けた者について、その効力停止期間が経過しても、当該処分を理由に道路交通法上不利益を受けるおそれがある期間が経過していないときは、当該処分の取消しを求める法律上の利益は消滅しない。予R3-19-イ

➡ 最判昭55.11.25（百選Ⅱ168事件）。不利益を受けるおそれが否定されない以上、回復すべき利益がある 6❶　○

□□□　C市がその設置している特定の保育所を廃止する旨の条例を制定したことに対し、当該保育所で現に保育を受けている児童及びその保護者であるDらが当該条例制定行為について取消訴訟を提起したところ、その係属中に、Dらに係る保育の実施期間が満了した場合であっても、当該取消訴訟については、訴えの利益は失われない。予R4-18-イ

➡ 最判平21.11.26（百選Ⅱ197事件）6❸　✕

04　その他の訴訟要件

□□□　建築基準法上の指定確認検査機関による建築確認処分の取消しの訴えにおいては、当該機関を指定した国土交通大臣又は都道府県知事の所属する国又は地方公共団体が被告となる。H26-31-エ

➡ 行訴11Ⅱ 7❷　✕

□□□　税務署長の行った所得税の更正処分の取消訴訟が、東京地方裁判所及び当該税務署長の所在地を管轄する地方裁判所以外の地方裁判所の管轄に属する場合は、合意管轄又は応訴管轄による場合以外にもある。H18-35-ウ

➡ 行訴12Ⅳ 8❸　○

CORE PLUS

⑥ 狭義の訴えの利益その2

❶ 運転免許停止と訴えの利益（最判昭55.11.25百選Ⅱ168事件） 予R3-19-イ	○ 運転免許停止処分後1年が経過し、道路交通法上の不利益を受けるおそれが消滅した事案 ○ 1年の経過によって、道路交通法上の不利益を受けるおそれはなくなり、他にこの処分を理由に不利益に取り扱うことを定めた規定もない。そのため回復すべき法律上の利益はない
❷ 処分基準の効果と訴えの利益（最判平27.3.3百選Ⅱ167事件）	○ 先行処分の効果が消滅したが、処分基準に、先行処分を理由とした後行処分の加重規定があった事案（なお、行政庁は処分基準に覊束されている） ○ 処分基準において不利益な取扱い（先行処分を理由とした量定加重）を受け得る期間内はなお回復すべき利益がある
❸ 保育所廃止条例と訴えの利益（最判平21.11.26百選Ⅱ197事件） 予R4-18-イ	○ 保育所を利用していた者が、自治体が制定した保育所廃止条例の取消しを求めた事案 ○ 原告の保育の実施期間がすべて満了していることから、本件改正条例の制定行為の取消しを求める訴えの利益は失われた

⑦ 被告適格

行政庁の所属	被告
❶ 国又は公共団体に所属する	行政庁が所属する国又は公共団体（行訴11Ⅰ）
❷ 国又は公共団体に所属しない	当該行政庁（行訴11Ⅱ） e.g. 指定確認検査機関　H26-31-エ

⑧ 裁判管轄

❶ 事物管轄	原則として地方裁判所（裁24①、33Ⅰ①括弧書）
❷ 土地管轄	被告（国又は公共団体）の所在地と処分庁・裁決庁の所在地の両方の裁判所（行訴12Ⅰ）
❸ 特定管轄裁判所	国又は独立行政法人などを被告とする取消訴訟は、原告の所在地を管轄する高等裁判所の所在地を管轄する地方裁判所（特定管轄裁判所）にも提起できる（行訴12Ⅳ）　H18-35-ウ

5章

行政争訟法

147

CORE TRAINING

□□□　訴えの変更がされた場合における出訴期間の遵守の有無は、特別の規定のない限り、変更前後の請求の間に訴訟物の同一性が認められるとき、又は両者の間に存する関係から、変更後の新請求に係る訴えを当初の訴えの提起の時に提起されたものと同視し、出訴期間の遵守において欠けるところがないと解すべき特段の事情があるときを除き、訴えの変更の時を基準として判断される。 予H29-20-エ

➡ 最判昭58.9.8 ⑨ * ○

□□□　処分の取消しの訴えは、当該処分につき法令の規定により審査請求をすることができる場合においても、直ちに提起することを妨げないが、当該処分につき審査請求がされているときは、その審査請求に対する裁決があるまで、提起することができない。 予H29-20-ア

➡ 行訴8Ⅰ本文。大津地中間判昭50.4.9参照 ⑩❶ ✕

□□□　処分についての審査請求に対する裁決を経た後でなければ処分の取消しの訴えを提起することができない旨の法律の定めがある場合において、不適法な審査請求がされたにもかかわらず、裁決庁が誤って審査請求を棄却する旨の裁決をしたときは、適法に処分の取消しの訴えを提起することができる。 予H29-20-イ

➡ 最判昭48.6.21 ⑩❷ i ✕

□□□　審査請求前置主義が採用されている場合に、審査請求が不適法として却下されたときは、審査請求前置を満たしたことにはならないが、適法な審査請求がされたにもかかわらず、裁決庁が誤って審査請求を却下した場合には、裁決庁は実体審理の機会を与えられていたのであるから、審査請求人は、直ちに処分の取消しの訴えを提起することができる。 H25-33-ア

➡ 最判昭36.7.21 （百選Ⅱ177事件） ⑩❷ ii ○

□□□　審査請求に対する裁決を経た後でなければ取消しの訴えを提起することができない旨の法律の定めがある処分については、審査請求に対する裁決を経ない段階において、処分の取消しの訴えを提起し、併せて当該処分につき執行停止を求める申立てをしても、当該申立てが適法とされる余地はない。 予H27-23-ア

➡ 行訴8Ⅱ。一定の場合には、直ちに取消訴訟を提起することができる ⑩❷ iii ✕

CORE PLUS

9 出訴期間

種類		行政不服審査法			行政事件訴訟法
		審査請求	再調査の請求	再審査請求	取消訴訟
申立期間・出訴期間 ※	主観的	i 処分があったことを知った日の翌日から起算して3か月以内 ii 再調査の請求についての決定があったことを知った日の翌日から起算して1か月以内	処分があったことを知った日の翌日から起算して3か月以内	再審査請求をすることができる処分についての審査請求の裁決（原裁決）があったことを知った日の翌日から起算して1か月以内	処分又は裁決があったことを知った日から6か月以内
	客観的	処分（再調査の請求についての決定）があった日の翌日から起算して1年以内	処分があった日の翌日から起算して1年以内	原裁決があった日の翌日から起算して1年以内	処分又は裁決の日から1年以内

※ 訴えの変更がされた場合における出訴期間の遵守の有無は、原則として訴えの変更の時を基準として判断すべきである（最判昭58.9.8）。予H29-20-エ

10 不服申立てとの関係

❶ 原則	○自由選択主義（行訴8Ⅰ本文） ○審査請求がされている場合であっても、裁決前に取消訴訟を提起することができる（大津地中間判昭50.4.9参照）予H29-20-ア
❷ 例外	法律に定めがある場合には、不服申立前置主義（行訴8Ⅰただし書） i 不適法な不服申立てに対して、誤って棄却の裁決がなされたとしても、不服申立てを前置したことにはならない（最判昭48.6.21）予H29-20-イ ii 適法な審査請求が誤って却下されたときは、却下の決定であっても審査の決定に当たる（最判昭36.7.21百選Ⅱ177事件）H25-33-ア iii 一定の場合には裁決を経由しないで取消訴訟を提起できる（行訴8Ⅱ）予H27-23-ア

11 処分性の有無

①公権力性

判　例	処分性の有無	理　由
国による普通財産の売払い （最判昭35.7.12）	×	普通財産の売払い行為は私法上の売買契約である
ごみ焼却場設置行為 東京都ごみ焼却場事件 （最判昭39.10.29百選Ⅱ143事件）	×	ごみ焼却場設置に係る一連の行為は、いずれも内部的な手続行為か私法上の契約であり、公権力の行使に当たる行為はない
弁済供託金取戻請求の却下 （最大判昭45.7.15百選Ⅱ142事件）	○	弁済供託は私法上の寄託契約の性質を有するが、その事務の性質上、法律秩序の維持、安定を期するという公益上の目的から、供託官には、単なる民事上の当事者的地位だけでなく、行政機関として取戻請求についての判断をする権限が与えられている
農地法に基づく農地の売払い （最大判昭46.1.20百選Ⅰ44事件参照）	×	農地の売払いの認定は内部的な行為であり、また、売払いの対価等についても特別の定めはなく、公権力の行使に当たる行為がない
労災就学援護費の支給決定 （最判平15.9.4百選Ⅱ152事件）	○	労災就学援護費の給付は、制度上保険給付と同様の手続で支給されると解され、労働基準監督所長の支給決定によって初めて具体的な支給請求権を取得するものであるから、その支給不支給の決定は、法を根拠とする優越的地位に基づいて一方的に行う公権力の行使である

②直接性（内部行為）

判　例	処分性の有無	理　由
消防法に基づく消防長の同意 （最判昭34.1.29百選Ⅰ16事件）	×	消防長の同意は、行政機関相互の行為である
墓埋法に関する解釈通達 （最判昭43.12.24百選Ⅰ52事件）	×	通達は、行政組織内部の命令にすぎず、国民を直接拘束したり、国民に義務を賦課したりするものではない
新幹線工事実施計画の認可 成田新幹線訴訟 （最判昭53.12.8百選Ⅰ2事件）	×	運輸大臣による本件認可は、行政機関相互の行為と同視される

③法的効果

判　例	処分性の有無	理　由
開発許可申請に対する公共施設管理者の同意 （最判平7.3.23百選Ⅱ151事件）	×	同意を拒否する行為自体は、開発行為を禁止又は制限する効果を持たず、それにより開発行為を行おうとする者の権利ないし法的地位を侵害するものではない。また、不服申立て及び争訟について定める都市計画法も、同意やその拒否については何ら規定していない
公務員の採用内定通知 （最判昭57.5.27）	×	採用内定通知は、採用発令の準備手続としてされる事実上の行為にすぎない
出生した子につき住民票の記載を求める親からの申出に対し、特別区の区長がした上記記載をしない旨の応答 （最判平21.4.17百選Ⅰ61事件）	×	申出に対して区長には応答義務がなく、当該申出は、住民票の記載に関する職権発動を促すものにすぎない。また、それに対する応答も事実上のものでしかなく、それにより国民の権利義務ないし法律上の地位に直接影響を及ぼすものでない
交通反則金の納付通告 （最判昭57.7.15百選Ⅱ146事件）	×	納付通告によって、法律上反則金の納付義務が生じるわけではなく、また、道路交通法は反則行為については、専ら刑事手続のなかで争うことを予定している
住民票への続柄記載行為 （最判平11.1.21）	×	市長が住民票に続柄を記載する行為は公証行為であり、それ自体によって新たに国民の権利義務を形成し、又はその範囲を確定する法的効果を有するものではない
税務署長による納税の告知 （最判昭45.12.24百選Ⅰ60事件）	○	告知は、確定した税額がいくらであるかについての税務署長の意見が初めて公にされるものであり、それ以前に納税義務を争う機会がないために、納税者の実効的な権利救済を図る必要がある
輸入禁制品に当たる旨の通知 税関検閲事件 （最判昭54.12.25）	○	通知自体は観念の通知であるが、法律の規定に準拠してなされたものであり、かつ、これにより輸入申告に係る貨物を適法に輸入することができなくなるという法律上の効果を及ぼす
行政代執行法上の戒告 （大阪高決昭40.10.5）	○	戒告自体は新たな義務等を課すものではないが、代執行に入れば、直ちに執行は終了し、救済の実効性を確保し得ない点からすれば、戒告は後に続く代執行と一体的な行為といえ、公権力の行使に当たる
食品衛生法に違反した旨の通知 （最判平16.4.26）	○	検疫所長による通知により、輸入申告をした者は輸入許可を受けられず、また、通関実務の下で、輸入申告書を提出しても受理されないという法的効果を持つ
病院開設中止勧告 （最判平17.7.15百選Ⅱ154事件）	○	医療法及び健康保険法の規定や運用の実情に照らすと、病院開設中止勧告は行政指導ではあるが、当該勧告に従わない者は、相当程度の確実さをもって保険医療機関の指定を受けられなくなり、実際上病院の開設自体を断念せざるを得ないことになる
登録免許税還付通知請求に対する拒否通知 （最判平17.4.14百選Ⅱ155事件）	○	拒否通知は、簡易迅速に還付を受けることができる手続上の地位を否定する法的効果を持つ

5章

行政争訟法

④具体性 (成熟性)

判 例	処分性の有無	理 由
水道料金を改定する条例 給水条例無効確認等請求事件 (最判平18. 7 . 14百選Ⅱ150事件)	×	改正条例は、限られた特定の者に対してのみ適用されるものではなく、その制定行為をもって行政庁が法の執行として行う処分と実質的に同視することはできない
公立保育所を廃止する条例 (最判平21.11.26百選Ⅱ197事件)	○	本件条例の成立により、限られた特定の者が、直接、当該保育所において保育を受けることを期待し得る法的地位を奪われること、また、当該条例制定行為の適法性を取消訴訟において争い得るとすることに合理性が認められることから
用途地域の指定 盛岡用途地域指定事件 (最判昭57. 4 . 22百選Ⅱ148事件)	×	用途地域の指定により生じる効果は、対象となる地域内の不特定多数者に対する一般的抽象的なものである
土地区画整理事業計画決定* (最大判平20.9.10百選Ⅱ147事件)	○	計画の決定により、施行区域内の宅地所有者等は建築行為等の制限を伴う土地区画整理事業の手続に従って換地処分を受けるべき地位に立たされ、法的地位に直接的な影響が生じること、また、実効的な権利救済を図る必要があることから
土地区画整理組合の設立認可 (最判昭60.12.17)	○	設立認可により、当該組合の事業施行区域内の宅地について所有権又は借地権を有するすべての者を強制的にその組合員とする土地区画整理組合を成立させ、これに土地区画整理事業を施行する権限を付与する効力を有する
市町村営土地改良事業の施工認可 (最判昭61. 2 .13)	○	その性格を同じくする国営又は都道府県営の土地改良事業計画の決定が取消訴訟の対象となると解されている
第二種市街地再開発本業の事業 計画決定 (最判平 4 .11.26)	○	公告の日から、施行区域内の土地所有者等は、特段の事情がない限り自己の所有地等が収用されるべき地位に立たされ、また、施行区域内の宅地所有者等は公告の日から30日以内に、対償の払渡しを受けるか又はこれに代えて建築施設の部分の譲受け希望の申出をするかの選択を余儀なくされることとなる
森林法に基づく保安林の指定 長沼ナイキ訴訟 (最判昭57. 9 . 9 百選Ⅱ171事件)	○	いったん保安林の指定があると、土地の形質を変更する行為が原則として禁止され、当該森林の所有者等が立木の伐採跡地につき植栽義務を負うなど、様々な制限が課せられるほか、違反者に対する都道府県知事の監督処分が法律上規定されている

* 土地区画整理事業計画に関し、計画は青写真にすぎず、特定個人に向けられた具体的なものではないこと、当該計画に伴い生じる法的効果は付随的なものにとどまること、計画段階ではいまだ争訟としての成熟性がないことから、処分性を否定した判例 (最大判昭41. 2 .23) を変更した判例である。

12 原告適格の有無

判　例	原告適格の有無	理　由
競願者に付与された放送局開設免許の取消しを求める他方競願者 東京12チャンネル事件 （最判昭43.12.24百選Ⅱ166事件）	○	原告に対する免許拒否処分と競願者に対する免許付与は表裏の関係にあり、1人に対する処分・裁決の違法が当該審査全体に影響を及ぼす
開設許可に係る病院開設地の市又はその付近で医療施設を開設し医療行為をする医師等（他施設開設者） （最判平19.10.19）	×	病院開設の許可要件を定める医療法7条が他施設開設者の利益の考慮を予定していないことや、医療計画の策定目的（医療1条）からすれば、旧医療法30条の3（平成18年法律第84号による改正前のもの）が他施設開設者の利益を保護する趣旨を含むとはいえない
公衆浴場業の新規許可の取消しを求める既存業者 （最判昭37.1.19百選Ⅱ164事件）	○	公衆浴場法の許可制は、被許可者を濫立による経営の不合理化から守ろうとする意図を有するものであり、適正な許可制度の運用により保護されるべき営業上の利益は、公衆浴場法によって保護されるべき法的利益に当たる
航空運送事業の免許の取消しを求める空港周辺住民 新潟空港事件 （最判平元.2.17百選Ⅱ183事件）	○	航空機の騒音による障害の性質等を踏まえて、定期航空運送事業に対する規制の法体系をみると、航空法は、飛行場周辺に居住する者が航空機の騒音によって著しい障害を受けないという利益を、個々人の個別的利益として保護すべき趣旨を含んでいると考えられる
原子炉設置許可の無効確認等を求める周辺住民 もんじゅ訴訟 （最判平4.9.22百選Ⅱ156事件）	○	原子炉設置許可基準の各規定は、単に公衆の生命、身体の安全、環境上の利益を一般的公益として保護しようとするにとどまらず、原子炉施設周辺に居住し、原子炉事故等がもたらす災害により直接的かつ重大な被害を受けることが予想される範囲の住民の生命、身体の安全等を個々人の個別的利益として保護する趣旨を含んでいると考えられる
建築基準法に基づく総合設計許可の取消しを求める、当該許可に係る建築物の近隣建築物の所有者・居住者 （最判平14.1.22百選Ⅱ158事件）	○	建築基準法1条が国民の生命・健康・財産の保護を目的としていること等に照らせば、旧建築基準法59条の2第1項（平成4年法律第82号による改正前のもの）は、総合設計許可に係る建築物の倒壊、炎上等による被害が直接的に及ぶことが想定される周辺の一定範囲の地域に存する他の建築物の居住者の生命、身体の安全及び財産としてのその建築物を、個々人の個別的利益としても保護すべきとする趣旨を含んでいると考えられる
都市計画事業認可の取消しを求める、事業地の地権者以外の周辺住民 小田急高架訴訟大法廷判決 （最大判平17.12.7百選Ⅱ159事件）	×	環境保全目的の付属街路事業は、鉄道事業に密接に関連するものの、別個独立した事業であり、原告適格も個々の事業認可ごとに検討すべきである。本件付属街路事業の事業地内の不動産につき権利を有しない者は、本件付属街路事業が実施されることにより健康又は生活環境に係る著しい被害を直接的に受けるおそれのある者とは認められない

5章　行政争訟法

判　例	原告適格の有無	理　由
パチンコ店営業許可の取消しを求める近隣住民 （最判平10.12.17百選Ⅱ160事件）	×	風営法、これを受けた風営法施行令及び施行条例の規定からは、パチンコ店近隣住民の個別的利益として、善良な風俗等の居住環境上の利益を保護しようとする趣旨は認められない
場外車券発売施設設置許可の取消しを求める周辺住民等 （最判平21.10.15百選Ⅱ161事件）	○	ⅰ 当該場外施設の設置、運営に伴い著しい業務上の支障が生じるおそれがあると位置的に認められる医療施設等の開設者は、健全静穏な環境下で円滑に業務を行う利益を個々の開設者の個別的利益として保護している位置基準を根拠に、認められる
	×	ⅱ 上記ⅰ以外の周辺住民、事業者及び医療施設等の利用者は、位置基準及び周辺環境調和基準いずれを根拠としても、認められない
私鉄特急料金値上げ認可の取消しを求める私鉄利用者 近鉄特急事件 （最判平元.4.13百選Ⅱ162事件）	×	旧地方鉄道法21条（現廃止）の趣旨は、専ら公共の利益を確保することにあるのであって、当該地方鉄道の利用者の個別的な権利利益を保護するものではなく、ほかに同条がそのような利用者の利益の保護を目的として認可権の行使に制約を課していると解すべき根拠もない
史跡指定解除処分の取消しを求める学術研究者 伊場遺跡保存事件 （最判平元.6.20百選Ⅱ163事件）	×	県の文化保護条例及び文化財保護法からは、一般の県民・国民が文化財の保護・活用から受ける利益を超えて、文化財の学術研究者の学問研究上の利益の保護について特段配慮する趣旨の規定を見出すことはできない
公有水面埋立免許及び竣工認可の取消しを求める、当該公有水面の周辺水面における漁業権利者 （最判昭60.12.17）	×	旧公有水面埋立法（昭和48年法律84号による改正前のもの）には、埋立水面の周辺にて漁業を営む者の権利保護を目的として埋立免許権又は竣工認可権の行使に制約を課す明文規定はなく、また、解釈として導くことも困難である
総合建設許可等の許可処分の取消しを求める、当該許可に係る建築物の近隣住民 （最判平14.3.28）	○	当該建築物周辺の建築物やその居住者に重大な被害が及ぶことのないよう、安全、防火、衛生等の観点から支障がないと認められる場合にのみ許可をすることとした旧建築基準法59条の2第1項（平成4年法律第82号による改正前のもの）の趣旨や、保護しようとする利益の内容・性質等に照らせば、同項は、当該建築物により日照を阻害される周辺の他の建築物に居住する者の健康を、個々人の個別的利益として保護する趣旨を含んでいると考えられる
産業廃棄物処理業許可処分の無効等の確認を求める周辺住民 （最判平26.7.29）	○	ⅰ 産業廃棄物の最終処分場の設置許可申請書の添付書類として審査対象となる環境影響調査報告書において、調査対象地域とされている地域に居住する周辺住民は、健康又は生活環境に係る著しい被害を直接的に受けるおそれがある者として、認められる*
	×	ⅱ 上記ⅰ以外の地域の周辺住民は、健康又は生活環境に係る著しい被害を受ける者とはいえず、認められない

＊　判例は、環境影響調査報告書の対象地域内の居住か否かのみならず、産業廃棄物の最終処分場の種類や規模等も考慮したうえで、原告適格の有無について検討している。

13 訴えの利益の有無

判　例	訴えの利益の有無	理　由
競願者に付与された放送局開設免許の取消しを求める他方競願者による当該免許取消訴訟　東京12チャンネル事件（最判昭43.12.24百選Ⅱ166事件）	○	当初の免許の期間が満了していても、その後直ちに再免許が付与されている以上、実質的には当初の免許期間を更新したものと認められる
優良運転者である旨の記載のない免許証を交付して行われた運転免許証更新処分の取消訴訟（最判平21.2.27）	○	客観的に優良運転者の要件を満たす者であれば、優良運転者である旨の記載のある免許証を交付して行う更新処分を受ける法律上の地位を有する
建築等の工事が完了した場合における、建築基準法上の建築確認取消訴訟（最判昭59.10.26百選Ⅱ170事件）	×	建築確認は、それを受けなければ工事をすることができないという法的効果を付与されているにすぎず、工事が完了すれば、建築確認の取消しを求める訴えの利益は失われる
開発行為に関する工事が完了した場合における、都市計画法上の開発許可処分取消訴訟（市街化区域）（最判平5.9.10）	×	開発許可に係る開発行為に関する工事が完了し、検査済証の交付もされたときは、開発許可処分の効果は消滅する
開発許可取消訴訟（市街化調整区域）（最判平27.12.14）	○	当該開発行為に関する工事が完了し、当該工事、検査済証証が交付された後でも、予定建築物等の建築が可能となるという開発許可の法的効果が残存している
土地改良事業に係る土地改良工事が完了した場合における、当該事業施行認可取消訴訟（最判平4.1.24百選Ⅱ172事件）	○	事業施行認可処分後に行われる換地処分等は、当該認可処分が有効に存在することを前提とするものである
メーデー期間経過後における、皇居外苑の使用不許可処分に対する取消訴訟　メーデー事件（最大判昭28.12.23百選Ⅰ63事件）	×	メーデーの期間が経過したことにより、判決を得るべき現実の必要性がなくなり、狭義の訴えの利益は失われる
保安林指定解除処分の取消訴訟　長沼ナイキ訴訟（最判昭57.9.9百選Ⅱ171事件）	×	代替施設の設置によって洪水や渇水の危険が解消された場合、保安林の存続の必要性がなくなったと認められる
免職処分取消訴訟中に免職処分を受けた当該公務員が議員に立候補した場合の当該取消訴訟（最大判昭40.4.28）	○	免職時から立候補時までの公務員としての報酬請求権を行使するという可能性が残っている
自動車運転免許の停止期間経過後における、当該停止処分取消訴訟（最判昭55.11.25百選Ⅱ168事件）	×	停止処分によって原告の名誉、感情、信用等を損なう可能性があるとしても、それは事実上の効果にすぎない
営業停止期間経過後になされた営業停止命令の取消訴訟（最判平27.3.3百選Ⅱ167事件）	○	処分基準の定めにより不利益な取り扱いを受けるべき期間内は、なお当該処分の取消しによって回復すべき法律上の利益を有する

No.	訴えの変更・併合と被告の変更	☐	月	日
033	H22-32	☐	月	日
		☐	月	日

　次の【甲群】に掲げるアからウまでの各事例における原告が訴訟行為をするとした場合、次の【乙群】に掲げるAからDまでの手続のうち、どれが最も適切か。各事例と最も適切な手続の組合せを、後記1から10までの中から選びなさい。

【甲　群】

ア．処分の取消しの訴えにおいて、出訴期間についての理解に誤りがあったため、原告が、損害賠償請求に改めようとする事例

イ．処分の取消しの訴えにおいて、処分の際の教示の不備により処分をした行政庁の所属する公共団体についての理解に誤りがあったため、原告が、被告を改めようとする事例

ウ．裁決の取消しの訴えにおいて、裁決の通知を受けた日から6か月を経過した後に、原告が、原処分についても取消しを求めようとする事例

【乙　群】

A．行政事件訴訟法第15条第1項の規定に基づく被告の変更

B．行政事件訴訟法第19条第1項の規定に基づく請求の追加的併合

C．行政事件訴訟法第21条第1項の規定に基づく処分又は裁決に係る事務の帰属する国等に対する他の請求への訴えの変更

D．民事訴訟法第143条の規定の例による訴えの変更（行政事件訴訟法第7条及び第19条第2項）

（参照条文）行政事件訴訟法 *

第7条　行政事件訴訟に関し、この法律に定めがない事項については、民事訴訟の例による。

第15条　取消訴訟において、原告が故意又は重大な過失によらないで被告とすべき者を誤つたときは、裁判所は、原告の申立てにより、決定をもつて、被告を変更することを許すことができる。

2〜7（略）

第19条　原告は、取消訴訟の口頭弁論の終結に至るまで、関連請求に係る訴えをこれに併合して提起することができる。（以下略）

2　前項の規定は、取消訴訟について民事訴訟法（平成8年法律第109号）第143条の規定の例によることを妨げない。

第20条　前条第1項前段の規定により、処分の取消しの訴えをその処分についての審査請求を棄却した裁決の取消しの訴えに併合して提起する場合には（中略）、その提起があつたときは、出訴期間の遵

守については、処分の取消しの訴えは、裁決の取消しの訴えを提起
した時に提起されたものとみなす。

第21条　裁判所は、取消訴訟の目的たる請求を当該処分又は裁決に係
る事務の帰属する国又は公共団体に対する損害賠償その他の請求に
変更することが相当であると認めるときは、請求の基礎に変更がな
い限り、口頭弁論の終結に至るまで、原告の申立てにより、決定を
もって、訴えの変更を許すことができる。

2〜5　（略）

（参照条文）民事訴訟法

第143条　原告は、請求の基礎に変更がない限り、口頭弁論の終結に
至るまで、請求又は請求の原因を変更することができる。（以下略）

2〜4　（略）

1．アA　イB　ウC	2．アB　イC　ウD	
3．アC　イA　ウD	4．アB　イD　ウA	
5．アC　イB　ウA	6．アD　イA　ウC	
7．アC　イA　ウB	8．アD　イB　ウC	
9．アA　イD　ウB	10．アD　イC　ウB	

＊　令和4年法律第48号により、19条2項中「（平成8年法律第109号）」は削られるが、正誤
に影響なし。なお、この法律は、公布日より4年以内に施行される。

5章

行政争訟法

| No.
033 | 正解　7 | 行政訴訟の審理過程に関する手続上の問題である。民事訴訟との対比から特徴を整理しておこう。 | 正答率
80.3% |

ア　最も適切な手続はCである。

　アの事例は、原告が取消しの訴えから、損害賠償請求に改めようとしているのであるから、被告の変更に関する手続（行訴15条1項）は直接には関係がないので不適切である（A）。また、訴えを変更するのであるから追加的併合に関する手続（行訴19条1項）も不適切である（B）。次に、民事訴訟法上の訴えの変更の場合、原則として同種の訴訟手続による（民訴136条）。取消訴訟は行政事件訴訟であるのに対し、損害賠償請求は民事訴訟であるので、同種の訴訟手続ではない。したがって、民事訴訟法における訴えの変更に関する手続は、不適切である（D）。そこで、行政事件訴訟法上の訴えの変更（行訴21条1項）について検討すると（C）、21条1項は、取消訴訟の目的たる請求から損害賠償請求という訴訟手続の異なる訴えの変更を認めているから、Cが適切である。

＊　令和4年法律第48号により、行政事件訴訟法15条2項が改正され、被告を変更する決定は書面ではなく電子決定書でされることとなった。なお、この法律は、公布日より4年以内に施行される。

イ　最も適切な手続はAである。

　イの事例は、原告が被告を改めようとしているのであるから、行政事件訴訟法19条1項の規定に基づく追加的変更（B）、行政事件訴訟法21条1項の規定に基づく訴えの変更（C）、民事訴訟法143条の規定の例による訴えの変更（D）は、原告の意図に合わず不適切である。そこで、被告の変更（行訴15条1項）について検討すると（A）、15条1項によれば、被告を変更するには「原告が故意又は重大な過失によらないで被告とすべき者を誤った」ことが要件となる。イの事例において、原告は故意によって被告を誤っているのではなく、また、原告は、処分をした際に行政庁が行った教示（行訴46条1項1号）に不備があったため被告を誤っているので重大な過失があるとはいえない。したがって、原告は、被告の変更を申し立てることができるから、Aが適切である。

ウ　最も適切な手続はBである。

　ウの事例は、裁決取消しの訴えに加えて原処分についても処分の取消しの訴えを提起しようとしているのであるから、行政事件訴訟法15条1項に基づく被告の変更（A）、行政事件訴訟法21条1項に基づく訴えの変更（C）、民事訴訟法143条の規定の例による訴えの変更（D）は、原告の意図に合わず不適切である。そこで、請求の追加的併合（行訴19条1項）について検討する（B）。ここで、裁決の通知を受けた日から6か月を経過しているが、原告が、処分の取消しの訴えと裁決の取消しの訴えを併合提起する場合、処分の取消しの訴えは、裁決の取消しの訴えを提起した時に提起されたものとみなされる（行訴20条）。したがって、原告は、裁決の取消しの訴えに加えて原処分に対する処分の取消しの訴えを提起することができるから、Bが適切である。

文献　試験対策講座323、324頁

No. 034	論	執行停止		☐　月　日 ☐　月　日 ☐　月　日
			H22-35	

　　免許を受けることが法律上必要とされる職業に就いている者に対して、その法律の規定に基づき一定期間の業務の停止の処分がされた事案において、処分を受けた者がその後の間もない時期に行政事件訴訟法（以下「法」という。）第25条の規定に基づく執行停止の申立てをしようとするときに関する次のアからエまでの各記述について、法令又は最高裁判所の判例の趣旨に照らし、それぞれ正しい場合には1を、誤っている場合には2を選びなさい。

☐☐☐　ア．上記の処分については、処分がされた時にさかのぼって効力の停止を求めることができる。

☐☐☐　イ．法第25条第2項の「重大な損害」が生ずるか否かの判断に当たっては、上記の処分を受けた者の社会的信用の低下等を考慮することも否定されない。

☐☐☐　ウ．上記の処分の取消しを求める本案の終局判決の言渡しよりも前に処分の期間が経過することが確実であるならば、法第25条第2項の「重大な損害を避けるため緊急の必要があるとき」との要件が当然に満たされる。

☐☐☐　エ．法第25条第4項の「公共の福祉に重大な影響を及ぼすおそれがあるとき」との要件については、相手方（被申立人）において疎明をする責任を負う。

| No. 034 | 正解 ア2、イ1、ウ2、エ1 | 行政事件訴訟法25条と関連判例をしっかりと確認しておこう。 | 正答率 80.5% |

ア　誤り。

　判例は、農地買収計画の執行停止決定を得たが、既に同計画に基づく買収処分及び売渡処分は完了していたという事案において、「執行停止決定は単に農地買収計画に基く買収手続の進行を停止する効力を有するだけであって、すでに執行されたその手続の効果を覆滅して元所有者の所有権を確定する効力を有するものと解すべき」でないと述べている（最判昭29.6.22百選Ⅱ193事件）。同判決は、行政事件訴訟特例法時代のものであるが、執行停止決定が、処分がされた時に遡って処分の効果を失わせるものではないとの解釈を前提としていると解されている。

イ　正しい。

　判例は、弁護士に対する懲戒処分の執行停止が争われた事案において、処分によって生ずる社会的信用の低下が「重大な損害」（行訴25条2項本文）に当たるとしている（最決平19.12.18百選Ⅱ192事件）。

ウ　誤り。

　「重大な損害」を生ずるか否かについて、「**損害の回復の困難の程度**を考慮するものとし、**損害の性質**及び**程度**並びに処分の内容及び**性質**をも勘案するものとする」（行訴25条3項）という解釈規定が設けられている。これは、損害の「性質」だけでなく「程度」及び「量」にも着目した要件とすることで、個別・具体的な紛争状況に即した適切な判断を担保し、国民の権利救済を充実させる趣旨である。したがって、本記述の事実があるからといって、25条2項の要件が当然に満たされるとはいえない。

エ　正しい。

　「**公共の福祉に重大な影響を及ぼすおそれ**」（行訴25条4項）については、執行停止の**消極要件**としているので、**相手方**（被申立人）が**主張・疎明責任を負う**と解されている。
　なお、もうひとつの消極要件である「本案について理由がないとみえるとき」についても、相手方（被申立人）が主張・疎明責任を負うと解されている。

文献　試験対策講座327〜329頁。判例シリーズ76事件

No.
035

執行停止

予H28-23

☐ 月 日
☐ 月 日
☐ 月 日

　行政処分の執行停止申立手続に関する次のアからエまでの各記述について、それぞれ正しい場合には1を、誤っている場合には2を選びなさい。

☐☐☐　ア．自己が受けた行政処分に不服がある者は、当該処分の執行により生ずる重大な損害を避けるため緊急の必要があるときは、当該処分の取消訴訟を提起することなく、裁判所に対し、当該処分の執行停止決定をするよう申し立てることができる。

☐☐☐　イ．執行停止決定がされるための要件の一つとして、当該処分、処分の執行又は手続の続行により重大な損害を生ずるおそれがあることが必要であるが、その有無を判断するに当たっては、損害の回復の困難の程度を考慮するものとし、損害の性質及び程度並びに当該処分の内容及び性質をも勘案するものとされている。

☐☐☐　ウ．執行停止決定は、原則として口頭弁論を経てする必要があり、緊急の必要がある場合に限り、口頭弁論を経ないですることができる。

☐☐☐　エ．執行停止決定が確定した後に、事情が変更したときは、裁判所は、相手方の申立てにより、当該決定を取り消すことができる。

5章

行政争訟法

No. 035	正解 ア2、イ1、ウ2、エ1	執行停止の申立ての要件・手続を行政事件訴訟法25条、26条と照らし合わせながら、丁寧に確認しよう。	正答率 67.2%

ア　誤り。

　執行停止の**積極的要件**の第1は、「処分の取消しの訴えの提起」があること、すなわち**本案訴訟**（取消訴訟）**の係属**である（行訴25条2項本文）。したがって、自己が受けた行政処分に不服がある者は、当該処分の取消訴訟を提起することなく、裁判所に対し、当該処分の執行停止決定をするよう申し立てることはできない。

イ　正しい。

　執行停止の**積極的要件**の第2は、当該処分、処分の執行又は手続の続行により生じる「**重大な損害**」を避けるために**緊急の必要**があることである（行訴25条2項本文）。そして、「重大な損害」の有無の判断においては、①**損害の回復の困難の程度**を考慮し、②**損害の性質**及び**程度**、③**処分の内容**及び**性質**を勘案するものとされている（同条3項）。これは、損害の「性質」だけでなく「程度」及び「量」に着目した要件とすることで、個別・具体的な紛争状況に即した適切な判断を担保し、国民の権利救済を充実させる趣旨である。

ウ　誤り。

　執行停止の審理については、任意的口頭弁論の建前が採用され（行訴25条6項本文）、口頭弁論を経ずに書面審理によって執行停止を命ずる決定をすることができる。したがって、執行停止決定は、原則として口頭弁論を経てする必要があるというわけではない。

エ　正しい。

　執行停止決定が確定した後に、事情が変更したときは、裁判所は、相手方の申立てにより、当該決定を取り消すことができる（行訴26条1項）。これは、執行停止決定の確定後に執行停止の理由の消滅等、事情の変更が生じた場合、当該執行停止決定の効力をなおも維持し続ける必要性が失われるため、執行停止決定の取消しを認めるものである。

文献　試験対策講座327〜329頁

No. 036	仮の救済	□　月　日
	H21-36	□　月　日 □　月　日

　次のアからエまでの各事例におけるＸが行政事件訴訟法上の仮の救済を求めるとした場合、各事例について最も適切と考えられる仮の救済の申立てを、それぞれ後記１から４までの中から一つ選びなさい。

□□□　ア．出入国管理及び難民認定法に定める退去強制事由に該当するとされた外国人Ｘが、入国管理局の主任審査官から退去強制令書の発付を受けた事例

□□□　イ．市立の高等学校の校長が、身体に障害を有する入学希望者Ｘに対し、同校の全課程を無事に履修する見通しがないとして、その入学を不許可とした事例

□□□　ウ．市議会議員選挙が近々予定されている時期に、市長が、同市の住民基本台帳に住民として記載されているＸは、生活の本拠でない場所を住所として届け出ているとして、職権により、Ｘの住民票を消除しようとしている事例

□□□　エ．パチンコ店を経営するＸが、公安委員会から、風俗営業等の規制及び業務の適正化等に関する法律に基づく営業許可の取消しを受けた事例

１．処分の執行の停止の申立て
２．処分の効力の停止の申立て
３．仮の義務付けの申立て
４．仮の差止めの申立て

No.
036
正解
ア1、イ3、ウ4、エ2
仮の救済の申立てについて、判例と照らし合わせながら
原告の権利・利益を具体的に当てはめる練習をしよう。
正答率
80.4%

ア　処分の執行の停止の申立て

　本事例では、Xは、入国管理局の主任審査官から退去強制令書の発付を受けているところ、このままではXは退去強制令書の執行により収容（入管52条5項）又は本国に送還（入管52条3項、53条1項）されてしまう。そこで、Xは、収容又は本国への送還を免れるため、退去強制令書の発付の取消しの訴え（行訴3条2項）を提起すると共に、執行停止の申立て（行訴25条2項本文）を求めることになる。そして、収容又は送還は、退去強制令書の執行によるものであるから、処分の執行の停止の申立てをすることになる（同項ただし書）。よって、最も適切と考えられる仮の救済の申立ては、1である。

＊　令和5年法律第56号により、出入国管理及び難民認定法52条が改正され、収用については52条7項、8項、9項により規定される。なお、この法律は、2024（令和6）年6月10日に施行される。

イ　仮の義務付けの申立て

　本事例では、市立の高等学校の校長が、Xの入学不許可処分を行っているところ、入学を希望するXとしては校長の入学許可を得ない限り、高等学校に入学して教育を受けることができない。そこで、Xは、高等学校に入学し教育を受けるため、入学許可処分の義務付けの訴え（行訴3条6項2号、37条の3）を提起すると共に、仮の義務付けの申立て（行訴37条の5第1項）を求めることになる。よって、最も適切と考えられる仮の救済の申立ては、3である。

ウ　仮の差止めの申立て

　本事例では、市長が、職権により、Xの住民票を消除しようとしているところ、Xの住民票が消除された場合、Xは、近々予定されている市議会議員選挙において原則として投票することができなくなる（住民台帳15条1項、公選42条1項本文）。そこで、Xは、上記市議会議員選挙において投票をするため、市長がXの住民票を消除しないように当該処分の差止めの訴え（行訴3条7項、37条の4）を提起すると共に、仮の差止めの申立て（行訴37条の5第2項）をすることになる。よって、最も適切と考えられる仮の救済の申立ては、4である。

＊　令和4年法律第48号により、公職選挙法42条1項ただし書が改正され、選挙人名簿に登録されるべき旨の決定書または確定判決書に加えて、電子判決書記録事項証明書を所持している者に関しても選挙人名簿に登録されていない状態での投票が許されることとなった（公布日より4年以内に施行）。

エ　処分の効力の停止の申立て

　本事例では、公安委員会が、Xの営業許可の取消しをしているところ、これによりXは適法にパチンコ店経営をすることができなくなっている（風俗3条1項）。そこで、Xは、適法にパチンコ店経営を行うため、公安委員会の営業許可の取消処分の取消しの訴え（行訴3条2項）を提起すると共に、執行停止の申立て（行訴25条2項本文）をすることになる。そして、営業許可の取消処分の執行及び営業許可の取消処分を前提とする後続処分は存在しないため、処分の効力の停止の申立てが可能である（同項ただし書）。よって、最も適切と考えられる仮の救済申立ては、2である。

文献　試験対策講座327〜329、350、351、354頁

No. 037	行政事件訴訟法	☐ 月　日
	H22-33	☐ 月　日 ☐ 月　日

　A県は、同県内にダムの建設を計画し、事業を開始したが、建設予定地内の土地の買収に応じない地権者Bらがいるため、土地収用法に基づく土地の収用を行うこととし、国土交通大臣に対して同法に基づく事業の認定申請をしたところ、同大臣は、事業認定の要件を満たすとして同事業の認定（以下「本件事業認定」という。）をした。次のアからエまでの各記述について、行政事件訴訟法に照らし、それぞれ正しい場合には1を、誤っている場合には2を選びなさい。

☐☐☐　ア．建設予定地内の地権者は、本件事業認定の名あて人ではないから、出訴期間の制限はなく、本件事業認定の日から1年を経過した後でも、適法に本件事業認定の取消訴訟を提起することができる。

☐☐☐　イ．A県の申立てがあれば、裁判所は、同県を訴訟に参加させることができるが、職権で同県を訴訟に参加させることはできない。

☐☐☐　ウ．本件の事業に公益性があるか否か、Bらにどのような不利益があるのかなど本件事業認定の適法性を基礎付ける事実関係は、事実審の口頭弁論終結時の事情に基づいて判断されなければならない。

☐☐☐　エ．裁判所は、本件事業認定が違法であっても、本件事業認定を取り消すことにより公の利益に著しい障害を生ずる場合において、原告の受ける損害の程度、その損害の賠償又は防止の程度及び方法その他一切の事情を考慮した上、本件事業認定を取り消すことが公共の福祉に適合しないと認めるときは、請求を棄却することができ、この場合には、当該判決の主文において、本件事業認定が違法であることを宣言しなければならない。

5章

行政争訟法

165

No. 037	正解 ア2、イ2、ウ2、エ1	取消訴訟の審理・判決に関する基本的知識を問う問題である。確実に正解できるようにしよう。	正答率 86.5%

ア　誤り。

　取消訴訟は、処分又は裁決の日から1年を経過したときは、正当な理由がない限り、提起することができない（行訴14条2項）。したがって、建設予定地内の地権者は、本件事業認定の名宛人ではないものの、出訴期間の制限がある。

イ　誤り。

　裁判所は、処分又は裁決をした行政庁以外の行政庁を訴訟に参加させることが必要であると認めるときは、当事者若しくはその行政庁の申立てにより又は職権で、決定をもって、その行政庁を訴訟に参加させることができる（行訴23条1項）。したがって、裁判所は、A県の申立てだけではなく、職権によってもA県を訴訟参加させることができる。

ウ　誤り。

　取消訴訟の本案において係争処分の違法が審理される場合、その違法をどの時点での法規及び事実状態を基準にして判断するかについては、当該処分がされた時点を基準とすべきという処分時説と、事実審の口頭弁論終結時を基準とすべきという判決時説の対立があるが、処分時説が大勢を占めているとされる。取消訴訟とは紛争の原因をなしている行政機関の行為の適法性を事後的に審査するものであるからである。判例も、農地買収計画に関する訴願裁決取消訴訟の係属中に法改正がなされた事案において、「行政処分の取消又は変更を求める訴において裁判所の判断すべきことは係争の行政処分が違法に行われたかどうかの点である。行政処分の行われた後法律が改正されたからと言って、行政庁は改正法律によって行政処分をしたのではないから裁判所が改正後の法律によって行政処分の当否を判断することはできない」としており（最判昭27.1.25百選Ⅱ184事件）、原則として処分時説に立っている。

エ　正しい。

　取消訴訟において、処分又は裁決が違法ではあるが、これを取り消すことにより公の利益に著しい障害を生ずる場合、原告の受ける損害の程度、その損害の賠償又は防止の程度及び方法その他一切の事情を考慮したうえ、処分又は裁決を取り消すことが公共の福祉に適合しないと認めるときは、裁判所は請求を棄却することができる（事情判決、行訴31条1項前段）。この場合、主文において、処分又は裁決が違法であることを宣言しなければならない（同項後段）。

文献 試験対策講座315、320、324、335頁。判例シリーズ73事件

No. 038　抗告訴訟の審理

予R2-19

　　抗告訴訟の審理に関する次のアからエまでの各記述について、行政事件訴訟法又は最高裁判所の判例に照らし、それぞれ正しい場合には1を、誤っている場合には2を選びなさい。

ア．原処分の取消訴訟と原処分についての審査請求を棄却した裁決の取消訴訟とを提起することができる場合、裁決の取消訴訟においては、原処分の違法を理由として取消しを求めることができない。

イ．取消訴訟の違法判断の基準時は処分時であるから、原子炉施設の安全性に関する判断の適否が争われる原子炉設置許可処分の取消訴訟において、裁判所の審理、判断は、当該処分当時の科学技術水準に照らして行われるべきである。

ウ．取消訴訟においては職権証拠調べが認められているから、裁判所は、必要があると認めるときは、当事者の申立てを待たずに証人尋問を行うことができ、尋問の結果について当事者の意見をきく必要はない。

エ．処分が無効であることを主張する原告は、当該処分に重大かつ明白な瑕疵がある旨を抽象的に主張すれば足り、当該処分が有効であることを主張する被告が、当該処分が有効であることを基礎付ける具体的な事実を主張立証する必要がある。

5章

行政争訟法

| No.
038 | 正解
ア1、イ2、ウ2、エ2 | 抗告訴訟の審理に関する基本的知識を問う問題
である。確実に正解できるようにしよう。 | 正答率
70.2% |

ア　正しい。

　処分の取消しの訴えとその処分についての審査請求を棄却した**裁決の取消しの訴え**とを提起することができる場合には、**裁決の取消しの訴え**においては、**処分の違法を理由として取消しを求めることができない**（原処分主義、行訴10条 2 項）。

イ　誤り。

　前掲最判昭27年判例によると、取消訴訟の違法判断の基準時は処分時である。もっとも、判例は、「原子炉施設の安全性に関する判断の適否が争われる原子炉設置許可処分の取消訴訟における裁判所の審理、判断は、……**現在の科学技術水準に照らし**」て**行われるべき**であると判示しており（最判平 4 .10.29百選Ⅰ74事件、伊方原発訴訟）、処分当時の科学技術水準が基準となるのではない。

ウ　誤り。

　裁判所は、必要があると認めるときは、職権で、証拠調べをすることができる。ただし、その証拠調べの結果について、当事者の意見をきかなければならない（行訴24条）。同条本文で、職権証拠調べが認められているが、その際には証拠調べの結果について当事者の意見をきく必要がある（同条ただし書）。

エ　誤り。

　判例は、無効等確認訴訟において、当該処分に重大かつ明白な瑕疵がある旨の具体的事実を「その無効確認を求める者」すなわち、原告が主張立証しなければならないとしている（最判昭42. 4 . 7 百選Ⅱ188事件）。

文献　試験対策講座131、132、276、277、339頁。判例シリーズ22、73事件

MEMO

CORE TRAINING

01　審理の対象

☐☐☐　処分の取消しの訴えにおいて、原告は、処分に関係する一切の違法を理由として取消しを求めることができる。 H24-33-ア
➡ 行訴10Ⅰ　①❶　✕

☐☐☐　取消訴訟においては、自己の法律上の利益に関係のない違法を理由として取消しを求めることができず、原告がこの制限に触れる主張のみを行っている場合には、訴えが却下されることになる。 H25-33-イ
➡ 請求は棄却される　①＊1　✕

☐☐☐　最高裁判所の判例によれば、所得税の納税申告（通常のいわゆる白色申告）に対する更正処分の取消訴訟において、被告は、当該更正処分の正当性を維持する理由として、更正の段階において考慮されなかった事実を新たに主張することも許される。 H23-32-ア
➡ 最判昭56.7.14（百選Ⅱ179事件）①＊2　〇

☐☐☐　申請拒否処分については、理由の提示が義務付けられているが、これは行政庁の判断の恣意を抑制するとともに不服申立てに便宜を与えることを目的としているので、行政文書を開示しない決定の取消訴訟において、被告が当該決定の際に提示されていた処分理由とは異なる処分理由を追加して主張することが許されることはない。 予R5-14-ア
➡ 最判平11.11.19（百選Ⅱ180事件）①＊3　✕

☐☐☐　飲酒運転を理由とする公務員の懲戒処分の取消訴訟において、当該公務員が処分時以前に公金横領をしていたことが判明したとして、被告がこれを懲戒事由として主張することは許されない。 H23-32-イ
➡ 非違行為ごとに別個の処分であると観念できる ①❷ii　〇

02　訴訟主体の役割

☐☐☐　処分の取消しの訴えにおいて、裁判所が職権ですることができる証拠調べの対象は、訴訟要件に関するものに限られない。 H24-33-ウ
➡ 行訴24本文 ②❷ii　〇

☐☐☐　処分の取消しの訴えにおいて、裁判所は、訴訟関係を明瞭にするため、必要があると認めるときは、処分の理由を明らかにする資料であって当該処分をした行政庁が保有するものの全部又は一部の提出を求める釈明処分をすることができる。 H24-33-イ
➡ 行訴23の2Ⅰ① ②❹i　〇

CORE PLUS

1 違法の主張制限

❶	自己利益関連性	自己の法律上の利益に関係のない違法を理由として取消しを求めることはできない（行訴10Ⅰ）H24-33-ア *1
❷	理由の追加・差替え	ⅰ 判例は、更正処分の取消訴訟において更正の理由とは異なる事実を無制限に主張できるかについては一定の留保をしつつ、本件において追加主張は認められるとした（最判昭56.7.14）*2、*3 ⅱ 学説は、信義則上、要件事実の同一性を害するような理由の差替えや追加は許されないとしている H23-32-イ

＊1　原告の主張が行政事件訴訟法10条1項に反するもののみの場合、請求は棄却される。 H25-33-イ
＊2　判例は、所得税の納税申告に対する更正処分の取消訴訟において、被告は当該更正処分の正当性を維持する理由として更正の段階において考慮されなかった事実を新たに主張することも許されるとした（最判昭56.7.14百選Ⅱ179事件）。 H23-32-ア
＊3　判例は、実施機関の判断の慎重と公正妥当の担保という理由提示の目的は、具体的に記載して通知させること自体をもってひとまず実現されるとして、理由の追加を認めている（最判平11.11.19百選Ⅱ180事件）。 予R5-14-ア

2 訴訟主体の役割

❶	訴訟の開始と終了	ⅰ 訴訟の開始、審判対象の画定とその範囲の限定及び訴訟の終了について当事者の意思に委ねるという処分権主義が採用されている ⅱ もっとも、訴訟の終了段階においては、裁判上の和解、請求の認諾について、法律による行政の原理から一定程度の制限があり得る
❷	訴訟資料の収集	ⅰ 裁判の基礎となる資料の収集が当事者の権能であり、かつ、これを責任とする、弁論主義を基調としている ⅱ 行政事件訴訟法は、「裁判所は、必要があると認めるときは、職権で、証拠調べをすることができる」（行訴24本文）と規定し、職権証拠調べを認めている H24-33-ウ
❸	訴訟の進行	訴訟の進行の主導権を裁判所に委ねるという職権進行主義を採用している（民訴93Ⅰ、98等参照）
❹	釈明の特則	ⅰ 処分又は裁決の理由を明らかにする資料の提出を求めること（行訴23の2Ⅰ）H24-33-イ ⅱ 審査請求における事件の記録の提出を求めること（行訴23の2Ⅱ）

5章 行政争訟法

CORE TRAINING

03　審理過程の諸問題

□□□　取消訴訟において、原告が故意又は重大な過失によらないで被告とすべき者を誤ったときは、裁判所は、原告の申立てにより、決定をもって被告の変更を許すことができ、この決定に対しては、不服を申し立てることができない。予R4-20-ア
➡ 行訴15 I、V 3 ❶　〇

□□□　固定資産評価審査委員会の審査決定は、個々の固定資産ごとにされるものであるから、同一の敷地にあって一つのリゾートホテルを構成している複数の建物の評価額に関する各審査決定の取消請求が、互いに行政事件訴訟法第13条第6号所定の関連請求に当たるということはできない。予R4-20-イ
➡ 最決平17.3.29（百選Ⅱ189事件）参照　3 ＊2　✕

□□□　処分の取消しの訴えを提起するに当たっては、同一の被告に対する民事訴訟であれば、これを適法に併合して提起することができる。H26-32-イ
➡ 行訴16 I　3 ＊3　✕

□□□　数名の者が共同訴訟人として処分の取消しの訴えを適法に提起することができるのは、訴訟の目的がそれらの者について合一にのみ確定すべき場合に限られる。H26-32-ア
➡ 行訴17 I　3 ＊4　✕

□□□　ある処分の違法を理由とする国家賠償請求訴訟は民事訴訟であるから、当該処分の取消訴訟に追加的に併合することはできない。H18-35-イ
➡ 行訴18、19。関連する請求に当たる（行訴13①）3 ❷ⅲc、d　✕

□□□　処分についての審査請求を棄却した裁決の取消しの訴えを適法に提起した後、原告は、法令に特別の定めがある場合を除き、口頭弁論の終結に至るまで、当該処分の取消しの訴えをこれに併合して適法に提起することができる。H26-32-ウ
➡ 行訴19 I 前段、13③、④。原処分の取消しの請求と原処分に係る裁決の取消しの請求は関連請求関係にある　3 ❷ⅲd　〇

□□□　指定確認検査機関による建築確認の取消しを求める訴えを提起した後、当該建築確認に係る建築物について完了検査が終了した場合に、上記訴えを、当該建築物について建築確認をする権限を有する建築主事が置かれた地方公共団体に対する損害賠償を求める訴えに変更することは、許されない。予R4-20-ウ
➡ 最決平17.6.24（百選Ⅰ5事件）参照　3 ❸　✕

□□□　処分を取り消す判決は第三者に対しても効力を有することから、訴訟の結果により権利を害される第三者は、自ら訴訟参加の申立てをすることができる。予R1-20-イ
➡ 行訴22 I　3 ❹ⅰ　〇

172

C O R E   P L U S

③ 審理過程の諸問題

❶ 被告の変更[*1] 予R4-20-ア	i 原告が故意又は重大な過失によらないで被告とすべきものを誤ったときは、裁判所は、原告の申立てにより、決定をもって、被告を変更することを許すことができる（行訴15Ⅰ） ii iの許可の決定に対しては、不服を申し立てることができない（行訴15Ⅴ）
❷ 関連請求の 移送・併合	i 関連請求について、裁判所は移送することができる（行訴13柱書本文） ii 関連請求とは、取消訴訟と密接な関係にあり、当該取消訴訟とは別個の裁判所での訴訟又は同一の裁判所での別個の訴訟として手続を進めることが不適当と考えられるものをいう。行政事件訴訟法13条では、関連請求を条文上列挙している[*2] iii 関連請求に係る訴えは以下の形で併合審理する 　a 請求の客観的併合（行訴16）[*3] 　b 共同訴訟（行訴17）[*4] 　c 第三者による請求の追加的併合（行訴18）H18-35-イ 　d 原告による請求の追加的併合（行訴19）H26-32-ウ、H18-35-イ
❸ 訴えの変更	請求の基礎に変更がない限り、「当該処分又は裁決に係る事務の帰属する国又は公共団体に対する損害賠償その他の請求」に変更することができる（行訴21Ⅰ）予R4-20-ウ
❹ 訴訟参加	i 裁判所は訴訟の結果により権利を害される第三者を訴訟に参加させることができる（行訴22Ⅰ）予R1-20-イ ii 裁判所は処分又は裁決をした行政庁以外の行政庁を訴訟に参加させることができる（行訴23Ⅰ）

* 1　令和4年法律第48号により、行政事件訴訟法15条2項が改正され、被告を変更する決定は書面ではなく電子決定書でされることとなった。なお、この法律は、公布日より4年以内に施行される。
* 2　判例は、同一人が所有する、同一の敷地にあって1つのリゾートホテルを構成している複数の建物の評価額に関する各審査決定の取消請求が提起された事案において、「本件訴訟に係る各請求の基礎となる社会的事実は一体としてとらえられるべきものであって密接に関連しており、争点も同一であるから、上記各請求は、互いに行政事件訴訟法13条6号所定の関連請求に当たる」としている（最決平17.3.29百選Ⅱ189事件）。予R4-20-イ
* 3　取消訴訟とは異種の民事訴訟であっても、関連請求に係る訴訟である限り、併合提起が可能である。H26-32-イ
* 4　当該請求と関連請求に係る訴訟であれば、数名の者が共同訴訟人として処分の取消訴訟を提起することができる。H26-32-ア

5章 行政争訟法

173

CORE TRAINING

04　執行停止制度

□□□　民事保全法に規定する仮処分をもっては、裁判所は、処分の執行停止を命ずることはできない。H24-36-エ

➡ 行訴44　④❶ii　○

□□□　執行停止の決定をする場合においては、本案の訴えが提起されていなければならないが、当該訴えが適法であるか否かは問題とならない。H24-36-ア

➡ 執行停止は権利実現の実効性を確保する手段であるため、本案の訴えが適法であることが必要である　⑤❶a i　×

□□□　執行停止は、処分、処分の執行又は手続の続行により生ずる重大な損害を避けるため他に適当な方法がないときに限り、することができる。H24-36-イ

➡ 行訴25Ⅱ本文　⑤❶a ii　×

□□□　処分の効力の停止は、処分の執行又は手続の続行の停止によって目的を達することができる場合には、することができない。H24-36-ウ

➡ 行訴25Ⅱただし書　⑤❶a iii　○

□□□　執行停止を認める決定は、第三者に対しても効力を有するが、仮の差止め及び仮の義務付けを認める決定は、いずれも第三者に対しては効力を有しない。予R3-21-ウ

➡ 行訴32Ⅱ・Ⅰ、37の5Ⅳ参照　⑤＊2　○

CORE PLUS

④ 執行不停止の原則と執行停止制度

❶ 執行不停止の原則	i 取消訴訟が提起されても、行政処分の効果を停止させるのではなく、訴えの提起は行政処分の効果に影響を及ぼさないという執行不停止の原則を採っている（行訴25Ⅰ） ii 行政庁の公権力行使に対しては、民事保全上の仮処分の手続は適用されない（行訴44） H24-36-エ
❷ 執行停止制度	一定の要件の下、裁判所は、申立てにより、決定をもって、処分の効力、処分の執行又は手続の続行の全部又は一部の停止をすることができる（行訴25Ⅱ）

⑤ 執行停止・仮の義務付け・仮の差止めの要件・効果

		a 執行停止	b 仮の義務付け・仮の差止め
要件	❶ 積極的	i 適法な取消訴訟の提起 H24-36-ア ii 重大な損害を避けるため緊急の必要があること H24-36-イ iii 処分の執行の停止又は手続の続行の停止によって目的を達成できないこと*1 H24-36-ウ	i 適法な義務付け訴訟・差止訴訟の提起 ii 償うことができない損害を避けるため緊急の必要があること iii 本案について理由があるとみえること
	❷ 消極的	iv 公共の福祉に重大な影響を及ぼすおそれがないこと v 本案について理由がないとみえないこと	iv 公共の福祉に重大な影響を及ぼすおそれがないこと
	❸ 効果*2	裁判所は、申立てにより、決定をもって処分の効力、処分の執行又は手続の続行の全部又は一部を停止することができる	○仮の義務付け 裁判所は、申立てにより、決定をもって、仮に行政庁がその処分又は裁決をすべき旨を命ずることができる ○仮の差止め 裁判所は、申立てにより、決定をもって、仮に行政庁がその処分又は裁決をしてはならない旨を命ずることができる

*1 処分の効力の停止をする場合にのみ要件となる。
*2 執行停止を認める決定は、第三者に対しても効力を有する（行訴32Ⅱ・Ⅰ）。しかし、仮の差止め及び仮の義務付けを認める決定は、いずれも第三者に対しては効力を有しない（行訴37の5Ⅳは、行訴32Ⅰを準用していない）。
予R3-21-ウ

175

CORE TRAINING

□□□ 県知事が公有水面埋立法に基づき公有水面埋立免許を与えた後に、当該免許に基づく工事により、周辺の景観が破壊されることを危惧する周辺住民Xの事例においては、仮の救済の申立てとして、執行停止の申立てを提起することが適切である。予H30-22-イ

➡ 当該免許付与の効力の停止を求める執行停止の申立て（行訴25Ⅱ）をすることが適切である 6❶ ○

□□□ 市の公園で集会を開催しようと計画していたXが、当該市の条例に基づき、公園の使用許可を市長に申請し使用許可を受けたが、その後、集会の開催前に、集会内容が不適切であるとして、市長から当該使用許可を取り消す処分を受けた事例においては、仮の救済の申立てとして、執行停止の申立てを提起することが適切である。予H30-22-エ

➡ 当該使用許可の取消処分の執行停止の申立て（行訴25Ⅱ）をすることが適切である 6❶ ○

□□□ 生活保護を受給していたXが、預貯金を保有していたことを理由に、保護廃止処分を受けた事例において、仮の救済の申立てとして、執行停止の申立てを提起することが適切である。予R4-22-イ

➡ 保護廃止処分の効力の停止を求める執行停止の申立て（行訴25Ⅱ）をすることが適切である 6❶ ○

□□□ マンションの建築に係る建築確認処分がされたところ、当該マンションの建築予定地の周辺住民であるXが、当該マンションの建築を阻止したいと考えている事例において、仮の救済の申立てとして、執行停止の申立てを提起することが適切である。予R4-22-ウ

➡ 建築確認の効力の停止を求める執行停止の申立て（行訴25Ⅱ）をすることが適切である 6❶ ○

□□□ 市が管理する公園で集会を行うことを計画しているXが、市の条例に基づき当該公園の使用許可申請をしたところ、不許可処分を受けた事例において、仮の救済の申立てとして、仮の義務付けの申立てを提起することが適切である。予R4-22-ア

➡ 当該使用許可の仮の義務付けの申立て（行訴37の5Ⅰ）をすることが適切である 6❷ ○

□□□ 司法書士であるXが、予定される不利益処分の内容を3か月の業務停止処分とする聴聞を受けた事例において、仮の救済の申立てとして、仮の差止めの申立てを提起することが適切である。予R4-22-エ

➡ 業務停止処分の仮の差止めの申立て（行訴37の5Ⅱ）をすることが適切である 6❸ ○

CORE PLUS

6 仮の救済

❶ 執行停止の申立て（行訴25Ⅱ）	処分の効力、処分の執行又は手続の続行の全部又は一部の停止をすることができる 予R4-22-イ・ウ 、予H30-22-イ・エ
❷ 仮の義務付けの申立て（行訴37の5Ⅰ）	義務付け訴訟の仮の救済制度である 予R4-22-ア
❸ 仮の差止めの申立て（行訴37の5Ⅱ）	行政庁が一定の処分又は裁決をすべきでないにもかかわらず、これがされようとしている場合において、行政庁がその処分又は裁決をしてはならない旨を命ずることを求める申立てである 予R4-22-エ

7 仮の救済と行政事件訴訟

	行政事件訴訟
❶ 執行停止の申立てができる訴訟	ⅰ 処分取消訴訟（行訴25Ⅱ）、ⅱ 裁決取消訴訟（行訴29）、ⅲ 無効等確認の訴え（行訴38Ⅲ）、ⅳ 民衆訴訟及び機関訴訟（行訴43Ⅰ、Ⅱ）
❷ 仮の義務付けの申立てができる訴訟	義務付けの訴え（行訴37条の5Ⅰ）
❸ 仮の差止めの申立てができる訴訟	差止めの訴え（行訴37条の5Ⅱ）

CORE TRAINING

□□□　内閣総理大臣の異議は、裁判所が執行停止の決定を行う前にこれを述べなければならず、いったん執行停止の決定がなされた後はもはやこれを述べることは許されない。H19-39-エ ｜ ➡ 行訴27Ⅰ後段 ⑧ * ｜ ✕

CORE PLUS

⑧ 内閣総理大臣の異議

❶ 意義	執行停止の申立てがあった場合や執行停止の決定があった場合には、内閣総理大臣は裁判所に対して異議を述べることができる（行訴27Ⅰ）*
❷ 要件	ⅰ　やむを得ない場合でなければ異議を述べてはならない（行訴27Ⅵ前段） ⅱ　異議を述べたときは次の常会において国会にこれを報告しなければならない（行訴27Ⅵ後段）
❸ 手続	ⅰ　理由を付さなければならない（行訴27Ⅱ） ⅱ　執行停止の決定があった後の異議は、執行停止の決定をした裁判所に対して述べなければならない（行訴27Ⅴ本文）

＊　決定後であっても、内閣総理大臣は異議を述べることができる（行訴27Ⅰ後段）。H19-39-エ

| No. 039 | 判決の効力 | 予H28-21 | □　月　日
□　月　日
□　月　日 |

　判決の効力に関する次のアからエまでの各記述について、最高裁判所の判例に照らし、それぞれ正しい場合には1を、誤っている場合には2を選びなさい。

□□□　ア．水俣病患者認定申請に対する応答処分をしない行政庁の不作為の違法確認を求める訴訟における違法と、当該認定申請に対する行政庁の応答処分の遅延による精神的損害につき賠償を求める国家賠償請求訴訟における違法は同じであるから、前者の訴訟に係る認容判決の既判力は、後者の訴訟の当事者及び裁判所に及ぶとされている。

□□□　イ．AとBが同一周波の無線局の開設に係る免許をめぐって競願関係にある場合は、免許付与と免許申請拒否処分は表裏の関係にあるので、Bに与えられた免許が、Aの提起した免許取消訴訟に係る判決で取り消されると、免許申請拒否処分を受けたAには、取消判決の拘束力による再審査の結果、免許を与えられる可能性がある。

□□□　ウ．都市計画法では、客観的にみて許可基準の要件に適合しない開発行為に関する工事がされたときは、都道府県知事は、当該工事を行った者に対して、違反是正命令を発することができるから、開発許可が判決で取り消されたときは、当該取消判決に違反是正命令を発すべき法的拘束力が生ずることになる。

□□□　エ．最高裁判所は、市の設置する特定の保育所を廃止する条例の制定行為が抗告訴訟の対象となる行政処分に当たると判断した根拠の一つとして、取消判決には第三者効が認められていることを挙げている。

No.
039

正解
ア2、イ1、ウ2、エ1

判決の効力に関する重要判例の知識を問う問題
である。判例集等で確認しておこう。

正答率
69.0%

ア　誤り。

　判例は、不作為の違法確認訴訟の趣旨は、当該訴訟の弁論終結時点において、知事が処分をすべき行政手続上の作為義務に違反していることを確認する点にあり、その違法は、直ちに認定申請者の内心の静穏な感情を害されない法的利益の侵害という意味での不作為の違法性を確認するものではないとして、不作為の違法確認訴訟の違法と不作為を理由とする国家賠償訴訟の違法が異なると判断した（最判平3.4.26百選Ⅱ212事件、水俣病認定遅延損害賠償請求事件）。

イ　正しい。

　判例は、**同一周波の無線局開設に係る免許**に関し、競願者に対する免許付与を争わず、**原告に対する申請拒否処分の取消しを求めた事案**において、当該申請拒否処分と競願者に対する免許付与とは「表裏の関係」にあるから、免許処分の取消しを訴求する場合はもとより、**拒否処分のみの取消しを訴求する場合も、再審査の結果によっては、競願者に対する免許を取り消し、原告に対し免許を付与する**ということもあり得ると判示しており、競願者（本記述ではB）に対する免許処分が取消訴訟において取り消された場合にも、取消判決の拘束力（行訴33条1項）による再審査の結果によっては、原告に対して免許が付与され得ることを認めている（最判昭43.12.24百選Ⅱ166事件、東京12チャンネル事件）。

ウ　誤り。

　判例は、開発対象地の近隣住民が都市計画法29条の開発許可の取消しを求めた事案において、開発許可の存在は、違反是正命令を発するうえで法的障害となるものではなく、また、たとえ開発許可が違法であるとして判決で取り消されたとしても、違反是正命令を発すべき法的拘束力を生ずるものでもないとして、検査済証交付後の開発許可の取消しを求める訴えの利益を否定している（最判平5.9.10）。したがって、都市計画法33条所定の許可基準に照らして客観的に行われる違反是正命令は、開発許可の効力とは無関係であり、開発許可を取り消す判断が、行政庁に違反是正命令を義務付けるという関係にはない。

エ　正しい。

　判例は、市の設置する特定の保育所を廃止する条例の制定行為が抗告訴訟の対象となる行政処分に当たるかが争われた事案において、処分性を肯定する根拠のひとつとして、取消判決には**第三者効**（行訴32条1項）が認められており、取消訴訟において**当該条例の制定行為の適法性を争い得る**とすることに**合理性がある**点を挙げている（最判平21.11.26百選Ⅱ197事件）。

文献　試験対策講座287、288、293、294、305〜308、346、347頁。判例シリーズ50、68、86事件

CORE TRAINING

□□□ 処分の取消判決には、行政事件訴訟法に基づき認められた効力として、第三者効及び拘束力がある。 H25-32-ウ 、H21-32-ア ➡ 行訴32Ⅰ、33Ⅰ 　○
1❶b、c

□□□ 処分を取り消す判決が確定した場合、その拘束力により、当該処分をした行政庁は、その事件につき当該判決の主文が導き出されるのに必要な事実認定及び法律判断に従って行動すべき義務を負う。 予R5-20-イ ➡ 行訴33Ⅰ 　1＊ 　○

□□□ 処分を取り消す判決は第三者に対しても効力を有することから、訴訟の結果により権利を害される第三者は、自ら訴訟参加の申立てをすることができる。 予R1-20-イ ➡ 行訴32Ⅰ、22Ⅰ 　○
1❶b

□□□ 申請を却下し又は棄却した処分が判決により取り消された場合には、その処分をした行政庁は、改めて当該申請に対する処分をしなければならないが、必ずしも当該判決の趣旨に従った処分をする必要はない。 予R1-20-ア ➡ 行訴33Ⅱ、Ⅲ 　✕
1❷cⅱ

CORE PLUS

1 取消訴訟の判決の効力

	a 既判力	b 第三者効	c 拘束力
❶ 定義	当該訴訟の当事者及び裁判所が、後訴の裁判において、同一事項について、確定した前訴判決の内容と矛盾する主張や判断を行うことを拒む効力	取消訴訟の形成力が、当該訴訟の原告と被告行政庁だけでなく、訴訟外の利害関係人たる第三者にも及ぶこと H25-32-ウ、H21-32-ア、予R1-20-イ	行政処分を取り消す判決が、その事件について、処分又は裁決をした行政庁その他の関係行政庁を拘束する効力＊ H25-32-ウ、H21-32-ア
❷ 内容等	ⅰ 認容判決 処分は違法であることが確定するため、国又は公共団体は、当該処分の違法を理由とする国家賠償請求訴訟において、当該処分が適法であったことを主張できなくなる ⅱ 棄却判決 処分は適法であることが確定するため、原告は、他の違法事由を理由とする当該処分の取消訴訟、当該処分の違法を理由とする国家賠償請求訴訟において、当該処分が違法であったことを主張できなくなる	第三者効が認められる結果、第三者も訴訟の結果に大きな影響を受けることになるため、第三者には、事前的措置として第三者の訴訟参加（22Ⅰ）、事後的措置として再審の訴え（34）が認められている	ⅰ 消極的効力（33Ⅰ） 行政庁は、取り消された行政処分と同一事情の下で、同一理由に基づいて同一内容の処分をすることができなくなる ⅱ 積極的効力（33Ⅱ） 行政庁は、申請拒否処分、審査請求の却下・棄却裁決の取消判決が確定した場合、判決の趣旨に従って、改めて申請に対する処分又は審査請求に対する裁決をしなければならない 予R1-20-ア

＊ この拘束力は、判決の主文だけでなく、判決理由についても生じる。 予R5-20-イ

5章 行政争訟法

CORE TRAINING

□□□ 酒酔い運転をして事故を起こしたことを理由としてされた国家公務員に対する懲戒処分が、取消訴訟の判決により、そのような事故は起こしていなかったとして取り消されたとき、処分をした行政庁は、その公務員に、そのころ、無断欠勤を繰り返していた職務義務違反があったとして、改めて懲戒処分をすることができる。H19-36-イ

➡ 別の理由であれば、同じ処分をすることができる ○

□□□ 処分を取り消す判決により権利を害された第三者は、自己の責めに帰することができない理由により訴訟に参加することができなかったため判決に影響を及ぼすべき攻撃又は防御の方法を提出することができなかったことを理由として、再審の訴えを提起することができる。予R1-20-エ

➡ 行訴34 I ○

□□□ 処分の取消しの訴えについて、裁判所が、当該処分は違法ではあるが、これを取り消すことにより公の利益に著しい障害を生ずる場合において、原告の受ける損害の程度、その損害の賠償又は防止の程度及び方法その他一切の事情を考慮した上、当該処分を取り消すことが公共の福祉に適合しないと認め、請求を棄却する判決をし、当該判決が確定したときは、当該処分が違法であるとの当該判決における判断について既判力は生じない。予R5-20-ウ

➡ 行訴31 I 後段 ② * ✕

CORE PLUS

② 事情判決

❶ 趣旨	法治行政の原則と原告の権利利益を犠牲にして、公共の福祉の確保あるいは多数者の利益保護を図ること
❷ 要件（行訴31 I）	i 取り消すことにより公の利益に著しい障害を生ずる場合 ii 原告の受ける損害の程度、その損害の賠償又は防止の程度及び方法その他一切の事情を考慮したうえ、処分又は裁決を取り消すことが公共の福祉に適合しないとき
❸ 効果（行訴31 I）	裁判所は、請求を棄却することができる*

* 事情判決を行う場合は、処分又は裁決が違法であることを判決の主文において宣言しなければならない（行訴31 I 後段）。そのため、処分又は裁決の違法性についての判断に既判力が生じる。予R5-20-ウ

【第2編第5章第2節第6款（無効等確認の訴え）には、登載基準を満たすフル問題が
ありません。】

CORE TRAINING

□□□　課税処分を受けた納税者は、当該課税処分に係る税金を
いまだ納付していないため滞納処分を受けるおそれがあると
きは、課税処分の無効を前提とする債務不存在確認訴訟等を提
起することができるとしても、課税処分の無効等確認訴訟の原
告適格を有する。H20-37-ア

➡ 最判昭51.4.27　○
1 *

□□□　土地改良事業の換地処分を受けた者は、照応原則（換地
と従前地がその用途・地積等の点で見合ったものでなければ
ならないという原則）違反を理由に当該処分の無効を主張して争
う場合、当該処分の無効を前提とする従前地の所有権確認訴訟
等を提起することができるとしても、当該処分の無効等確認訴
訟の原告適格を有する。H20-37-ウ

➡ 最判昭62.4.17　○
（百選Ⅱ173事件）
1 ❷ i

□□□　原子炉の周辺住民が、人格権に基づき原子炉設置の差止
めを求める民事訴訟を提起するには、あらかじめ原子炉設置許
可の取消し又は無効確認の判決を得ておく必要がある。H26-
22-イ

➡ 最判平4.9.22　✕
（もんじゅ訴訟）
1 ❷ ii

CORE PLUS

1 無効等確認訴訟（行訴3Ⅳ）

❶ 原告適格の要件（二元説、行訴36）	i 処分・裁決に続く処分により損害を受けるおそれがある者*
	ii 処分・裁決の無効等の確認を求めるにつき法律上の利益を有する者かつ現在の法律関係に関する訴えによって目的を達成することができない者
❷「現在の法律関係に関する訴えによって目的を達成することができない」という要件についての判例	i 判例は、「換地処分の無効を前提とする従来の土地の所有権確認訴訟等の現在の法律関係に関する訴えは」「争訟形態として適切なものとはいえず」「むしろ当該換地処分の無効確認を求める訴えのほうがより直截的で適切な争訟形態」であるとした（最判昭62.4.17百選Ⅱ173事件）H20-37-ウ
	ii 判例は、「当該処分に起因する紛争を解決するための争訟形態として、当該処分の無効を前提とする当事者訴訟又は民事訴訟との比較において、当該処分の無効確認を求める訴えのほうがより直截的で適切な争訟形態」といえるとした（最判平4.9.22百選Ⅱ156事件、もんじゅ訴訟）H26-22-イ

* 判例は、課税処分を受けた後、当該課税処分に係る税金を納付していないため滞納処分を受けるおそれがある場合に、当該納税者が課税処分の無効等確認訴訟を提起することを認めた（最判昭51.4.27）。H20-37-ア

5章 行政争訟法

[第2編第5章第2節第7款（不作為の違法確認の訴え）には、登載基準を満たすフル問題がありません。]

CORE TRAINING

□□□　不作為の違法確認訴訟は、当該不作為の違法確認を求めるにつき法律上の利益を有する者に限り、提起することができ、法律上の利益の有無の判断については、取消訴訟の原告適格に関する行政事件訴訟法第9条第2項の規定が準用される。
予R3-20-ア

➡ 行訴37　① ❶ i　✕

□□□　不作為の違法確認の訴えにおける当該不作為の違法性の判断は、事実審の口頭弁論終結時を基準にすべきである。
予R5-20-エ

➡ 取消訴訟については、処分時説が判例・通説である（最判昭27.1.25百選Ⅱ184事件）① ＊2　○

CORE PLUS

① 不作為の違法確認訴訟（行訴3Ⅴ）

❶ 訴訟要件	i 「処分又は裁決についての申請をした者」（原告適格、行訴37）予R3-20-ア ii 法律上の利益＊1 iii 被告適格（行訴38Ⅰ・11） iv 管轄（行訴38Ⅰ・12）
❷ 本案勝訴要件（行訴3Ⅴ）	行政庁が申請に対して相当の期間内に処分又は裁決を行わないと認められること＊2
❸ 取消訴訟の規定の準用（行訴38Ⅰ、Ⅳ） →出訴期間に関する規定（行訴14）は準用されない（38Ⅰ、Ⅳ参照） →認容判決については、行政事件訴訟法38条1項によって、判決の拘束力（行訴33）、訴訟費用の裁判の効力（行訴35）の規定が準用される。他方、取消判決の第三者効を定めた規定（行訴32Ⅰ）は準用されない	i 被告適格（行訴11） ii 管轄（行訴12） iii 関連請求に係る訴訟の移送（行訴13） iv 請求の客観的併合（行訴16） v 共同訴訟（行訴17） vi 第三者による請求の追加的併合（行訴18） vii 原告による請求の追加的併合（行訴19） viii 訴えの変更（行訴21） ix 第三者の訴訟参加（行訴22） x 行政庁の訴訟参加（行訴23） xi 職権証拠調べ（行訴24） xii 審査請求との関係での自由選択主義（行訴8） xiii 原処分主義（行訴10Ⅱ）

＊1　不作為の違法確認訴訟に行政事件訴訟法9条は準用されていないが（行訴38参照）、原告に「法律上の利益」は必要と解される。
＊2　不作為の違法確認訴訟については、訴えの性質上、違法判断の基準時は口頭弁論終結時と解される。予R5-20-エ

〖第2編第5章第2節第8款（義務付け訴訟）には、登載基準を満たすフル問題がありません。〗

CORE TRAINING

01　直接型（非申請型）義務付け訴訟

□□□　行政庁に対し一定の申請又は審査請求がされていない場合において、行政庁が一定の処分をすべきであるにもかかわらずこれがされないことにより生ずる償うことのできない損害を避けるため緊急の必要があれば、義務付け訴訟を提起することができる。 オリジナル

➡ 行訴37の2Ⅰ。 ✕
その損害を避けるため他に適当な方法がないときに限り、提起することができる　1❶ii

□□□　非申請型義務付け訴訟は、行政庁が第三者に対する規制権限の行使をしない場合に、その行使を求めて提起することが想定されているため、自己に対する処分の義務付けを求めて提起することはできない。 予R3-20-ウ

➡ 行訴37の2Ⅲ。 ✕
自己に対する処分の義務付けを求めて提起することは否定されていない　1❶iii

CORE PLUS

1 直接型義務付け訴訟（行訴3Ⅵ①）

❶ 訴訟要件	i 「一定の処分がされないことにより重大な損害を生じるおそれ」（損害の重大性、行訴37の2Ⅰ）
	ii 「その損害を避けるため他に適当な方法がないとき」（補充性、行訴37の2Ⅰ） オリジナル
	iii 「行政庁が一定の処分をすべき旨を命ずることを求めるにつき法律上の利益を有する者」（法律上の利益、行訴37の2Ⅲ） 予R3-20-ウ
	iv 被告適格（行訴38Ⅰ・11）
	v 管轄（行訴38Ⅰ・12）
❷ 本案勝訴要件（行訴37の2Ⅴ）	i 裁量の余地がない場合 →「行政庁がその処分をすべきであることがその処分の根拠となる法令の規定から明らかである」と認められること
	ii 裁量権の逸脱・濫用の場合 →「行政庁がその処分をしないことがその裁量権の範囲を超え若しくはその濫用となると認められる」こと
❸ 取消訴訟の規定の準用（行訴38Ⅰ）*	i 被告適格（行訴11）　vii 原告による請求の追加的併合（行訴19）
	ii 管轄（行訴12）　viii 訴えの変更（行訴21）
	iii 関連請求に係る訴訟の移送（行訴13）　ix 第三者の訴訟参加（行訴22）
	iv 請求の客観的併合（行訴16）　x 行政庁の訴訟参加（行訴23）
	v 共同訴訟（行訴17）　xi 職権証拠調べ（行訴24）
	vi 第三者による請求の追加的併合（行訴18）

*　認容判決については、行政事件訴訟法38条1項によって、判決の拘束力（行訴33）、訴訟費用の裁判の効力（行訴35）の規定が準用される。他方、取消判決の第三者効を定めた規定（行訴32）は準用されない。

5章 行政争訟法

CORE TRAINING

02　申請満足型義務付け訴訟

□□□　申請型義務付け訴訟は、申請拒否処分がされたことが前提となるため、申請に対する応答がない段階では提起することができず、その場合には不作為の違法確認訴訟によることとなる。予R3-20-イ

➡ 行訴37の3 I ①
② ❶ i a　×

□□□　法令に基づく申請に対し相当の期間内に何らの処分がされないとして義務付けの訴えを提起する場合には、当該処分に係る不作為の違法確認の訴えをこれに併合して提起しなければならない。H26-32-エ

➡ 行訴37の3 I ①、同条Ⅲ② ② ❶ i c　○

□□□　生活保護開始申請を却下された者は、保護の実施機関において生活保護を開始しないことが裁量権の範囲の逸脱又は濫用に当たるといえるならば、却下処分の取消しの訴えに代えて、生活保護開始決定の義務付けの訴えを適法に提起することができる。H24-34-ア

➡ 行訴37の3Ⅲ②　処分・裁決に係る取消訴訟又は無効等確認訴訟と併合して提起する必要がある ② ❶ ii c　×

□□□　取消訴訟と義務付け訴訟が併合して提起されている場合、両訴訟の弁論及び裁判は、分離しないでしなければならないから、裁判所は、両訴訟に係る判決を同時にしなければならない。H24-34-エ

➡ 行訴37の3 Ⅵ前段 ② * 1　×

□□□　第三者を名あて人とする処分の義務付け判決には第三者効があるとされているので、名あて人となる第三者が当該義務付け判決に基づいてされる処分の適法性を争うには、再審の手続によらなければならない。H18-35-ア

➡ 行訴38 I が32 I を準用していないため、義務付けの判決には第三者効がなく、処分の取消訴訟で争う ② * 2　×

CORE PLUS

② 申請型義務付け訴訟（行訴3 Ⅵ②）

❶ 訴訟要件 （行訴37 の3）	i 不作為類型 　a 「当該法令に基づく申請又は審査請求に対し相当の期間内に何らの処分又は裁決がなされないこと」（Ⅰ①）予R3-20-イ 　b 「法令に基づく申請又は審査請求をした者」であること（Ⅱ） 　c 不作為の違法確認訴訟を併合提起すること（Ⅲ①）H26-32-エ ii 拒否処分類型 　a 「当該法令に基づく申請又は審査請求を却下し又は棄却する旨の処分又は裁決がされた場合において、当該処分又は裁決が取り消されるべきものであり、又は無効若しくは不存在であること」（Ⅰ②） 　b 「法令に基づく申請又は審査請求をした者」であること（Ⅱ） 　c 取消訴訟又は無効等確認訴訟を併合提起すること（Ⅲ②）*1 H24-34-ア
❷ 本案勝訴要件 （行訴37 の3 Ⅴ）	i 裁量の余地がない場合 　a 併合提起された請求に理由があると認められること 　b 「行政庁がその処分若しくは裁決をすべきであることがその処分若しくは裁決の根拠となる法令の規定から明らかである」と認められること ii 裁量権の逸脱・濫用の場合 　a 併合提起された請求に理由があると認められること 　b 「行政庁がその処分若しくは裁決をしないことがその裁量権の範囲を超え若しくはその濫用となると認められる」こと
❸ 取消訴訟の規定の準用 （行訴38 Ⅰ）*2	i 被告適格（行訴11） ii 管轄（行訴12） iii 関連請求に係る訴訟の移送（行訴13） iv 請求の客観的併合（行訴16） v 共同訴訟（行訴17） vi 第三者による請求の追加的併合（行訴18） vii 原告による請求の追加的併合（行訴19） viii 訴えの変更（行訴21） ix 第三者の訴訟参加（行訴22） x 行政庁の訴訟参加（行訴23） xi 職権証拠調べ（行訴24）

*1　併合提起された義務付け訴訟及び取消訴訟等については、その弁論及び裁判を分離しないでしなければならない（行訴37の3 Ⅳ）。もっとも、裁判所は、審理の状況その他の事情を考慮して、取消訴訟等についてのみ終局判決をすることがより迅速な争訟の解決に資すると認めるときは、当該訴訟についてのみ終局判決をすることができる（同Ⅵ）。H24-34-エ

*2　行政事件訴訟法38条1項は、認容判決について、取消判決の第三者効を定めた規定（行訴32）を準用していない。H18-35-ア

5章

行政争訟法

CORE TRAINING

03　仮の義務付け

□□□　タクシー会社であるＸが、道路運送法に基づき、運賃及び料金の認可申請をしたところ、処分行政庁から申請を拒否する処分を受けた事例においては、仮の救済手段として仮の義務づけの申立てを提起することが適切である。　予H30-22-ア

➡ 申請内容を実現する処分の義務付けを求めるには、申請型義務付け訴訟及び仮の義務付けの申立て（行訴37の5Ⅰ）を提起することが適切であるといえる　○

□□□　行政庁に対し一定の処分を求める申請を行い、当該行政庁がその処分をすべきであるのにこれがされない場合、当該処分につき仮の義務付けの申立てをするには、併せて不作為の違法確認の訴えを提起するだけでは足りず、更に義務付けの訴えを提起する必要がある。　予H27-23-エ

➡ 行訴37の5Ⅰ　3❶ⅰ　○

□□□　裁判所がした仮の義務付けを認める決定が確定し、当該決定に基づいて行政庁が処分をした場合でも、裁判所は、当該決定確定後に事情が変更したときは、当該決定における相手方の申立てにより、当該決定を取り消すことができる。　予R3-21-エ

➡ 行訴37の5Ⅳ・26Ⅰ　3❸ⅱ　○

CORE PLUS

3 仮の義務付け（行訴37の5）

❶ 積極的要件 （行訴37の5Ⅰ）	ⅰ 義務付けの訴えが係属していること　予H27-23-エ ⅱ 義務付けの訴えに係る処分又は裁決がされないことにより生ずる償うことのできない損害があること ⅲ 償うことのできない損害を避けるための緊急の必要があること ⅳ 本案について理由があるとみえること
❷ 消極的要件 （行訴37の5Ⅲ）	公共の福祉に重大な影響を及ぼすおそれのないこと
❸ 準用条文 （行訴37の5Ⅳ）	ⅰ 執行停止（行訴25ⅤからⅧ） ⅱ 事情変更による執行停止の取消し（行訴26）　予R3-21-エ ⅲ 内閣総理大臣の異議（行訴27） ⅳ 管轄裁判所（行訴28） ⅴ 取消判決の効力（行訴33Ⅰ）

No. 040	論	義務付けの訴えと差止めの訴え 予H28-22	□　月　　日 □　月　　日 □　月　　日

　行政事件訴訟法第3条第6項、第7項に定める「義務付けの訴え」及び「差止めの訴え」に関する次のアからウまでの各記述について、法令又は最高裁判所の判例に照らし、正しいものに○、誤っているものに×を付した場合の組合せを、後記1から8までの中から選びなさい。

□□□　ア．行政庁が一定の処分をすべき旨を命ずる判決は、常に第三者に対しても効力を有するから、行政庁が判決に従って当該処分をした場合、当該処分の名宛人は当該処分の効力を争うことはできない。

□□□　イ．「差止めの訴え」の訴訟要件については、一定の処分がされようとしていること、すなわち、行政庁によって一定の処分がされる蓋然性があることが、救済の必要性を基礎付ける前提として必要となる。

□□□　ウ．裁判所が、「差止めの訴え」に係る処分につき、行政庁がその処分をしてはならない旨を命ずる判決をすることができるのは、その処分につき行政庁に裁量が認められていない場合に限られる。

1．ア○　イ○　ウ○　　　2．ア○　イ○　ウ×　　　3．ア○　イ×　ウ○
4．ア○　イ×　ウ×　　　5．ア×　イ○　ウ○　　　6．ア×　イ○　ウ×
7．ア×　イ×　ウ○　　　8．ア×　イ×　ウ×

5章

行政争訟法

| No.
040 | 正解　6 | いかなる場面でどのような訴訟が提起できるのかを
意識しながら、各訴訟要件の意義を正確におさえよう。 | 正答率
83.8% |

ア　誤り。

　取消判決の**第三者効**を定める行政事件訴訟法32条１項は、**取消訴訟以外の抗告訴訟に**ついて**準用されていないため**（行訴38条１項参照）、**義務付け訴訟**（行訴３条６項）の**認容判決の効力**は、**当該訴訟当事者以外の第三者**に対して**及ばない。**したがって、義務付け判決後、行政庁が当該判決に従って処分をした場合、当該処分の名宛人は当該処分の効力を争うことができる。

イ　正しい。

　差止訴訟は、その定義規定（行訴３条７項）からも明らかなように、「一定の処分……がされようとしている場合」に提起することができるものであるから、救済の必要性を基礎付ける要件として、行政庁によって一定の処分がされる**蓋然性があることが訴訟要件**として求められる。判例も、「法定抗告訴訟たる差止めの訴えの訴訟要件については、まず、一定の処分がされようとしていること（行訴３条７項）、すなわち、行政庁によって一定の処分がされる蓋然性があることが、救済の必要性を基礎付ける前提として必要となる」としている（最判平24．2．9百選Ⅱ200事件）。

ウ　誤り。

　差止訴訟の**本案勝訴要件**は、①**羈束処分**の場合には、行政庁がその**処分又は裁決をすべきでないこと**がその処分又は裁決の**根拠**となる**法令の規定から明らかである**と認められること、②**裁量処分**の場合には、行政庁がその処分又は裁決をすることがその**裁量権の範囲を超え**又はその**濫用となる**と認められることである（行訴37条の４第５項）。そのため、行政庁に裁量が認められるものの、その範囲を逸脱・濫用したと認められる場合にも、行政庁がその処分をしてはならない旨の判決がされる。したがって、裁判所が、「差止めの訴え」に係る処分につき、行政庁がその処分をしてはならない旨を命ずる判決をすることができるのは、その処分につき行政庁に裁量が認められていない場合に限られない。

文献　試験対策講座345、349、350頁

CORE TRAINING

□□□　差止めの訴えを提起することができるのは、行政庁が一定の処分又は裁決をしてはならない旨を命ずることを求めるにつき法律上の利益を有する者に限られる。H24-34-ウ　　➡行訴37の4 Ⅲ　　○
1 ❶

□□□　処分の取消しの訴えの原告適格に関する行政事件訴訟法第9条第2項の規定は、処分の差止めの訴えの原告適格の判断について、準用されている。予H25-18-エ　　➡行訴37の4 Ⅳ　　○
1 ❷

CORE PLUS

1 差止訴訟の原告適格

❶ 原告適格	「行政庁が一定の処分又は裁決をしてはならない旨を命ずることを求めるにつき法律上の利害を有する者」(行訴37の4 Ⅲ) H24-34-ウ
❷ 解釈指針（行訴37の4Ⅳ・9Ⅱ）	「当該処分又は裁決の根拠となる法令の規定の文言のみによることなく、当該法令の趣旨及び目的並びに当該処分において考慮されるべき利益の内容及び性質を考慮するものとする。この場合において、当該法令の趣旨及び目的を考慮するに当たっては、当該法令と目的を共通にする関係法令があるときはその趣旨及び目的をも参酌するものとし、当該利益の内容及び性質を考慮するに当たっては、当該処分又は裁決がその根拠となる法令に違反してされた場合に害されることとなる利益の内容及び性質並びにこれが害される態様及び程度をも勘案するものとする」予H25-18-エ
❸ 判例	判例は、都市計画法33条1項7号の趣旨から、開発区域内の土地が都市計画法33条1項7号にいう崖崩れのおそれが多い土地等に当たる場合には、開発行為によって崖崩れ等があれば直接的な被害を受けることが予想される範囲の地域に居住する者は、開発許可の差止めを求める「法律上の利益を有する者」(行訴37の4 Ⅲ)に当たるとしている(最判平9.1.28)

5 章 行政争訟法

191

CORE TRAINING

□□□ 差止訴訟においては、訴訟要件として、一定の処分又は裁決がされることにより「重大な損害を生ずるおそれ」があること、すなわち損害の重大性の要件が定められているほか、「その損害を避けるため他に適当な方法があるとき」ではないこと、すなわち補充性の要件が定められている。予R3-20-エ

➡ 行訴37の4 I
2 ❶ i 、ii ○

□□□ 取消判決の第三者効を定めた行政事件訴訟法第32条第1項は、差止めの訴えにも準用されるから、Aが原告として提起したBの申請に対する許可処分の差止めの訴えに係る請求を認容する判決が確定した場合、当該判決の効力は、Bにも及ぶ。予R5-20-ア

➡ 行訴38 I 参照
2 ＊2 ✕

CORE PLUS

② 差止訴訟（行訴3 Ⅶ）

❶ 訴訟要件 （行訴37の 4 I、Ⅲ）	i 「一定の処分がされることにより重大な損害を生じるおそれ」（損害の重大性）＊1 予R3-20-エ
	ii その損害を避けるため他に適当な方法がないとき（補充性）予R3-20-エ
	iii 「行政庁が一定の処分をしてはならない旨を命ずることを求めるにつき法律上の利益を有する者」（原告適格）
❷ 本案勝訴 要件 （行訴37の 4 V）	i 裁量の余地がない場合 →「行政庁がその処分をすべきでないことがその処分の根拠となる法令の規定から明らかである」と認められること
	ii 裁量権の逸脱・濫用の場合 →「行政庁がその処分をすることがその裁量権の範囲を超え若しくはその濫用となると認められる」こと
❸ 取消訴訟 の規定の 準用 （行訴38 I）＊2	i 被告適格（行訴11）　　　　　　vii 原告による請求の追加的併合（行訴19） ii 管轄（行訴12）　　　　　　　　viii 訴えの変更（行訴21） iii 関連請求に係る訴訟の移送（行訴13）　ix 第三者の訴訟参加（行訴22） iv 請求の客観的併合（行訴16）　　x 行政庁の訴訟参加（行訴23） v 共同訴訟（行訴17）　　　　　　xi 職権証拠調べ（行訴24） vi 第三者による請求の追加的併合（行訴18）

＊1 判例は、「損害の重大性」につき、「処分がされることにより生ずるおそれのある損害が、処分がされた後に取消訴訟等を提起して執行停止の決定を受けることなどにより容易に救済を受けることができるものではなく、処分がされる前に差止めを命ずる方法によるのでなければ救済を受けることが困難なものであることを要する」としている（最判平24.2.9百選Ⅱ200事件）。

＊2 認容判決については、行政事件訴訟法38条1項によって、取消判決等の拘束力（行訴33）、訴訟費用の裁判の効力（行訴35）の規定が準用される。他方、取消判決の第三者効を定めた規定（行訴32）は準用されない。予R5-20-ア

CORE TRAINING

□□□ 地方公務員であるXが、非行があったとして、懲戒権者から地方公務員法に基づき停職処分をされようとしている事例において、仮の救済の申立ての手段として、仮の差止めの申立てを行うことが適切である。予H30-22-ウ

➡ 当該処分を事前に差し止めるため、差止訴訟（行訴3 Ⅶ）を提起したうえで、仮の救済として、仮の差止めの申立て（行訴37の5Ⅱ）を提起することが適切である ○

□□□ 仮の差止めの申立ては、処分又は裁決がされることにより生ずる償うことのできない損害を避けるため緊急の必要がある場合にされるものであり、本案訴訟を提起せずに申し立てることができる。予R3-21-ア

➡ 行訴37の5Ⅱ ③❶ⅰ ✕

□□□ 仮の差止めの申立てがあった場合には、内閣総理大臣は、裁判所に対し、異議を述べることができるが、仮の差止めを認める決定があった後には、もはやこれを述べることができない。予R3-21-イ

➡ 行訴37の5Ⅳ、27Ⅰ後段 ③❸ⅲ ✕

CORE PLUS

③ 仮の差止め（行訴37の5）

❶ 積極的要件（行訴37の5Ⅱ）	ⅰ 差止めの訴えが係属していること 予R3-21-ア ⅱ 差止めの訴えに係る処分又は裁決がされないことにより生ずる償うことのできない損害があること ⅲ 償うことのできない損害を避けるため緊急の必要があること ⅳ 本案について理由があるとみえるとき
❷ 消極的要件（行訴37の5Ⅲ）	公共の福祉に重大な影響を及ぼすおそれがないこと
❸ 準用条文（行訴37の5Ⅳ）	ⅰ 執行停止（行訴25ⅤからⅧ） ⅱ 事情変更による執行停止の取消し（行訴26） ⅲ 内閣総理大臣の異議（行訴27）予R3-21-イ ⅳ 管轄裁判所（行訴28） ⅴ 取消判決の効力（行訴33Ⅰ）

5章 行政争訟法

MEMO

No.
041

在外日本人選挙権剥奪違法確認等請求事件
H18-38

☐　月　日
☐　月　日
☐　月　日

　次の文章は、在外日本人選挙権剥奪違法確認等請求事件に関し、衆議院小選挙区選出議員の選挙及び参議院選挙区選出議員の選挙において選挙権を行使する権利を有することの確認を求める訴えの適法性について判断した最高裁判所平成17年9月14日大法廷判決の一部分を抜き出したものである。後記語群から適切な言葉を選択して空欄ア、イ、ウに入れて文章を完成させる場合の正しい組合せを、後記1から6までの中から選びなさい。

　　「本件の確認請求に係る訴えは、［ア］のうち［イ］と解することができるところ、その内容をみると、公職選挙法附則第8項につき所要の改正がされないと、在外国民である上告人らが、今後直近に実施されることになる衆議院議員の総選挙における小選挙区選出議員の選挙及び参議院議員の通常選挙における選挙区選出議員の選挙において投票をすることができず、選挙権を行使する権利を侵害されることになるので、そのような事態になることを防止するために、同上告人らが、同項が違憲無効であるとして、当該各選挙につき選挙権を行使する権利を有することの確認をあらかじめ求める訴えであると解することができる。

　　選挙権は、これを行使することができなければ意味がないものといわざるを得ず、侵害を受けた後に争うことによっては権利行使の実質を回復することができない性質のものであるから、その権利の重要性にかんがみると、［ウ］選挙につき選挙権を行使する権利の有無につき争いがある場合にこれを有することの確認を求める訴えについては、それが有効適切な手段であると認められる限り、確認の利益を肯定すべきものである。そして、本件の確認請求に係る訴えは、［イ］として、上記の内容に照らし、確認の利益を肯定することができるものに当たるというべきである。」

【語　群】
　a．無名抗告訴訟　　　　b．民衆訴訟　　　　c．公法上の当事者訴訟
　d．公職選挙法上の選挙訴訟　　　e．不作為の違法確認の訴え
　f．公法上の法律関係に関する確認の訴え　　　g．過去の
　h．具体的な　　　i．特定の種類の
1．a　f　g　　　　2．b　d　g　　　　3．b　d　i
4．c　e　h　　　　5．c　f　h　　　　6．c　f　g

5章

行政争訟法

| No. 041 | 正解 5 | 行政事件訴訟の類型を正確に理解したうえで、本件訴えがいずれの類型に当たるか判断しよう。 | 正答率 80%以上 |

《原　文》

「本件の確認請求に係る訴えは、［ア＝ c. 公法上の当事者訴訟］のうち［イ＝ f. 公法上の法律関係に関する確認の訴え］と解することができるところ、その内容をみると、公職選挙法附則第8項につき所要の改正がされないと、在外国民である上告人らが、今後直近に実施されることになる衆議院議員の総選挙における小選挙区選出議員の選挙及び参議院議員の通常選挙における選挙区選出議員の選挙において投票をすることができず、選挙権を行使する権利を侵害されることになるので、そのような事態になることを防止するために、同上告人らが、同項が違憲無効であるとして、当該各選挙につき選挙権を行使する権利を有することの確認をあらかじめ求める訴えであると解することができる。

選挙権は、これを行使することができなければ意味がないものといわざるを得ず、侵害を受けた後に争うことによっては権利行使の実質を回復することができない性質のものであるから、その権利の重要性にかんがみると、［ウ＝ h. 具体的な］選挙につき選挙権を行使する権利の有無につき争いがある場合にこれを有することの確認を求める訴えについては、それが有効適切な手段であると認められる限り、確認の利益を肯定すべきものである。そして、本件の確認請求に係る訴えは、［イ＝ f. 公法上の法律関係に関する確認の訴え］として、上記の内容に照らし、確認の利益を肯定することができるものに当たるというべきである。」（最大判平17.9.14百選Ⅱ202事件、在外日本人選挙権剥奪違憲確認等請求事件）

【穴埋めについて】

［ア］、［イ］について──本判決は、「本件確認請求に係る訴えは、［ア］のうち［イ］と解する」としているので、［ア］と［イ］は、後者が前者に包含されている関係にある。【語群】のなかからそのような関係となる語句を探すと、aとe、bとd、cとfがこれに当たる。そして、本判決がいう「確認請求に係る訴え」は、「在外国民である上告人らが……選挙につき選挙権を行使する権利を有することの確認をあらかじめ求める訴え」であるから、主観訴訟であり、しかも公権力の行使に関する不服を争う訴訟（抗告訴訟）ではない。したがって、［ア］にはc、［イ］にはfが入る。

［ウ］について──本判決は、「確認請求に係る訴え」は、「在外国民である上告人らが、今後直近に実施される……当該各選挙につき選挙権を行使する権利を有することの確認をあらかじめ求める訴えである」としているため、将来における具体的な選挙につき選挙権を行使する場面を問題にしている。したがって、［ウ］にはhが入る。

文献 試験対策講座356〜360頁。判例シリーズ78事件

CORE TRAINING

01　形式的当事者訴訟

□□□　収用委員会の裁決のうち損失の補償に不服がある被収用者は、起業者を被告として、正当な補償額と裁決に定められていた補償額との差額の給付を求める訴えを提起すると共に、収用委員会を被告として、裁決の取消しを求める訴えを提起することが必要である。H20-22-ア

➡ 土地の所有者は、収用委員会ではなく、起業者を被告として形式的当事者訴訟を提起しなければならない（収用133Ⅲ）が、裁決の取消しを求める必要はない　**×**　1

CORE PLUS

1　形式的当事者訴訟の例　H20-22-ア

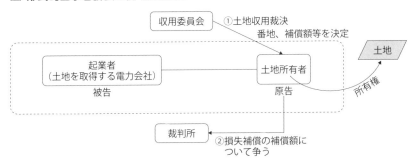

C O R E   T R A I N I N G

02　実質的当事者訴訟

□□□　公法上の法律関係に関する確認の訴えその他の公法上の法律関係に関する訴訟を実質的当事者訴訟というが、国の行政機関がした行政指導に対して、行政指導に従う義務が不存在であることの確認を求める実質的当事者訴訟を提起する場合、被告とすべき者は当該行政指導を行った国の行政機関であって、国を被告とすることはできない。オリジナル①

➡ 実質的当事者訴訟の被告適格について、行政事件訴訟法は特に規定を置いていないため、民事訴訟の一般原則に従う（行訴7）　✕

□□□　当事者訴訟の請求認容判決の効力は、処分または裁決を行った行政庁や第三者に対しても及ぶ。オリジナル②

➡ 拘束力の規定は準用されているが（行訴41Ⅰ・33Ⅰ）、第三者効は準用されていない（行訴32Ⅰ）　2 ❷ iii、❸ i　✕

□□□　公権力の行使に関わらない公法上の法律関係に関する確認の訴えについて、執行停止に関する行政事件訴訟法の規定は準用されないから、同訴えと併せて執行停止の申立てをすることは不適法である。予H27-23-ウ

➡ 実質的当事者訴訟には執行停止の規定が準用されていない（行訴41参照）　2 ❸ ii　◯

C O R E   P L U S

② 実質的当事者訴訟の効果

❶ 効果	取消訴訟の規定が準用される（行訴41）
❷ 行訴41条によって準用される条文	i　行政庁の訴訟参加（行訴23） ii　職権証拠調べ（行訴24） iii　判決の拘束力（行訴33Ⅰ）オリジナル② iv　訴訟費用の裁判の効力（行訴35） v　釈明処分の特則（行訴23の2）
❸ 行訴41条によって準用されない条文	i　第三者効（行訴32Ⅰ）オリジナル② ii　執行停止（行訴25）予H27-23-ウ iii　民事保全に規定する仮処分（行訴44）

［第2編第5章第2節第11款（客観訴訟──民衆訴訟・機関訴訟）には、登載基準を満たすフル問題がありません。］

C O R E　T R A I N I N G

01　選挙関係訴訟

□□□　公職の選挙についての民衆訴訟は、公職選挙法規定のものに限られない。 オリジナル

➡ 公職の選挙について ○
いての民衆訴訟は、
農業委員会委員の
選挙、海区漁業調
整委員会の選挙に
おいても認められ
ており、公職選挙
法規定のものに限
られない

02　住民訴訟

□□□　A市の住民であるXは、A市の職員が公金の支出の手続においてした財務会計上の行為に問題があると考え、地方自治法の規定に基づき住民監査請求をすること及び住民訴訟を提起することを検討している。Xは、事案の重要性その他の事情によっては、住民監査請求をすることなく、適法に住民訴訟を提起することができる。 H26-34-イ

➡ 住民監査請求を ✕
しなければならな
い（地自242の2Ⅰ
柱書） 1 *

□□□　A市の住民であるXは、A市の職員が公金の支出の手続においてした財務会計上の行為に問題があると考え、地方自治法の規定に基づき住民監査請求をすること及び住民訴訟を提起することを検討している。住民監査請求において、Xは、当該財務会計上の行為が違法なものであることのみを主張することができ、それが不当なものであると主張することはできない。 H26-34-ア

➡ 地自242Ⅰ 1 ❷ ✕
ii

C O R E　P L U S

1 住民監査請求前置主義

❶ 意義	住民が住民訴訟を提起するためには、その前に住民監査請求（地自242）をしなければならない（地自242の2Ⅰ柱書）*
❷ 留意点	i　原則として、特定された財務会計行為すなわち「当該行為のあつた日又は終わった日から1年」以内に行わなければならない（地自242Ⅱ） ii　違法事由のみならず不当事由の監査も請求することができる。ただし、財務会計上の行為のみが監査請求の対象となる（地自242Ⅰ） H26-34-ア

*　事案の重要性その他の事情によって住民監査請求の前置を免除する規定はない。 H26-34-イ

CORE TRAINING

□□□　A市の住民であるXは、A市の職員が公金の支出の手続においてした財務会計上の行為に問題があると考え、地方自治法の規定に基づき住民監査請求をすること及び住民訴訟を提起することを検討している。Xは、住民監査請求をし監査の結果の通知を受けた場合において、一定の期間内でなければ、適法に住民訴訟を提起することができない。 H26-34-ウ

➡ 地自242の2Ⅱ。出訴期間がある ②❷　　〇

□□□　A市の住民であるXは、A市の職員が公金の支出の手続においてした財務会計上の行為に問題があると考え、地方自治法の規定に基づき住民監査請求をすること及び住民訴訟を提起することを検討している。住民訴訟において、Xは、当該財務会計上の行為が違法なものであることのみを主張することができ、それが不当なものであると主張することはできない。 H26-34-エ

➡ 地自242の2Ⅰ柱書 ②❸　　〇

CORE PLUS

2 住民訴訟

❶ 提訴権者	当該地方公共団体の住民であって、住民監査請求を行った者（地自242の2Ⅰ）
❷ 出訴期間（地自242の2Ⅱ） H26-34-ウ	i　監査委員の監査の結果又は勧告に不服がある場合は、当該監査の結果又は当該勧告の内容の通知があった日から30日以内 ii　監査委員の勧告を受けた議会、長その他の執行機関又は職員の措置に不服がある場合は、当該措置にかかる監査委員の通知があった日から30日以内 iii　監査委員が請求をした日から60日を経過しても監査又は勧告を行わない場合は、当該60日を経過した日から30日以内 iv　監査委員の勧告を受けた議会、長その他の執行機関又は職員が措置を講じない場合は、当該勧告に示された期間を経過した日から30日以内 v　この出訴期間は不変期間である（地自242の2Ⅲ）
❸ 対象	違法な会計上の行為又は怠る事実（地自242の2Ⅰ柱書）H26-34-エ

No. 042	論	国家賠償法１条１項	□ 月 日
		H22-36	□ 月 日 □ 月 日

　株式会社Ａは、建築基準法第６条の２第１項にいう指定を受けた指定確認検査機関であり、その従業員であるＢを確認検査員に選任している。Ｃ市内に建築する計画の建築物について、Ｂの実施する確認（以下「本件確認」という。）がされ、同建築物に関する完了検査が終了したが、同建築物の周辺に居住するＤは、同建築物が建築されたことによって生命、身体の安全等が害されたなどと主張している。なお、Ｃ市には建築主事が置かれている。この場合において、国家賠償に関する次のアからエまでの各記述について、法令又は最高裁判所の判例の趣旨に照らし、それぞれ正しい場合には１を、誤っている場合には２を選びなさい。

　　（参照条文）建築基準法＊
　　第６条　建築主は、第１号から第３号までに掲げる建築物を建築しようとする場合（中略）においては、当該工事に着手する前に、その計画が建築基準関係規定（この法律並びにこれに基づく命令及び条例の規定（以下「建築基準法令の規定」という。）その他建築物の敷地、構造又は建築設備に関する法律並びにこれに基づく命令及び条例の規定で政令で定めるものをいう。以下同じ。）に適合するものであることについて、確認の申請書を提出して建築主事の確認を受け、確認済証の交付を受けなければならない。（以下略）
　　２〜15　（略）
　　第６条の２　前条第１項各号に掲げる建築物の計画（中略）が建築基準関係規定に適合するものであることについて、（中略）国土交通大臣又は都道府県知事が指定した者の確認を受け、国土交通省令で定めるところにより確認済証の交付を受けたときは、当該確認は前条第１項の規定による確認と、当該確認済証は同項の確認済証とみなす。
　　２〜12　（略）
　　第77条の24　指定確認検査機関は、確認検査を行うときは、確認検査員に確認検査を実施させなければならない。
　　２〜４　（略）

□□□　ア．株式会社Ａの確認は、国家賠償法第１条第１項の「公権力の行使」には当たらない。

□□□　イ．Ｂは、株式会社Ａの従業員であるが、国家賠償法第１条第１項の「公務員」に当たる場合がある。

□□□　ウ．本件確認につきBに故意又は過失があっても、C市に株式会社Aに対する監督義務違反がない場合は、Dは、国家賠償法第1条第1項に基づく賠償を受けられない。

□□□　エ．Dが、建築工事の着工前に本件確認の取消訴訟を提起していたが、建築物に関する完了検査終了後、これを国家賠償請求訴訟に訴えを変更するとした場合、C市は、行政事件訴訟法第21条第1項の「事務の帰属する国又は公共団体」に当たる。

＊平成26年法律第54号による改正前のもの。正誤に影響なし。

| No. 042 | 正解 ア2、イ1、ウ2、エ1 | 近時の「公権力の行使」に関する判例を扱った問題である。国家賠償法１条１項の要件の意義を正確に理解しよう。 | 正答率 93.6% |

ア　誤り。

　国家賠償法１条１項の「**公権力の行使**」の意義について、判例・通説は、**純然たる私経済作用と国家賠償法２条の対象となる公の営造物の設置・管理作用を除いたすべての作用**であるとする見解（広義説）に立っている。建築基準法が規定する確認は、確認申請に係る建築物が、建築基準関係規定に適合し適法に建築し得るものであるか否かを、事前に審査する行為であって（建基６条１項柱書参照）、許可と同様の法的性質を有するものであるから、建築基準法の確認は、純然たる私経済作用ではなく、また、国家賠償法２条の対象となる公の営造物の設置・管理作用でもない国又は公共団体の作用であるといえ、「公権力の行使」に当たる。そして、株式会社Ａは、国土交通大臣により指定確認検査機関の指定を受けており、確認権限が認められている（建基６条の２第１項）。したがって、株式会社Ａの確認は、「公権力の行使」に当たる。

イ　正しい。

　国家賠償法１条１項の「**公務員**」とは、**公権力の行使を委ねられた者**をいう。アの解説で述べたように、株式会社Ａの確認は、同項の「公権力の行使」に当たる。そして、株式会社Ａは、確認検査を実施するために、その従業員であるＢを確認検査員に選任してＢに確認検査を実施させていることから（建基77条の24第１項）、Ｂの確認検査も「公権力の行使」に当たる。このように、Ｂは、公権力の行使を委ねられた者であるから、確認検査権限を行使する限りにおいて、「公務員」に当たる。

ウ　誤り。

　国家賠償法１条１項には、民法715条１項ただし書のような免責規定はない。したがって、Ｃ市に株式会社Ａに対する監督義務違反があるかどうかにかかわらず、国家賠償法１条１項に規定する要件を満たせば、Ｄは、同項に基づく賠償を受けられる。

エ　正しい。

　判例は、指定確認検査機関が行ったマンションの建築確認に対する取消訴訟を提起した周辺住民が、当該訴訟の係属中に完了検査が終了し、当該確認の取消しを求める訴えの利益が消滅したため、市に対する国家賠償訴訟への訴えの変更を申し立てた事案において、「指定確認検査機関の確認に係る建築物について確認をする権限を有する建築主事が置かれた地方公共団体は、指定確認検査機関の当該確認につき行政事件訴訟法21条１項所定の『当該処分又は裁決に係る事務の帰属する国又は公共団体』に当たる」としている（最決平17.6.24百選Ⅰ5事件）。

文献　試験対策講座324、380、381、388頁

No. 043	国家賠償請求	□　月　　日 □　月　　日 □　月　　日

予H30-23

　国家賠償に関する次のアからエまでの各記述について、最高裁判所の判例に照らし、それぞれ正しい場合には1を、誤っている場合には2を選びなさい。

　ア．行政処分が違法であることを理由として国家賠償請求をするについては、あらかじめ当該行政処分について取消し又は無効確認の判決を得なければならないものではなく、このことは、当該行政処分が金銭を納付させることを直接の目的としており、その違法を理由とする国家賠償請求を認容したとすれば、結果的に当該行政処分を取り消した場合と同様の経済的効果が得られるという場合であっても異ならない。

　イ．建築基準法によると、建築物の所有者が有する財産上の利益は法律上保護された利益ではないから、建築確認を行う際に建築主事が職務上尽くすべき義務を尽くさず、建築物の所有者に損害が生じたとしても、建築物の所有者に対する、建築主事が所属する公共団体の国家賠償責任は認められない。

　ウ．国家賠償法第1条第1項の「その職務を行うについて」とは、少なくとも公務員が主観的に権限行使の意思を有して、当該権限行使を行う場合に限られるから、客観的に職務執行の外形を備える行為によって、他人に損害を加えた場合であっても、当該公務員に権限行使の意思が認められない場合には、当該公務員個人の損害賠償責任は別として、国家賠償責任は認められない。

　エ．監獄の長が行った未成年者との面会を拒否する処分が、旧監獄法による委任の範囲を超えた命令に基づいていることを理由として違法とされたとしても、当該命令の適法性につき、長期間にわたって、実務上特に疑いを差し挟む解釈をされたことも裁判上とりたてて問題とされたこともないといった事情があり、監獄の長にとって当該命令が委任の範囲を超えることが容易に理解できなかった場合には、上記の違法を理由とする国家賠償責任は認められない。

No. 043	正解 ア1、イ2、ウ2、エ1	国家賠償請求における頻出判例は、理由づけも含めてしっかり理解しよう。	正答率 71.6%

ア　正しい。

　判例は、本記述と同様の事案において、行政処分が違法であることを理由として国家賠償請求をする場合には、あらかじめ取消し又は無効確認の判決を得る必要はないとしたうえで、「このことは、当該行政処分が金銭を納付させることを直接の目的としており、その違法を理由とする国家賠償請求を認容したとすれば、結果的に当該行政処分を取消した場合と同様の経済的効果が得られるという場合であっても異ならないというべきである」としている（最判平22.6.3百選Ⅱ227事件）。これは、金銭の給付に係る処分の違法を理由として国家賠償請求をする際にあらかじめ当該処分の取消判決を得ることを必要とすると、出訴期間の制約などによってもたらされる法的安定性を優先させて国家賠償責任を否定することになり、被害者救済の観点から妥当性を欠くからである。

イ　誤り。

　判例は、建築主個人の所有権に対する保護について、建築基準法の制度趣旨から「建築確認制度の目的には、建築基準関係規定に違反する建築物の出現を未然に防止することを通じて得られる個別の国民の利益の保護が含まれており、建築主の利益の保護もこれに含まれている」としている（最判平25.3.26百選Ⅱ215事件）。したがって、建築物の所有者が有する財産上の利益も建築基準法により保護された利益であり、仮に職務上尽くすべき注意義務を尽くさずに損害が生じた場合には違法となる。

ウ　誤り。　　　　　　　　　　　　　　　　　　　　類 予R4-23-イ 、予H25-22-イ

　判例は、非番の警察官が制服制帽を着用して強盗に及び、被害者を死亡させたという事案において、公務員に主観的に権限行使の意思がない場合においても、**客観的に職務執行の外形を備える行為**によって他人に損害を加えた場合には、国家賠償法1条1項にいう**「職務を行うについて」に該当し**、国家賠償責任が認められるとしている（最判昭31.11.30百選Ⅱ223事件）。

エ　正しい。

　判例は、本記述と同様の事案において、旧監獄法施行規則120条（及び124条）は、公布されてから長期間にわたり施行されてきたこと、それらの規定について、実務上特に疑いを差し挟む解釈がされたことも、裁判上とりたてて問題とされたこともなかったこと、及び第1、2審がそれらの規定の有効性を肯定していることに鑑みれば、監獄の長にとって当該命令が委任の範囲を超えることが容易に理解可能ではなかったのであり、国家賠償法1条1項にいう「過失」はないとして、国家賠償責任を否定している（最判平3.7.9百選Ⅰ45事件、監獄法事件）。

文献　試験対策講座76、77、91、381〜383頁。判例シリーズ11、17、81事件

No. 044 | 国家賠償法 | 予H29-22

□ 月 日
□ 月 日
□ 月 日

国家賠償法に関する次のアからエまでの各記述について、法令又は最高裁判所の判例に照らし、それぞれ正しい場合には1を、誤っている場合には2を選びなさい。

□□□　ア．国又は公共団体の公務員による規制権限の不行使は、その権限を定めた法令の趣旨、目的や、その権限の性質等に照らし、具体的事情の下において、その不行使が許容される限度を逸脱して著しく合理性を欠くと認められるときは、その不行使により被害を受けた者との関係において、国家賠償法第1条第1項の適用上違法となる。

□□□　イ．国家賠償法第1条は、加害行為が公務員の故意又は重過失による場合には、被害者が当該公務員個人に対して賠償請求することを妨げない趣旨である。

□□□　ウ．道路の設置又は管理の瑕疵に基づく国又は公共団体の賠償責任については、過失の存在を必要としないから、道路の安全性が欠如していたために事故が発生した場合、道路管理者が道路を安全な状態に保つことが可能であったか否かにかかわらず、賠償責任を免れない。

□□□　エ．河川の管理についての瑕疵の有無は、河川管理における財政的、技術的及び社会的諸制約の下での同種・同規模の河川の管理の一般的水準及び社会通念に照らして是認し得る安全性を備えていると認められるか否かを基準として判断される。

No. 044　正解　ア1、イ2、ウ2、エ1
国家賠償法に関する下記の判例について、規範部分をしっかりと記憶しよう。
正答率 81.0%

ア　正しい。

　判例は、通商産業大臣が石炭鉱山におけるじん肺発生防止のための鉱山保安法上の保安規制の権限を行使しなかったという事案について、「国又は公共団体の公務員による規制権限の不行使は、その権限を定めた法令の趣旨、目的や、その権限の性質等に照らし、具体的事情の下において、その不行使が許容される限度を逸脱して著しく合理性を欠くと認められるときは、その不行使により被害を受けた者との関係において、国家賠償法1条1項の適用上違法となる」としている（最判平16.4.27）。

イ　誤り。

　判例は、**公権力の行使に当たる公務員の職務行為に基づく損害**については、**国又は公共団体が賠償の責任を負う**のであり、**当該公務員は**、行政機関としての地位においても、個人としても、被害者に対しその**責任を負担するものではない**としている（最判昭30.4.19百選Ⅱ228事件）。

ウ　誤り。

　判例は、国家賠償法2条1項の営造物の設置又は管理の瑕疵とは、営造物が通常有すべき安全性を欠いていることをいい、これに基づく国及び公共団体の賠償責任については、その過失の存在を必要としないとしている（最判昭45.8.20百選Ⅱ230事件、高知落石事件）。もっとも、判例は、県道上に道路管理者の設置した工事標識板などが倒れ、赤色灯が消えたままになっていた事案において、これが、夜間、しかも事故発生の直前に先行した他車によって惹起されたものであり、時間的に道路管理者において遅滞なく原状に復し道路を安全良好な状態に保つことは不可能であったことを理由に、道路管理の瑕疵を否定している（最判昭50.6.26）。

エ　正しい。

　判例は、国家賠償法2条1項における河川の管理についての瑕疵の有無は、過去に発生した水害の規模、発生の頻度、発生原因、被害の性質、降雨状況、流域の地形その他の自然的条件、土地の利用状況その他の社会的条件、改修を要する緊急性の有無及びその程度など諸般の事情を総合的に考慮し、このような諸制約の下での同種・同規模の**河川の管理の一般水準及び社会通念に照らして是認し得る安全性を備えていると認められるかどうかを基準**として判断するとしている（最判昭59.1.26百選Ⅱ232事件、大東水害訴訟）。

文献 試験対策講座37、378、384～386、388、391、394、395頁。判例シリーズ89、90、91事件

No.
045

国家賠償

予R2-22

□　月　　日
□　月　　日
□　月　　日

　国家賠償に関する次のアからウまでの各記述について、最高裁判所の判例に照らし、正しいものに○、誤っているものに×を付した場合の組合せを、後記1から8までの中から選びなさい。

　ア．警察官が、交通法規等に違反して車両で逃走する者をパトカーで追跡する職務の執行中に、逃走車両の走行により第三者が損害を被った場合、当該警察官の職務執行は、当該追跡が職務目的を遂行する上で必要なものであり、かつ、追跡の開始・継続及び追跡の方法が相当であったとしても、当該第三者に対する関係では違法なものとなる。

　イ．国の公権力の行使に当たる公務員が、その職務を行うについて、故意により違法に他人に損害を与えた場合であっても、国は被害者に対し賠償責任を負うが、当該公務員個人は被害者に対し直接に賠償責任を負わない。

　ウ．裁判官による争訟の裁判に事実認定や法律解釈の誤りがあった場合には、上訴等の訴訟法上の救済方法によって是正することが予定されているから、当該裁判官が違法又は不当な目的をもって上記のような誤った裁判をした場合であっても、国の賠償責任を生ずることはない。

1．ア○　イ○　ウ○　　　2．ア○　イ○　ウ×　　　3．ア○　イ×　ウ○
4．ア○　イ×　ウ×　　　5．ア×　イ○　ウ○　　　6．ア×　イ○　ウ×
7．ア×　イ×　ウ○　　　8．ア×　イ×　ウ×

| No.
045 | 正解 6 | 関連判例と合わせてしっかりと確認しておこう。 | 正答率
69.6% |

ア　誤り。

　判例は、本記述と同様の事案において、「追跡行為が違法であるというためには、右追跡が当該職務目的を遂行する上で不必要であるか、又は逃走車両の逃走の態様及び道路交通状況等から予測される被害発生の具体的危険性の有無及び内容に照らし、追跡の開始・継続若しくは追跡の方法が不相当であることを要する」としている（最判昭61．2．27百選Ⅱ210事件）。したがって、追跡が職務目的を遂行するうえで必要なものであり、かつ、追跡の開始・継続及び追跡の方法が相当である場合には、当該警察官の職務執行は、当該第三者に対する関係においても違法とならない。

イ　正しい。

　前掲最判昭30年（百選Ⅱ228事件）は、県知事が農地委員会に対して解散命令を発したことに関連して、農地委員らが県知事らを被告とする解散命令の無効確認と慰謝料を請求した国家賠償請求事件において、当該請求は、「職務行為を理由とする国家賠償の請求と解すべきであるから、国または公共団体が賠償の責に任ずるのであって、公務員が行政機関としての地位において賠償の責任を負うものではなく、また公務員個人もその責任を負うものではない」としている。したがって、国の公権力の行使に当たる公務員が、その職務を行うについて、故意により違法に他人に損害を与えた場合であっても、国は被害者に対し賠償責任を負うが、当該公務員個人は被害者に対し直接に賠償責任を負わない。

ウ　誤り。

　判例は、裁判官のした裁判に国家賠償法1条の適用があるか否かが争われた事案において、「裁判官がした争訟の裁判に上訴等の訴訟法上の救済方法によって是正されるべき瑕疵が存在したとしても、これによって当然に国家賠償法1条1項の規定にいう違法な行為があったものとして国の損害賠償責任の問題が生ずるわけのものではなく、右責任が肯定されるためには、当該裁判官が違法又は不当な目的をもって裁判をしたなど、裁判官がその付与された権限の趣旨に明らかに背いてこれを行使したものと認めうるような特別の事情があることを必要とすると解するのが相当である」としている（最判昭57．3．12百選Ⅱ221事件）。したがって、裁判官が違法又は不当な目的をもって誤った裁判をした場合、国の賠償責任が生ずる。

文献　試験対策講座378、379、382～384頁。判例シリーズ82、89事件

国家賠償法

予R3-22

□　月　日
□　月　日
□　月　日

　国家賠償法に関する次のアからウまでの各記述について、最高裁判所の判例に照らし、正しいものに○、誤っているものに×を付した場合の組合せを、後記1から8までの中から選びなさい。

　ア．憲法第17条は、国又は公共団体が公務員のどのような行為によりいかなる要件で損害賠償責任を負うかを立法府の政策判断に委ねたものであるから、公務員の不法行為による国又は公共団体の損害賠償責任を免除し、又は制限する内容の法律の規定が同条に違反するとして、無効とされることはない。

　イ．国家賠償法第2条第1項の営造物責任に関し、同法第3条第1項の「費用を負担する者」には、当該営造物の設置費用につき法律上負担義務を負う者だけでなく、この者と同等又はこれに近い設置費用を負担し、実質的にこの者と当該営造物による事業を共同して執行していると認められる者であって、当該営造物の瑕疵による危険を効果的に防止し得る者も含まれる。

　ウ．税務署長のする所得税の更正は、所得金額を過大に認定していた場合であっても、当該税務署長において職務上通常尽くすべき注意義務を尽くすことなく漫然と更正をしたと認め得るような事情がない限り、国家賠償法第1条第1項にいう違法があったとの評価を受けない。

1．ア○　イ○　ウ○　　　2．ア○　イ○　ウ×　　　3．ア○　イ×　ウ○
4．ア○　イ×　ウ×　　　5．ア×　イ○　ウ○　　　6．ア×　イ○　ウ×
7．ア×　イ×　ウ○　　　8．ア×　イ×　ウ×

| No.046 | 正解 **5** | 国家賠償法に関する基本判例を確認しておこう。 | 正答率 77.8% |

ア　誤り。

　特別送達郵便物について、郵便業務従事者の軽過失による不法行為に基づき損害が生じた場合に、国家賠償法に基づく国の損害賠償責任を免除し、又は制限する規定の合憲性が問題となった事案において、判例は、憲法17条は「国又は公共団体が……公務員のどのような行為によりいかなる要件で損害賠償責任を負うかを立法府の政策判断にゆだねたもの」であるとしており、前半の記述は正しいが、同判例は、「そのような免責又は責任制限の規定を設けたことは、憲法17条が立法府に付与した裁量の範囲を逸脱したものであるといわなければならない。」としたうえで、**郵便法68条及び73条**（平成14年法律第121号による改正前のもの）**の一部が憲法17条に違反し無効**であるとしている（最大判平14.9.11百選Ⅱ240事件、郵便法免責規定違憲判決）。したがって、公務員の不法行為による国又は公共団体の損害賠償責任を免除し、又は制限する内容の法律の規定が無効とされることはないとする後半の記述は誤りである。

イ　正しい。

　法律上費用を負担する者でなくても国家賠償法3条1項の「費用を負担する者」に含まれるかについては争いがあるも、判例は、**賠償責任を負う主体の選択という困難性を除去し、また危険責任の法理に基づき被害者の救済を全う**するという同条の趣旨から、これを肯定している（最判昭50.11.28百選Ⅱ237事件、鬼ヶ城転落事件）。

ウ　正しい。

　国家賠償法上の違法性については、取消訴訟におけるそれと同様のものと考える見解（違法一元説）と、両者は区別されるべきとする見解（違法相対説）との間で対立がある。ウと同様の事例で判例は、**違法相対説の立場から**「税務署長が資料を収集し、これに基づき課税要件を認定、判断する上において、**職務上尽くすべき注意義務を尽くすことなく漫然と更生をしたと認め得るような事情がある場合に限り**」、税務署長による更正処分が**国家賠償法上違法の評価を受ける**としている（最判平5.3.11百選Ⅱ213事件）。

文献 試験対策講座384、396〜398頁。判例シリーズ83事件

国家賠償法1条

予R5-23

　国家賠償法第1条に関する次のアからエまでの各記述について、最高裁判所の判例に照らし、それぞれ正しい場合には1を、誤っている場合には2を選びなさい。

ア．国民に憲法上保障されている権利行使の機会を確保するために所要の立法措置を執ることが必要不可欠であり、それが明白であるにもかかわらず、国会が正当な理由なく長期にわたってこれを怠る場合には、国会議員の立法不作為は、国家賠償法第1条第1項の適用上、違法の評価を受ける。

イ．国の公権力の行使に当たる複数の公務員による一連の職務上の行為の過程において他人に被害を生じさせた場合であっても、それが具体的にどの公務員のどのような違法行為によるものであるかを特定することができないときは、国が、国家賠償法第1条第1項による損害賠償責任を負うことはない。

ウ．国の公権力の行使に当たる複数の公務員が、その職務を行うについて、共同して故意によって違法に他人に加えた損害につき、国がこれを賠償した場合においては、当該公務員らは、国に対し、当該違法行為に係る各公務員の責任割合に応じた分割債務として、国家賠償法第1条第2項による求償債務を負う。

エ．税務署長が所得税の更正において所得金額を過大に認定した場合において、当該税務署長が職務上通常尽くすべき注意義務を尽くすことなく漫然と更正をしたと認め得るような事情があるときには、当該更正は、国家賠償法第1条第1項の適用上、違法の評価を受ける。

| No.
047 | 正解
ア1、イ2、ウ2、エ1 | 国家賠償法1条については、重要な判例が多く
あるので、この機会にまとめて理解しよう。 | 正答率
77.1% |

ア　正しい。

　判例は、立法不作為が国家賠償法上違法の評価を受けるか否かについて、「**立法の内容又は立法不作為が国民に憲法上保障されている権利**を違法に**侵害するものであること**が明白な場合や、国民に憲法上保障されている**権利行使の機会を確保**するために所要の**立法措置を執ることが必要不可欠**であり、それが明白であるにもかかわらず、国会が正当な理由なく**長期にわたってこれを怠る場合**などには、例外的に、国会議員の**立法行為**又は**立法不作為は**、国家賠償法1条1項の規定の適用上、**違法の評価を受ける**」としている（最大判平17.9.14百選Ⅱ220事件、在外日本人選挙権剥奪違憲確認等請求事件）。

イ　誤り。

　判例は、「国又は公共団体の**公務員による一連の職務上の行為の過程**において他人に**被害を生ぜしめた場合**において、それが具体的にどの公務員のどのような違法行為によるものであるかを**特定**することが**できなくても**、右の一連の行為のうちの**いずれかに行為者の故意又は過失による違法行為**があつたのでなければ右の**被害が生ずることはなかつた**であろうと**認められ**、**かつ**、それがどの行為であるにせよこれによる被害につき行為者の属する**国又は公共団体が法律上賠償の責任を負うべき関係が存在するときは、国又は公共団体は、加害行為不特定の故をもつて国家賠償法又は民法上の損害賠償責任を免れることができない**」としている。他方で、「この法理が肯定されるのは、それらの一連の行為を組成する各行為のいずれもが国又は同一の公共団体の公務員の職務上の行為にあたる場合に限られ、一部にこれに該当しない行為が含まれている場合には、もとより右の法理は妥当しないのである」としている（最判昭57.4.1百選Ⅱ224事件）。本記述は、国が責任を負うことはないとしている点で誤っている。

ウ　誤り。

　判例は、複数の公務員が共同して故意によって違法に他人に損害を加えた事案において、「国又は公共団体がこれを賠償した場合においては、当該公務員らは、国又は公共団体に対し、連帯して国家賠償法1条2項による求償債務を負う」としている（最判令2.7.14百選Ⅱ229事件）。本記述は、分割債務として求償債務を負うとしている点で誤っている。

エ　正しい。

　国家賠償法上の違法性については、取消訴訟におけるそれと同様のものと考える見解（違法一元説）と、両者は区別されるべきとする見解（違法相対説）との間で対立がある。エの記述と同様の事例において前掲最判平5年（百選Ⅱ213事件）は、**違法相対説の立場から**「税務署長が資料を収集し、これに基づき課税要件を認定、判断する上において、**職務上尽くすべき注意義務を尽くすことなく漫然と更生をしたと認め得るような**

事情がある場合に限り」、税務署長による更正処分が**国家賠償法上違法の評価を受ける**としている。

文献 試験対策講座379〜381、384、387頁。判例シリーズ78、79、83事件

No.048	国家賠償

予H27-24

□ 月　日
□ 月　日
□ 月　日

　国家賠償に関する次のA及びアからウまでのかぎ括弧内の各記述は、最高裁判所の判例の中の一節を抜き出したものである。国家賠償請求の成否に係る判断について、Aの考え方と最も近い考え方を採る判例を、後記1から3までの中から選びなさい。

A　「刑事事件において無罪の判決が確定したというだけで直ちに起訴前の逮捕・勾留、公訴の提起・追行、起訴後の勾留が違法となるということはない。けだし、逮捕・勾留はその時点において犯罪の嫌疑について相当な理由があり、かつ、必要性が認められるかぎりは適法であり、公訴の提起は、検察官が裁判所に対して犯罪の成否、刑罰権の存否につき審判を求める意思表示にほかならないのであるから、起訴時あるいは公訴追行時における検察官の心証は、その性質上、判決時における裁判官の心証と異なり、起訴時あるいは公訴追行時における各種の証拠資料を総合勘案して合理的な判断過程により有罪と認められる嫌疑があれば足りるものと解するのが相当であるからである。」

□□□　ア．「逮捕状は発付されたが、被疑者が逃亡中のため、逮捕状の執行ができず、逮捕状の更新が繰り返されているにすぎない時点で、被疑者の近親者が、被疑者のアリバイの存在を理由に、逮捕状の請求、発付における捜査機関又は令状発付裁判官の被疑者が罪を犯したことを疑うに足りる相当な理由があったとする判断の違法性を主張して、国家賠償を請求することは許されないものと解するのが相当である。けだし、右の時点において前記の各判断の違法性の有無の審理を裁判所に求めることができるものとすれば、その目的及び性質に照らし密行性が要求される捜査の遂行に重大な支障を来す結果となるのであつて、これは現行法制度の予定するところではないといわなければならないからである。」

□□□　イ．「税務署長のする所得税の更正は、所得金額を過大に認定していたとしても、そのことから直ちに国家賠償法一条一項にいう違法があったとの評価を受けるものではなく、税務署長が資料を収集し、これに基づき課税要件事実を認定、判断する上において、職務上通常尽くすべき注意義務を尽くすことなく漫然と更正をしたと認め得るような事情がある場合に限り、右の評価を受けるものと解するのが相当である。」

□□□　ウ．「不動産の強制競売事件における執行裁判所の処分は、債権者の主張、
　　　　登記簿の記載その他記録にあらわれた権利関係の外形に依拠して行われる
　　　　ものであり、その結果関係人間の実体的権利関係との不適合が生じること
　　　　がありうるが、これについては執行手続の性質上、強制執行法に定める救
　　　　済の手続により是正されることが予定されているものである。したがつて、
　　　　執行裁判所みずからその処分を是正すべき場合等特別の事情がある場合は
　　　　格別、そうでない場合には権利者が右の手続による救済を求めることを怠
　　　　つたため損害が発生しても、その賠償を国に対して請求することはできな
　　　　いものと解するのが相当である。」
　　1．ア　　　　2．イ　　　　3．ウ

No.
048　正解 **2**　　国家賠償法1条1項の違法性に関する問題である。学説を意識しつつ判例を学習しよう。　正答率 75.8%

　Aの記述は、検察官が公訴を提起したが、その後、裁判において無罪判決が確定した場合、当該検察官の公訴提起などは、後の国家賠償請求訴訟において違法と判断されるかどうかが問題となった事案において、無罪判決が確定した場合でもそのことから直ちに検察官の公訴提起などが国家賠償法1条1項の違法とはならないとした判例（最判昭53.10.20百選Ⅱ222事件）の一節である。同判決は、同項の違法を判断する基準について、公務員の行為当時の状況からみて公務員が職務行為として必要な注意義務を尽くしていたならば、同項にいう違法は存在しないという、いわゆる職務行為基準説に依拠したものと評価されているが、検察官といった特殊な公務員の行為について示されたものであること、職務行為基準説を結果違法説を排斥するための論拠として用いている点などに特徴がある。

ア　Aの考え方に最も近い考え方を採る判例とはいえない。

　本記述は、逮捕状の更新が繰り返されている時点における捜査機関又は令状発付裁判官の判断が違法であるなどとして、国家賠償請求訴訟が提起された事案において、その時点での国家賠償請求は認められないとした判例（最判平5.1.25）の一節である。同判決は、逮捕状の更新が繰り返されている時点での国家賠償請求を、捜査の遂行に重大な支障を及ぼすことなどを理由に否定しているのであって、捜査機関又は令状発付裁判官が職務行為として必要な注意義務を尽くしたかどうかを検討したうえで、これを否定しているのではない。

イ　Aの考え方に最も近い考え方を採る判例である。

　本記述は、税務署長の行った所得税の更正処分の名宛人である納税者が当該更正処分は根拠規定に違反し、違法であると主張して、国家賠償法1条1項に基づき損害賠償を請求した事案において、税務署長の更正処分について同項の違法があったと評価されるのは、当該税務署長が資料を収集し、これに基づき課税要件事実を認定、判断するうえにおいて、職務上、通常尽くすべき注意義務を尽くすことなく漫然と更正処分をしたと認め得るような事情がある場合であるとした前掲最判平5年（百選Ⅱ213事件）の一節である。Aの記述は、検察官といった特殊な公務員の行為における判断であるが、同判決は、職務行為基準説を所得税の更正処分のような典型的な行政処分に関しても適用があるとしたものである。

ウ　Aの考え方に最も近い考え方を採る判例とはいえない。

　本記述は、強制競売事件における執行裁判所の処分が実体的権利関係に適合しない場合において、権利者が民事執行法上の救済手続を利用しない結果生じた損害について、国に対して国家賠償を請求することができるかが争われた事案において、権利者は、民事執行法上の救済手続により是正を求めるべきであり、当該損害については、特別の事

情がない限り、国家賠償請求自体が許されないとした判例（最判昭57．2．23）の一節である。同判決は、強制競売の特殊性に着目して、上記判断をしたのであって、執行裁判所の担当裁判官が職務行為として必要な注意義務を尽くしたかどうかを検討したうえで、上記損害について国に国家賠償を請求することができないとしたのではない。

文献　試験対策講座383、384頁。判例シリーズ83事件

No.
049

損失補償

H23-37

☐ 月 日
☐ 月 日
☐ 月 日

　次の【甲群】に掲げるアからウまでのXの各損失について、国又は地方公共団体が損失補償は不要であると主張する場合に、それぞれの理由として最も適切なものを、【乙群】に掲げるAからFまでの中から選んだ場合の組合せを、後記1から4までの中から選びなさい。

【甲　群】

　ア．市が卸売市場を開設する区域内の土地について、地方自治法第238条の4第7項によりXが期間の定めのない使用許可を受けて店舗を営業していたところ、市長が卸売市場を拡幅する計画に伴い使用許可を撤回したために、Xが当該店舗で営業できなくなることによる損失

　　（参照条文）地方自治法

　　第238条の4　1～6　（略）

　　7　行政財産は、その用途又は目的を妨げない限度においてその使用を許可することができる。

　　8、9　（略）

　イ．Xが埋設した石油の導管が、近隣に新たに建築物が建築されたために、石油パイプライン事業法に基づく石油パイプライン事業の事業用施設の技術上の基準を定める省令第13条第1号に違反する状態となり、Xが導管の移設工事をしなければならなくなった場合の工事費用

　　（参照条文）石油パイプライン事業の事業用施設の技術上の基準を定める省令

　　第13条　導管を地下に埋設する場合は、次の各号に掲げるところによらなければならない。

　　一　導管は、その外面から建築物、地下街、隧道その他の告示で定める工作物に対し告示で定める水平距離を有すること。

　　二～七　（略）

　ウ．Xが自然公園法第20条第3項第1号により建築物の新築許可申請をしたところ、県知事が公園地域の風致・景観を維持する上で重大な支障があるとの理由で不許可処分をしたために、Xが建築物を建築できないことによる損失

　　（参照条文）自然公園法

　　第20条　環境大臣は国立公園について、都道府県知事は国定公園について、当該公園の風致を維持するため、公園計画に基づいて、その

区域（海域を除く。）内に、特別地域を指定することができる。

2　（略）

3　特別地域（特別保護地区を除く。以下この条において同じ。）内においては、次の各号に掲げる行為は、国立公園にあつては環境大臣の、国定公園にあつては都道府県知事の許可を受けなければ、してはならない。（中略）

一　工作物を新築し、改築し、又は増築すること。

二～十八　（略）

4～9　（略）

【乙　群】

□□□　A．警察規制による損失であるから。

□□□　B．公用制限による損失であるから。

□□□　C．地域一帯において土地及び土地利用の現状を変更することの公共性が高いところ、こうした現状変更のための規制による損失であるから。

□□□　D．地域一帯において土地及び土地利用の現状を維持することの公共性が高いところ、こうした現状維持のための規制による損失であるから。

□□□　E．土地利用の規制により、利益を受ける者が反面で被ることになる損失であるから。

□□□　F．土地の利用権が、付与された当初から一定の公益上の理由により消滅すべきことが予定されていたところ、このように予定されていた権利の消滅による損失であるから。

（ア、イ、ウの順とする）

1．F－A－D　　　2．C－F－E　　　3．B－F－A　　　4．C－E－D

| No. 049 | 正解 1 | 損失補償に関する判例問題である。形式に惑わされずしっかりと判例学習をしよう。 | 正答率 86.5% |

ア　F

　判例は、本記述と同様の事案において、「使用許可によって与えられた使用権は、それが期間の定めのない場合であれば、当該行政財産本来の用途または目的上の必要を生じたときはその時点において原則として消滅すべきものであり、また、権利自体に右のような制約が内在しているものとして付与されているものとみるのが相当である」とし、権利の対価としての補償は必要ないと判断している（最判昭49.2.5百選Ⅰ87事件）ため、損失補償が不要である理由を構成することができるとしている。

イ　A

　判例は、地下道の新設に伴い石油貯蔵タンクの移転が必要となったところ、同タンクの移転費用が損失補償の対象となるかが争われた事案において、「道路工事の施行によって警察規制に基づく損失がたまたま現実化するに至ったもの」にすぎないとして、損失補償は不要であると判断している（最判昭58.2.18百選Ⅱ242事件）。本記述の場合も、同判決と同じように考えることができるため、当該工事費用は、警察規制による損失であることを理由として損失補償が不要であると主張することができる。

ウ　D

　財産権に加えられる公用制限に関しては、グリーン・ベルトを設けるために既存の建築物の除却を求めるような、現在の利用態様を侵害する規制については補償が必要であるが、現在の利用態様を固定するにとどまる場合には補償が不要であると解する見解が多い。したがって、本記述のようなケースについては、現在の利用態様を固定するにとどまるものであるとして、補償が不要であると主張することができる。

文献　試験対策講座120、121、400、401頁。判例シリーズ97、99事件

CORE TRAINING

01　国家賠償

□□□　国又は公共団体以外の者の被用者が第三者に損害を加えた場合であっても、当該被用者の行為が国又は公共団体の公権力の行使に当たるとして国又は公共団体が被害者に対して国家賠償法第1条第1項に基づく損害賠償責任を負うときには、被用者個人は民法第709条に基づく損害賠償責任を負わないが、使用者は同法第715条に基づく損害賠償責任を負う。
予R1-23-ア

➡ 民法715条に基づく損害賠償責任も負わない（最判平19.1.25百選Ⅱ226事件）　**1** ＊　✕

CORE PLUS

1 国家賠償法1条と民法715条の比較

	国家賠償法1条	民法715条
責任の性質	代位責任	代位責任（報償責任の原理）
加害者の故意又は過失の存在	1条では必要 （2条では不要）	必要
加害者本人に対する責任追及	不可 （加害公務員に故意又は重過失があっても認められない）	可能 （民709）
選任者・監督者（使用者）の免責規定の有無	なし＊	あり （使用者が被用者の選任等に相当な注意を尽くしたとき、又は相当な注意をしても損害が生じるようなとき〔民715Ⅰただし書〕）
加害公務員に対する求償権行使の要件	被用者に故意又は重過失があるとき（国賠1Ⅱ） （この求償権には民法の不法行為に関する規定は適用されない〔国賠4参照〕）	被用者に故意又は過失があるとき（ただし、求償の範囲は、信義則上相当と認められる限度に限られる）

＊　判例は「国又は公共団体が被害者に対して国家賠償法1条1項に基づく損害賠償責任を負う場合には、被用者個人が民法709条に基づく損害賠償請求責任を負わないのみならず、使用者も同法715条に基づく損害賠償責任を負わない」としている（最判平19.1.25百選Ⅱ226事件）。予R1-23-ア

CORE TRAINING

□□□ 中学校における教師の教育活動は、当該学校が市立学校であるとしても、国家賠償法第1条第1項にいう「公権力の行使」に該当しない。予R4-23-ア、予H25-22-ア

➡ 最判昭62.2.6（百選Ⅱ209事件）2❶ⅰ ✕

□□□ 警察官が、交通法規等に違反して車両で逃走する者をパトカーで追跡する職務の執行中に、逃走車両の走行により第三者が損害を被った場合、当該警察官の職務執行は、当該追跡が職務目的を遂行する上で必要なものであり、かつ、追跡の開始・継続及び追跡の方法が相当であったとしても、当該第三者に対する関係では違法なものとなる。予R2-22-ア

➡ 最判昭61.2.27（百選Ⅱ210事件）2❹ⅰ ✕

□□□ 最高裁判所の判例によれば、既判力の客観的効果は一般に訴訟物に及ぶと解されており、処分の取消判決がされた場合には、当該処分が違法であることが既判力をもって確定するから、当該処分の違法を理由とする国家賠償請求訴訟において当該処分をしたことに違法がない旨を主張することは、許されないものとされている。H21-32-イ

➡ 判例によれば、国家賠償法上の違法の意味は、取消訴訟における違法とは異なる（最判平5.3.11百選Ⅱ213事件）。そのため、取消訴訟の既判力は、当該処分の違法を理由とする国家賠償請求訴訟には及ばない 2❹ⅳ ✕

C O R E　P L U S

② 国家賠償法 1 条の判例まとめ

❶ 公権力の行使	国又は公共団体の作用のうち純粋な私経済作用と国家賠償法 2 条によって救済される営造物の設置又は管理作用を除くすべての作用（広義説、東京高判昭56.11.13） 具体例 ⅰ 公立学校における教師の教育活動（作為形態、最判昭62.2.6 百選Ⅱ209事件）予R4-23-ア、予H25-22-ア ⅱ 他人の生命又は身体に危害を及ぼす蓋然性の高いナイフについての警察官の一時保管措置の懈怠（不作為形態、最判昭57.1.19）
❷ 公務員	公務員の身分の有無を問わず、「公権力の行使」を委ねられた者 →一連の行為のうちいずれかに故意又は過失による違法行為があったのでなければ被害が生ずることはなかったであろうと認められ、かつ、それがどの行為であるにせよこれによる被害につき国又は公共団体が法律上賠償の責任を負うべき関係が存在し、一連の行為を組成する各行為のいずれもが国又は同一の公共団体の公務員の職務上の行為に当たる場合には、加害公務員や加害行為を特定することは不要（最判昭57.4.1 百選Ⅱ224事件）
❸ 職務を行うについて	当該公務員が主観的に権限行使の意思を持って職務を行ったかどうかにかかわらず、客観的に職務執行の外形を備える行為であれば、「職務を行うについて」に当たる（最判昭31.11.30百選Ⅱ223事件）
❹ 違法	ⅰ パトカー追跡による違反車両追跡行為から第三者に損害が生じた場合、追跡行為は第三者との関係でも原則として適法となるが、追跡行為が不要であるか、又は、追跡方法が不相当な場合には、国家賠償法 1 条 1 項の適用上違法となる（最判昭61.2.27百選Ⅱ210事件）予R2-22-ア ⅱ 刑事事件において無罪判決が確定したというだけで直ちに起訴前の逮捕・勾留、公訴の提起・追行、起訴後の勾留が違法となるということはない（最判昭53.10.20百選Ⅱ222事件） ⅲ 裁判官がした争訟の裁判に上訴等の訴訟上の救済手段によって是正されるべき瑕疵が存在しても、当該裁判官が違法又は不当な目的をもって裁判をしたなど、裁判官がその付与された権限の趣旨に明らかに背いてこれを行使したものと認め得るような特別の事情がない限り、国家賠償法 1 条 1 項にいう違法な行為があったとはいえない（最判昭57.3.12百選Ⅱ221事件） ⅳ 税務署のする所得税の更正は、所得金額を過大に認定していたとしても、そのことから直ちに国家賠償法 1 条 1 項にいう違法があったとの評価を受けるものではなく、税務署長が資料を収集し、これに基づき課税要件事実を認定判断するうえにおいて、職務上通常尽くすべき注意義務を尽くすことなく漫然と更正をしたと認めるような事情がある場合に限り、国家賠償法 1 条 1 項の適用上違法となる（最判平 5.3.11百選Ⅱ213事件）H21-32-イ ⅴ 国又は公共団体の公務員による規制権限の不行使は、その権根を定めた法令の趣旨、目的や、その権限の性質等に照らし、具体的事情の下において、その不行使により被害を受けた者との関係において、国家賠償法 1 条 1 項の適用上違法となる（最判平16.10.15百選Ⅱ219事件）
❺ 故意・過失	監獄の長が行った未成年者との面会を拒否する処分は、旧監獄法による委任の範囲を超えた命令に基づいているため違法であるが、監獄の長にとって当該命令が委任の範囲を超えることが容易に理解できなかった場合には、国家賠償法 1 条 1 項にいう「過失」は認められない（最判平 3.7.9 百選Ⅰ45事件、監獄法事件）

CORE TRAINING

□□□　国家賠償法第2条第1項の責任は無過失責任であるから、被告である国又は公共団体において、損害の発生が不可抗力によるものであることを立証しても、同項の責任を免れることはできない。H19-21-イ

➡ 判例は不可抗力が同項の責任における免責事由になり得ることを前提としている（最判昭45.8.20、高知落石事件）③❶　✕

□□□　公の営造物が通常有すべき安全性の有無は、当該営造物の本来の用法に従った使用を前提として判断されるものであり、設置管理者の通常予測し得ない異常な方法で営造物が使用された結果生じた損害については、設置管理者は賠償責任を負わない。予H25-22-ウ

➡ 最判平5.3.30（百選Ⅱ235事件）③❷ⅱa　◯

□□□　国の営造物である空港に離着陸する航空機の騒音等により周辺住民に被害が発生している場合のように、営造物を構成する物的施設自体に物理的、外形的な欠陥ないし不備があるわけではなく、営造物が供用目的に沿って利用されることとの関連において危害を生じさせる危険性があるにすぎない場合には、国家賠償法第2条第1項の設置又は管理の瑕疵を認めることができない。予R4-23-ウ

➡ 最大判昭56.12.16（大阪国際空港公害訴訟）③❷ⅱc　✕

□□□　収用事業として整備された道路が供用され、通行車両による騒音や振動などで、沿道住民が特別の犠牲を負った場合には、最高裁判所の判例によれば、当該住民に対する損失補償が必要である。H22-38-ア

➡ 判例は損失補償ではなく、国家賠償責任が生じ得るとした（最判平7.7.7）③❷ⅱb　✕

□□□　公権力の行使に当たる公務員の失火による国又は公共団体の損害賠償責任については、「失火ノ責任ニ関スル法律」は適用されず、当該公務員に重大な過失があると認められない場合であっても、国又は公共団体は、国家賠償法第1条第1項に基づく損害賠償責任を負う。予R1-23-ウ

➡ 最判昭53.7.17（百選Ⅱ239事件）③❸　✕

□□□　予防接種による副作用被害が問題となった事案において、生命や身体に対する損害に対して損失補償による救済を明示的に認めた最高裁判所の判例はない。予H29-23-イ

➡ 損失補償による救済を認めた判例はない。当該事案について、判例は、国家賠償法1条による被害救済を図ったと解されている（最判平3.4.19百選Ⅱ211事件）③❹　◯

CORE PLUS

③ 国家賠償法のまとめ

❶ 国家賠償法2条の特質		判例は、国家賠償法2条の賠償責任については、同法1条と異なり、国又は公共団体の過失を問わない無過失責任であるとした。もっとも、判例は不可抗力である場合又は回避可能性のない場合は国家賠償が認められないとした原審の判断を正当と是認しており、不可抗力が同項の責任の免責事由になり得ることを前提としている（最判昭45.8.20百選Ⅱ230事件、高知落石事件）H19-21-イ
❷ 国家賠償法2条の要件	i 「公の営造物」の意義	国又は公共団体により直接に公の目的のために供用されている個々の有体物であり、無体財産及び人的施設は含まないとされている
	ii 設置又は管理の瑕疵に起因した損害が発生することに関する裁判例	a 判例は、一般市民に開放されている公立中学校の校庭に置いてあったテニスの審判台に登った幼児が、階段のない審判台の後部から降りようとしたため、審判台が倒れその下敷きとなり死亡した事案において、このような行動に出ることは極めて異常なもので、本来の用法と異なり、設置管理者において通常予測できないものであるとして、設置管理の瑕疵を否定している（最判平5.3.30百選Ⅱ235事件）予H25-22-ウ b 判例は、収用事業として整備された道路が供用され、通行車両による騒音や振動などが生じていた事案において、周辺住民に社会生活上受忍すべき限度を超える被害が生じる場合には国家賠償法2条1項の責任を負うとした（最判平7.7.7）H22-38-ア c 判例は、国際空港に離着陸する航空機の騒音等により、周辺住民に被害が生じていた事案において、営造物の設置又は管理の瑕疵とは、営造物が有すべき安全性を欠いていることをいい、その営造物が供用目的に沿って利用されることとの関連において危害を生じさせる危険性がある場合をも含むとし、国家賠償法2条1項の責任を負うとした（最大判昭56.12.16百選Ⅱ236事件、大阪国際空港公害訴訟）予R4-23-ウ
❸ 国家賠償法4条と失火責任法		判例は、消防職員が鎮火したと誤って確認した後に建物が全焼した場合に、失火責任法が国家賠償法4条にいう「民法」として適用されるかが問題となった事案において、失火責任法は「民法」に含まれるとし、本件では消防職員に重過失がないことから、国家賠償法上の責任は認められないとした（最判昭53.7.17百選Ⅱ239事件）予R1-23-ウ
❹ 国家賠償と損失補償との谷間の問題		判例は、予防接種による副作用被害に対して国家賠償法1条1項に基づく損害賠償請求訴訟が提起された事案において、損失補償ではなく、国家賠償の問題と捉えた（最判平3.4.19百選Ⅱ211事件）予H29-23-イ

CORE TRAINING

02　損失補償

□□□　個別法に損失補償を認める規定が存在しない場合には、裁判を提起して損失補償を求めることはできないと解される。
予H29-23-ア

⮕ 最大判昭43.11.
27（河川附近地制
限令違反事件）
5 ❷　　✕

□□□　国の行政機関が民間の事業者による汚染物質の排出を規制する権限を適切に行使しなかった場合、国が国家賠償法第１条第１項による賠償責任を負う例は、損失補償請求権として法律構成することも考えられる。H25-38-2

⮕ 行政行為が国家
賠償法の適用を受
けるということは、
当該行政行為が違
法であることを意
味するので、損失
補償を求めること
はできない　4 ❶　　✕

□□□　国家公務員が勤務場所での事故により死傷した場合に、国が国家公務員に対して負う安全配慮義務の懈怠を理由に損害賠償責任を負う例は、損失補償請求権として法律構成することも考えられる。H25-38-5

⮕ 行政行為が安全
配慮義務違反に当
たるということは、
当該行政行為が違
法であることを意
味するので、損失
補償を求めること
はできない　4 ❶　　✕

□□□　民間の事業者が村の工場誘致施策に応じて投資した後、村長が交代し、村が事業者に対し代償的措置を執らずに施策を変更した場合に、村が事業者の受けた積極的損害を賠償する不法行為責任を負う例は、損失補償請求として法律構成することも考えられる。H25-38-1

⮕ 4 ＊1　　◯

□□□　市の保健所で受けた予防接種により個人に後遺障害が生じた場合に、接種した医師の過失が一部推定され、市が損害賠償責任を負う例は、損失補償請求権として法律構成することも考えられる。H25-38-4

⮕ 4 ＊2　　◯

CORE PLUS

4 国家賠償と損失補償の区別

公平の趣旨

❶ 国家の違法行為
による権利侵害　　→　国家賠償による救済

　　　　　　　　　　　　H25-38-2・5

❷ 国家の適法行為
による財産権侵害　　→　損失補償による救済 *1, *2

＊1　判例は、地方公共団体の工場誘致施策の変更に関する事案において、地方公共団体は、原則として計画の変更ができるが、地方公共団体の変更によって多大な損害を被った場合には、やむを得ない客観的な事情がない限り、違法性を帯び、不法行為責任を生ぜしめるとした（最判昭56.1.27百選 I 21事件）。
　　もっとも、当該工場誘致政策の変更それ自体は適法な行為であるとしたので損失補償請求として法律構成することも考えられる。H25-38-1

＊2　判例は、予防接種により個人に後遺障害が生じた事例において、生命、身体に対する侵害は違法行為であるとして不法行為による過失責任の問題として位置付けている（最判平3.4.19百選 II 211事件）が、予防注射による生命・身体に対する被害を特別の犠牲と捉え、憲法29条3項類推適用などを根拠に、損失補償を求めるという法律構成も考えられる。H25-38-4

5 実体法上の根拠と憲法29条3項の性格

❶ 憲法29条3項の性格	憲法29条3項は、私有財産を公共のために用いる場合には、「正当な補償」が必要だということを規定している。同項は実体法的効果を持つと解される
❷ 個別の法律が損失補償を要する場合にもかかわらず補償の規定を備えていなかった場合	判例は、河川附近地制限令4条2号（現廃止）による制限について同条に損失補償に関する規定がないからといって、同条があらゆる場合について一切の損失補償を全く否定する趣旨とまでは解されず、「憲法29条3項を根拠にして、補償請求をする余地が全くないわけではない」とした（最大判昭43.11.27百選 II 247事件、河川附近地制限令違反事件）予H29-23-ア

CORE TRAINING

□□□　日本国が平和条約により連合国に対する賠償義務を承認し、日本国民の在外資産を賠償に充当することに対して国として異議を唱えず承認した結果、在外資産を喪失することになった国民は、憲法第29条第3項に基づき国に補償を求めることができる。予R3-23-イ

➡ 最大判昭43.11. 27　⑥＊　✕

□□□　第二次世界大戦後の農地改革をめぐる最高裁判所の判例では、この「正当な補償」の額は、その当時の経済状態において成立すると考えられる価格と完全に一致することを要しない。予H29-23-ウ

➡ 最大判昭28.12. 23（百選Ⅱ243事件）⑥❷ⅰ　◯

□□□　土地収用法における損失の補償は、特定の公益上必要な事業のために土地が収用される場合、その収用によって当該土地の所有者等が被る特別な犠牲の回復を図ることを目的とするものであるから、被収用者は、収用の前後を通じて被収用者の保持する財産価値を等しくさせるような補償を求めることができる。予R3-23-ウ

➡ 最判昭48.10.18 （百選Ⅱ245事件）⑥❷ⅱ　◯

□□□　都市計画街路予定地内にあることにより建築制限を受けていた土地の収用に際しての損失補償金額の多寡が争われた事件において、損失補償金額の算定に当たっては、建築制限を受けていた土地であるとしてその評価をすべきではなく、建築制限を受けていないものと想定してそれをすべきである、とされた。H19-22-イ

➡ 最判昭48.10.18 （百選Ⅱ245事件）⑥❷ⅱ　◯

□□□　憲法第29条第3項は「正当な補償」と規定しているだけで補償の時期については規定していないから、損失補償が私有財産の供与と交換的に同時履行されなくても、憲法に違反するものではない。予R3-23-ア

➡ 最大判昭24.7. 13（百選Ⅱ244事件）⑥❸　◯

CORE PLUS

6 補償の内容・程度・時期*

❶ 内　容	○金銭賠償を原則としつつ、現物補償でも可能である ○土地収用法では、金銭補償を原則としており、「近傍類地の取引価格等」を考慮して補償額が決定される（収用70条、71条）
❷ 程　度 （判例）	i　農地改革における農地買収価格に関し、「憲法29条3項にいうところの財産権を公共の用に供する場合の正当補償とは、その当時の経済状態において成立することを考えられる価格に基き、合理的に算出された相当な額をいうのであって、必ずしも常にかかる価格と完全に一致することを要するものでない」とした（最大判昭28. 12. 23百選Ⅱ243事件） 予H29-23-ウ ii　都市計画街路予定地内にあることにより建築制限を受けていた土地の収用に際しての損失補償金額の多寡が争われた事件において、損失の補償は、特定の公益上必要な事業のために土地が収用される場合、その収用によって当該土地の所有者等が被る特別な犠牲の回復を図ることを目的とするものであるから、完全な補償、すなわち、収用の前後を通じて被収用者の財産価値を等しくならしめるような補償をなすべきであり、金銭をもって補償する場合には、被収用者が近傍において被収用地と同等の代替地等を取得することを得るに足りる金額の補償を要するとした。そして、損失補償金額の算定に当たっては、建築制限を受けていた土地であるとしてその評価をすべきではなく、建築制限を受けていないものと想定してそれをすべきであるとした（最判昭48. 10. 18百選Ⅱ245事件）H19-22-イ 、予R3-23-ウ
❸ 時　期 （判例）	憲法29条3項は「正当な補償」と規定しているだけであって、補償の時期については言明していないから、補償が財産の供与と交換的に同時に履行されるべきことについては、憲法の保障するところではないとした（最大判昭24. 7. 13百選Ⅱ244事件）予R3-23-ア

＊　判例は、「戦争中から戦後占領時代にかけての国の存亡にかかわる非常事態にあっては、国民のすべてが、多かれ少なかれ、その生命・身体・財産の犠牲を堪え忍ぶべく余儀なくされていたのであって、これらの犠牲は、いずれも、戦争犠牲または戦争損害として、国民のひとしく受忍しなければならなかったところであり、右の在外資産の賠償への充当による損害のごときも、一種の戦争損害として、これに対する補償は、憲法の全く予想しないところというべきである」として、敗戦によって失われた在外資産に対してはそもそも憲法29条3項の適用の余地はないとした（最大判昭43.11.27）。予R3-23-イ

第3編

総合問題

7章

総合問題

　次のアからエまでの各記述について、最高裁判所の判例に照らし、それぞれ正しい場合には1を、誤っている場合には2を選びなさい。

　ア．警察法第2条第1項が「交通の取締」を警察の責務として定めていることなどに照らせば、警察官が、交通取締りの一環として交通違反の多発する地域等の適当な場所において、交通違反の予防、検挙のための自動車検問を実施し、同所を通過する自動車に対して走行の外観上の不審な点の有無に関わりなく短時間の停止を求めて、運転者などに対し必要な事項についての質問などをすることは、それが相手方の任意の協力を求める形で行われ、自動車の利用者の自由を不当に制約することにならない方法、態様で行われる限り、適法である。

　イ．過去約10年間にわたり物品税が賦課されていなかったパチンコ球遊器につき、物品税法上の課税対象物品に当たる旨の通達が発せられたために、税務署長が法令の解釈を変更して行った物品税賦課処分は、法律の改正又は制定によらずに通達に基づいて国民に新たな不利益を課すものであるから、法律の留保原則に違反する。

　ウ．民法第177条は、私経済上の取引の安全を保障するために設けられたものであるから、国税滞納処分による差押えの関係には適用されることはない。

　エ．国が、勤務中の事故により損害を被った公務員に対して、安全配慮義務違背による損害賠償の義務を負う関係には、会計法第30条は適用されず、当該関係における消滅時効期間については、民法の規定が適用される。

　　　（参照条文）会計法＊
　　　第30条　金銭の給付を目的とする国の権利で、時効に関し他の法律に規定がないものは、5年間これを行わないときは、時効に因り消滅する。国に対する権利で、金銭の給付を目的とするものについても、また同様とする。

＊平成29年法律第45号による改正前のもの。正誤に影響なし。

235

No.
050
正解
ア1、イ2、ウ2、エ1
いずれの判例も頻出であるため、基本書等で内容を確認しておこう。
正答率
85.8%

ア　正しい。

　判例は、警察官が飲酒運転の多発地点で行った自動車検問の適法性が問題となった事案において、「警察法2条1項が『交通の取締』を警察の責務として定めていることに照らすと、交通の安全及び交通秩序の維持などに必要な警察の諸活動は、強制力を伴わない任意手段による限り、一般的に許容されるべき」としたうえで、本記述のような自動車の一斉検問については、「それが相手方の任意の協力を求める形で行われ、自動車の利用者の自由を不当に制約することにならない方法、態様で行われる限り、適法なものと解すべきである」としている（最決昭55.9.22百選Ⅰ104事件）。

イ　誤り。

　判例は、本記述と同様の事案において、物品税法上の課税対象である「遊戯具」中にパチンコ球遊器が含まれるとした原審の判断を正当であるとしたうえで、「**本件の課税がたまたま所論通達を機縁として行われたものであっても、通達の内容が法の正しい解釈に合致するものである以上、本件課税処分は法の根拠に基く処分と解する**」ことに問題がないとしている（最判昭33.3.28百選Ⅰ51事件、パチンコ球遊器事件）。

ウ　誤り。

　判例は、土地購入者が所有権移転登記をしないうちに、**税務署長が当該土地の前所有者に対する租税滞納処分として当該土地について差押登記・公売処分をし、競売人が所有権移転登記**をした事案において、「**滞納者の財産を差し押えた国の地位**は、あたかも、**民事訴訟法上の強制執行における差押債権者の地位に類する**ものであり、租税債権がたまたま公法上のものであることは、この関係において、国が一般私法上の債権者より不利益の取扱を受ける理由となるものではない」として、**滞納処分による差押えの関係においても、民法177条の適用がある**としている（最判昭31.4.24）。

エ　正しい。

　判例は、本記述と同様の事案において、**会計法30条**が金銭債権につき5年の消滅時効期間を定めた**趣旨**は、主として**行政上の便宜を考慮**したことに基づくものであることから、同条は、行政上の便宜を考慮する必要がある金銭債権に適用されるとしたうえで、**国の安全配慮義務違反に基づく損害賠償請求権は、行政上の便宜を考慮する必要はない**ことから、**同条は適用されず**、その**消滅時効期間は平成29年改正前民法167条1項（現166条1項2号）により10年**であるとしている（最判昭50.2.25百選Ⅰ22事件）。

文献　試験対策講座81、82、173、174頁。判例シリーズ1事件

No.
051

公法と私法の関係

H25-21

☐ 月 日
☐ 月 日
☐ 月 日

7章 総合問題

行政活動と民事法の関係に関する次のアからエまでの各記述について、それぞれ正しい場合には1を、誤っている場合には2を選びなさい。

ア．市長Aが、B市を代表するとともに相手方Cを代理して契約を締結した事例において、最高裁判所の判例によれば、当該契約の締結には双方代理に関する民法第108条が類推適用されるが、B市の議会が双方代理の事情を認識した上でAによる双方代理行為について追認した場合には、議会の意思に沿ってB市にその法律効果は帰属する。

イ．DがEの経営する飲食店においてランチを注文し、Dが食事を終えた事例において、Eが食品衛生法第52条第1項に基づく飲食店営業許可を得ていない場合には、無許可営業は原則として当該営業上締結された契約の無効事由となるため、DはEからの飲食代金の支払請求に対し支払を拒否することができる。

（参照条文）食品衛生法*
第51条　都道府県は、飲食店営業その他公衆衛生に与える影響が著しい営業（中略）であって、政令で定めるものの施設につき、条例で、業種別に、公衆衛生の見地から必要な基準を定めなければならない。
第52条　前条に規定する営業を営もうとする者は、厚生労働省令で定めるところにより、都道府県知事の許可を受けなければならない。
2、3（略）

ウ．産業廃棄物処理業者Fが廃棄物の処理及び清掃に関する法律に基づく産業廃棄物処理施設（以下「施設」という。）の設置許可を県知事Gから受けた事例において、施設周辺に居住するHが施設の操業により健康被害のおそれが生ずることを主張して、施設の操業を差し止めようとする場合には、Hは、施設設置許可の取消訴訟を提起することなく、人格権に基づきFを被告として操業の差止めを求める民事訴訟を適法に提起することができる。

エ．公共用財産である水路が、長年の間事実上公の目的に供用されることなく放置され、公共用財産としての形態、機能を全く喪失した事例において、Iが当該水路の土地（以下「本件土地」という。）を20年以上にわたり水田として利用し、平穏かつ公然と占有を続けてきた場合には、最高裁判所の判例によれば、本件土地について取得時効が成立するが、公用廃止決定がなされていないことから、Iが取得できるのは公用制限を伴う本件土地所有権である。

*平成30年法律第46号による改正前のもの。正誤に影響なし。

| No.
051 | 正解
ア1、イ2、ウ1、エ2 | 公法と私法の関係は、基本書等で紹介されてい
る判例を中心に学習しておこう。 | 正答率
80.7% |

ア　正しい。

　判例は、本記述と同様の事案において、「普通地方公共団体の長が当該普通地方公共団体を代表して行う契約締結行為であっても、長が相手方を代表又は代理することにより、……当該普通地方公共団体の利益が害されるおそれがある場合がある」から、「普通地方公共団体の長が当該普通地方公共団体を代表して行う契約の締結には、民法108条が類推適用される」としたうえで、「普通地方公共団体の長が当該普通地方公共団体を代表するとともに相手方を代理ないし代表して契約を締結した場合であっても同法116条が類推適用され、議会が長による上記双方代理行為を追認したときには、同条の類推適用により、議会の意思に沿って本人である普通地方公共団体に法律効果が帰属する」としている（最判平16.7.13百選Ⅰ4事件）。

イ　誤り。

　行政法規違反が民事上の効力に影響を与えるかどうかについては、行政法規を、法律行為としての効力を規制することを目的とする強行法規と、事実としての行為を命じたり禁止したりすることを目的とする取締法規とに二分し、当該違反が取締法規違反に当たれば、原則として民事上の契約の効力は否定されないと解されている。判例も、XがYに精肉の販売をしたが、Yが食品衛生法に基づく食肉販売業の許可を得ていなかったため、Xから代金等の支払を求められたYが、無許可営業であることを理由として、Xとの売買契約の無効を主張した事案において、食品衛生法は「単なる取締法規にすぎないものと解するのが相当であるから、上告人〔Y〕が食肉販売業の許可を受けていないとしても、右法律により本件取引の効力が否定される理由はない」としている（最判昭35.3.18）。したがって、本記述において、Eが食品衛生法52条1項（現55条1項）に基づく飲食店営業許可を得ないでDと飲食物供給契約を締結した場合であっても、原則として無許可営業は当該営業上締結された契約の無効事由とならず、DはEからの飲食代金の支払請求に対し支払を拒否することはできない。

ウ　正しい。

　行政行為には、例え**違法であっても、無効と認められる場合でない限り**、権限ある行政庁又は裁判所がそれを**取り消すまでは、一応効力のあるものとして通用する**特殊な効力である、**公定力**が認められる。そして、公定力は、行政行為の法的効果にかかわる範囲にのみ及ぶ。そうすると、産業廃棄物処理施設の設置許可処分の法的効果を取り消すためには、行政事件訴訟法上の取消訴訟等による必要がある。もっとも、人格権に基づく民事訴訟としての差止訴訟は、人格権侵害を理由として産業廃棄物処理施設の操業を差し止めるものであり、当該施設設置許可処分の法的効果の取消しを前提としない。したがって、産業廃棄物処理施設設置許可処分がなされた場合、当該施設周辺に居住するHは、当該施設設置許可処分の取消訴訟を提起することなく、人格権に基づきFを被告

として操業の差止めを求める民事訴訟を適法に提起することができる。

エ　誤り。

　判例は、本記述と同様の事案において、「公共用財産が、長年の間事実上公の目的に供用されることなく放置され、公共用財産としての形態、機能を全く喪失し、その物のうえに他人の平穏かつ公然の占有が継続したが、そのため実際上公の目的が害されるようなこともなく、もはやその物を**公共用財産として維持すべき理由がなくなった場合に**は、右公共用財産については、**黙示的に公用が廃止されたものとして、これについて取得時効の成立を妨げない**ものと解する」としている（最判昭51.12.24百選Ⅰ28事件）。したがって、本件土地についても、黙示的に公用が廃止されたものと認められ、Ⅰは、公用制限を伴わない本件土地所有権を時効取得する。

文献　試験対策講座87、88、96頁。判例シリーズ2、8事件

No.
052
建築確認及び違反是正命令
H25-22
□　月　日
□　月　日
□　月　日

建築基準法第6条第1項の定める建築確認及び同法第9条第1項の定める違反是正命令に関し、次のアからエまでの各記述について、それぞれ正しい場合には1を、誤っている場合には2を選びなさい。

（参照条文）建築基準法＊

第6条　建築主は、（中略）建築物を建築しようとする場合（中略）においては、当該工事に着手する前に、その計画が建築基準関係規定（この法律並びにこれに基づく命令及び条例の規定（以下「建築基準法令の規定」という。）その他建築物の敷地、構造又は建築設備に関する法律並びにこれに基づく命令及び条例の規定で政令で定めるものをいう。以下同じ。）に適合するものであることについて、確認の申請書を提出して建築主事の確認を受け、確認済証の交付を受けなければならない。（以下略）

2〜13　（略）

14　第1項の確認済証の交付を受けた後でなければ、同項の建築物の建築（中略）の工事は、することができない。

15　（略）

第9条　特定行政庁は、建築基準法令の規定又はこの法律の規定に基づく許可に付した条件に違反した建築物又は建築物の敷地については、当該建築物の建築主（中略）に対して、当該工事の施工の停止を命じ、又は、相当の猶予期限を付けて、当該建築物の除却、移転、改築、増築、修繕、模様替、使用禁止、使用制限その他これらの規定又は条件に対する違反を是正するために必要な措置をとることを命ずることができる。

2〜15　（略）

第99条　次の各号のいずれかに該当する者は、1年以下の懲役又は100万円以下の罰金に処する。

一　第6条第1項（中略）の規定に違反した者

二〜十三　（略）

2　（略）

ア．建築主事は、建築主と建築に反対する近隣住民とが一定期間協議することを停止条件として建築確認を行うことができる。

イ．建築確認を受けて建築された建築物について、特定行政庁は、建築確認が取り消され又は無効である場合でなくても、建築物が建築基準法令の規定に違反することを理由に、違反是正命令を行うことができる。

□□□　ウ．建築確認を受けて建築された建築物について、近隣住民は、建築確認の
　　　　　取消訴訟又は無効確認訴訟を併合提起しなくても、違反是正命令の義務付
　　　　　け訴訟を適法に提起することができる。

□□□　エ．建築確認を受けずに建築を行っても、当該建築物及びその敷地が建築基
　　　　　準関係規定に適合していれば、建築基準法第99条第1項第1号の定める刑
　　　　　罰を科されない。

＊平成26年法律第54号による改正前のもの。正誤に影響なし。

No. 052	正解 ア2、イ1、ウ1、エ2	建築基準法は出題頻度の高い個別法規である。解説 をよく読み、その規律内容をある程度理解しておこう。	正答率 80.9%

ア　誤り。

　建築主と建築に反対する近隣住民とが一定期間協議することを停止条件とすることは、許認可等の法的効果について法律で規定された事項以外の内容を付加するものであるから、講学上の付款に当たる。そして、建築確認は、建築物の工事計画が建築基準関係規定のすべてに適合していることを審査するものであり、裁量判断の余地がほとんどない確認的行為であると解されているため、建築確認に行政庁の裁量権行使の一環である付款を付すことは許されない。したがって、建築主事は、建築主と建築に反対する近隣住民とが一定期間協議することを停止条件として建築確認を行うことはできない。

イ　正しい。

　特定行政庁は、建築基準法令の規定に違反する建築物については、当該建築物の建築主に対して、違反是正命令を行うことができる（建基9条1項）。建築確認とこの違反是正命令との関係については、一般に、建築確認の法的効果は、建築物の完成及び検査済証の交付をもって終了すると考えられている。そのため、建築確認が取り消された場合であっても、それだけで直ちに特定行政庁に違反是正命令を行う義務が生ずるわけではないとされる。そして、判例も、建築確認の取消訴訟の係属中に建築工事が完了したことにより、当該訴訟の訴えの利益は失われたとした事案において、特定行政庁の**違反是正命令**は、当該建築物及びその敷地が建築基準法並びにこれに基づく命令及び条例の規定に適合しているかどうかを基準とし、当該建築物及びその敷地が**建築確認に係る計画どおりのものであるか**どうかを基準とするものでないうえ、**違反是正命令を発するかどうかは、特定行政庁の裁量に委ねられている**から、**建築確認の存在は、違反是正命令を発する**うえにおいて**法的障害となるものではないとしている**（最判昭59.10.26百選Ⅱ170事件）。したがって、建築確認を受けて建築された建築物について、特定行政庁は、建築確認が取り消され又は無効である場合でなくても、建築物が建築基準法令の規定に違反することを理由に、違反是正命令を行うことができる。

ウ　正しい。

　イの解説で述べたように、建築確認の存在は特定行政庁が違反是正命令を発するうえで法的障害になるものではないから、違反是正命令を発するに当たって、建築確認の取消し又は無効確認は不要である。そして、特定行政庁による違反是正命令は、建築物の近隣住民による申請が予定されていないため、違反是正命令の義務付けを求める近隣住民は、申請型義務付け訴訟（行訴3条6項2号、37条の3）ではなく、直接型義務付け訴訟（行訴3条6項1号、37条の2）を提起することになる。したがって、建築確認を受けて建築された建築物について、近隣住民は、建築確認の取消訴訟又は無効等確認訴訟を併合提起しなくても、違反是正命令の義務付け訴訟を適法に提起することができる。

エ　誤り。

　建築主は、建築物を建築しようとする場合、当該工事に着手する前に、建築基準関係規定に適合するものであることについて、建築主事の確認を受けなければならない（建基6条1項）。そして、建築基準法6条1項の規定に違反した者には、1年以下の懲役又は100万円以下の罰金が科される（建基99条1項1号）。したがって、建築確認を受けずに建築を行えば、当該建築物及びその敷地が建築基準関係規定に適合していたとしても、建築基準法6条1項違反に当たり、建築主には、建築基準法99条1項1号の定める刑罰が科されることになる。

＊　令和5年法律第58号による改正により、建築主事だけでなく建築副主事の確認も認められることになった。なお、この法律は2024（令和6）年4月1日に施行される。

文献　試験対策講座99〜101、307、347〜349頁。判例シリーズ70事件

MEMO

No.
053
行政処分総合
予H23-14
□ 月 日
□ 月 日
□ 月 日

7章 総合問題

　採石業者Aは、採石法（以下「法」という。）第33条による岩石採取計画の認可（以下「認可」という。）を知事に申請した。次のアからエまでの各記述について、それぞれ正しい場合には1を、誤っている場合には2を選びなさい。

（参照条文）採石法*

第33条　採石業者は、岩石の採取を行なおうとするときは、当該岩石の採取を行なう場所（以下「岩石採取場」という。）ごとに採取計画を定め、当該岩石採取場の所在地を管轄する都道府県知事の認可を受けなければならない。

第33条の4　都道府県知事は、第33条の認可の申請があつた場合において、当該申請に係る採取計画に基づいて行なう岩石の採取が他人に危害を及ぼし、公共の用に供する施設を損傷し、又は農業、林業若しくはその他の産業の利益を損じ、公共の福祉に反すると認めるときは、同条の認可をしてはならない。

第33条の7　第33条の認可（中略）には、条件を附することができる。

2　前項の条件は、認可に係る事項の確実な実施を図るため必要な最小限度のものに限り、かつ、認可を受ける者に不当な義務を課することとなるものであつてはならない。

第33条の10　第33条の認可を受けた採石業者は、当該認可に係る岩石採取場における（中略）岩石の採取を廃止したときは、遅滞なく、その旨をその認可をした都道府県知事に届け出なければならない。

ア．Aは、認可を拒否する処分を受けた場合、不作為の違法確認の訴えを提起して同処分の違法を主張することができる。

イ．Aの採石事業により汚泥が流出して付近海域の水産資源に悪影響が及ばないように、Aが汚泥流出の防止措置を採ることを法第33条の7第1項による条件として、知事が認可を行うことは違法である。

ウ．Aは認可を受けた場合であっても、法第33条の7第1項により認可に付された条件に不服があれば、処分の取消しの訴えを適法に提起できる。

エ．Aが認可を受けた後に法第33条の10により岩石採取廃止の届出をした場合に、知事が届出を受理する行為は行政処分である。

*平成26年法律第51号による改正前のもの。正誤に影響なし。

245

No.
053
正解
ア2、イ2、ウ1、エ2

個別法規を読み解きながら、抗告訴訟の定義や付款に関する知識が身に付いているかを確認しよう。

正答率
79.9%

ア　誤り。

不作為の違法確認の訴えは、国民が行政庁に対して**法令に基づく申請をしたにもかかわらず、行政庁が処分・裁決をしない場合**に提起すべき訴訟である（行訴3条5項、37条）。本記述においては、Aは拒否処分という法令に基づく申請に対する処分を受けているのであるから、行政庁には違法な不作為はない。したがって、Aは、不作為の違法確認の訴えを提起することができない。

イ　誤り。

本記述の「条件」は、行政行為の付款に当たる。採石法は、認可に付款を付することを認めている（採石法33条の7第1項）。そして、「汚泥が流出して付近海域の水産資源に悪影響が及ばないように、Aが汚泥流出の防止措置を採ること」とする附款は、採石法の趣旨・目的に沿う措置を求めるものであり、そもそも「汚泥が流出して付近海域の水産資源に悪影響」が及ぶ場合には認可自体を拒否することができるのであるから（採石法33条の4参照）、Aに不当な義務を課すものであるともいえない（採石法33条の7第2項）。したがって、本記述のような付款を付して認可処分を行うことは適法である。

ウ　正しい。

付款も行政処分の一部であるため、それに不服があれば、付款の瑕疵を理由に取消訴訟を提起することができる。具体的には、①付款と処分とが可分であるときは、付款のみの取消訴訟（処分の一部取消訴訟と構成する）を提起し、②付款と処分とが不可分一体であるときは、処分全体の取消訴訟を提起することになる。したがって、いずれの場合であっても、処分の取消しの訴えを適法に提起することができる。

エ　誤り。

本記述の届出は、採石法33条の10に基づくものであり、行政手続法上の届出に当たる（行手2条7号）。そして、届出は、法令に定められた届出の形式上の要件に適合していれば、それが提出先の行政機関の事務所に到達したときに、当該届出をすべき手続上の義務が履行されたことになる（行手37条）。この過程において行政庁の判断が介入する余地はなく、届出があれば手続は完了する。つまり、届出に対する「受理」概念は、行政手続法の下では否定されているのであり、そもそも「受理」を行政処分と考える余地がない。

文献　試験対策講座98～102、192、193、346頁

MEMO

登載フル問題一覧

　この一覧表は、復習用に用意しました。司法試験及び予備試験において出題された全問題のうち、本書のフル問題としての基準を満たすものを一覧としました。

　これにより、年度別に学習する際には、絶対に正解すべき問題が明確になるため、より戦略的な時間配分が可能になります。また、目次と併せて利用することで、複数回出題された問題を更に可視化でき、出題可能性が高い問題を見落とすことのない学習が可能です。

【司法試験】

年度	問題	タイトル	本書No.	正答率
平成18年	22	造営物の設置管理にかかる賠償責任	Y	－
	25	行政上の法律関係における一般的な法原理の適用	Y	－
	26	通達	3	－
	29	行政庁の裁量	Y	－
	31	行政調査	21	－
	38	在外日本人選挙権剥奪違法確認等請求事件	41	－
平成19年	24	行政法上の諸原則	Y	86.0%
	27	行政指導	Y	92.6%
	29	個人情報の保護	26	83.6%
	33	情報公開法	Y	83.0%
	34	訴えの利益	Y	94.1%
	35	原告適格	Y	90.9%
	38	行政事件訴訟の類型	28	80.5%
平成20年	23	法律による行政の原理	1	87.7%
	26	通達	4	89.4%
	27	法人税法上の行政調査権	Y	90.0%
	32	行政事件訴訟法	29	86.6%
平成21年	26	行政刑罰（道路交通法に基づく交通反則金）	16	82.7%
	36	仮の救済	36	80.4%
	37	国家賠償法2条	Y	87.1%
平成22年	23	行政手続法	24	85.7%
	24	行政裁量	Y	89.6%
	26	行政計画	14	76.7%
	27	行政代執行	Y	93.3%
	28	行政上の強制執行及び即時強制	18	82.3%
	32	訴えの変更・併合と被告の変更	33	80.3%
	33	行政事件訴訟法	37	86.5%
	35	執行停止	34	80.5%
	36	国家賠償法1条1項	42	93.6%
	37	国家賠償法	Y	91.3%
平成23年	25	公立学校施設の目的外使用の許可	Y	84.6%
	36	国家賠償法等	Y	80.6%
	37	損失補償	49	86.5%
	38	審査請求と取消訴訟	27	80.0%
平成24年	25	行政裁量	12	83.1%
平成25年	21	公法と私法の関係	51	80.7%
	22	建築確認及び違反是正命令	52	80.9%
	26	行政裁量	8	83.9%
平成26年	24	行政裁量	7	83.5%
	29	情報公開法	25	81.3%

【予備試験】

年度	問題	タイトル	本書 No.	正答率
平成23年	14	行政処分総合	53	79.9%
	16	行政調査	19	77.1%
平成24年	13	行政法の法律関係	50	85.8%
平成27年	14	土地収用に関する諸問題	5	68.8%
	15	不利益処分の理由の提示	23	72.9%
	16	行政裁量	9	77.1%
	24	国家賠償	48	75.8%
平成28年	15	行政裁量	10	86.9%
	17	執行罰	15	68.4%
	19	訴えの利益	31	69.8%
	21	判決の効力	39	69.0%
	22	義務付けの訴えと差止めの訴え	40	83.8%
	23	執行停止	35	67.2%
平成29年	17	行政上の義務の履行確保と裁判手続	17	67.1%
	19	処分性	30	75.8%
	22	国家賠償法	44	81.0%
平成30年	23	国家賠償請求	43	71.6%
令和元年	13	行政上の法律関係	2	77.1%
	16	行政指導	13	77.8%
	19	訴えの利益	32	74.5%
令和2年	13	審査基準と処分基準	22	79.1%
	16	医師法7条の3第1項に基づく立入検査	19	66.8%
	19	抗告訴訟の審理	38	70.2%
	22	国家賠償	45	69.6%
令和3年	22	国家賠償法	46	77.8%
令和4年	15	行政裁量	6	80.7%
	16	行政調査	20	74.1%
令和5年	15	裁量処分の司法審査	11	66.4%
	23	国家賠償法1条	47	77.1%

Ｙ：直近12年以前の問題につき、登載見送り

ＣＴ：**CORE TRAINING** として収録

－：平成19年以降と異なる統計基準につき、数値未記入

：記載 No. の問題と内容が類似

伊藤 真（いとう・まこと）

[略 歴]

1958年 東京生まれ。 1981年 司法試験に合格後、司法試験等の受験指導に携わる。

1982年 東京大学法学部卒業後、司法研修所入所。 1984年 弁護士登録。

1995年 15年間の司法試験等の受験指導のキャリアを活かし、合格後、どのような法律家になるかを視野に入れた受験指導を理念とする「伊藤真の司法試験塾」（その後、「伊藤塾」に改称）を開塾。

伊藤塾以外でも、大学での講義（慶應義塾大学大学院講師を務める）、代々木ゼミナールの教養講座講師、日経ビジネススクール講師、全国各地の司法書士会、税理士会、行政書士会、弁護士会等の研修講師も務める。

現在は、予備試験を含む司法試験や法科大学院入試のみならず、法律科目のある資格試験や公務員試験を目指す人達の受験指導をしつつ、「一人一票実現国民会議」及び「安保法制違憲訴訟」の発起人となり、弁護士として社会的問題にも取り組んでいる。

（一人一票実現国民会議 URL：https://www2.ippyo.org/）

[主 著]

『伊藤真の法律入門シリーズ』、『明日の法律家へ』（以上、日本評論社）、『伊藤真試験対策講座シリーズ』、『伊藤真ファーストトラックシリーズ』、『伊藤真の条文シリーズ』、『伊藤真の判例シリーズ』、『試験対策問題集 短答』、『試験対策問題集 論文』、『試験対策問題集 予備論文』、『試験対策問題集 新・論文』（以上、弘文堂）、『伊藤真が選んだ短答式一問一答1000』（法学書院）など多数。

伊藤塾

〒150-0031 東京都渋谷区桜丘町17-5 ☎03（3780）1717

https://www.itojuku.co.jp/

伊藤塾 合格セレクション

司法試験・予備試験 短答式過去問題集 行政法 2024

［司法試験・予備試験 短答式過去問題集 行政法
第1版：2022年1月10日発行、第2版：2023年1月20日発行］
●──2024年6月30日 第1版第1刷発行

監修者──伊藤 真
編 者──伊藤 塾
発行所──日本評論社サービスセンター株式会社
発売所──株式会社日本評論社
　　　　　〒170-8474 東京都豊島区南大塚3-12-4
　　　　　電話03-3987-8621（販売）──8592（編集） 振替 00100-3-16
　　　　　https://www.nippyo.co.jp/
印刷所──精文堂印刷株式会社
製本所──株式会社難波製本
装 幀──銀山宏子
検印省略 © M. ITOH, Itojuku 2024
ISBN 978-4-535-52782-9 Printed in Japan